国学经典文库

图文珍藏版

前古未有之书 许君之所独创

说文解字

[东汉]许慎◎编著 马松源◎整理

线装书局

渐

漸　漸　渐

小篆　楷书（繁体）　楷书

【原文】

渐，水。出丹阳黟南蛮中，东入海。从水，斩声。

【译文】

渐，水名。从丹阳郡黟县南方少数民族地区中流出，向东注入大海。从水，斩声。

【按语】

"渐"是形声字。小篆从水，斩声。隶变以后楷书写成"漸"。汉字简化之后写成"渐"。

"渐"的原义是古水名，即今新安江及其下游钱塘江。例如《水经注·浙江水》："浙江，山海经谓之浙江也。"延伸指逐步发展。如白居易《策林一》："天地不能顿为寒暑，必渐于春秋。""渐"也指逐步发展的过程。如成语"防微杜渐"。也引伸指依次。例如《宋史·河渠志二》："御河自怀、卫经北京，渐历边郡。"

"渐"用作副词，延伸指逐渐。例如《晋书·文苑传·顾恺之》："恺之每食甘蔗，恒自尾至本，人或者怪之。云：'渐入佳境。'"

涵

涵　涵　涵　涵

金文　小篆　楷书（繁体）　楷书

【原文】

涵,水泽多也。从水,圅声。

【译文】

涵,水泽众多。从水,圅声。

【按语】

"涵"是会意兼形声字。金文从水从圅会意,圅兼表声。小篆形体整齐化。隶变以后楷书写成"涵",俗作"涵"。如今规范化,以"涵"为正体。

"涵"的原义是水泽众多。延伸成浸润、滋润。如戴叔伦《题横山寺》:"露涵松翠湿,风涌浪花浮。"也引伸为包含、包容。如苏轼《湖州谢上表》:"天覆群生,海涵万族。"进而延伸指宽容。例如《唐语林·雅量》:"吾不意为娄公所涵!"

浑

浑　浑　浑

小篆　　楷书(繁体)　楷书

【原文】

浑,混流声也。从水,军声。一曰:洿下皃。

【译文】

浑,盛大水流的声音。从水,军声。另一义:污浊低下的样子。

【按语】

"浑"是形声兼会意字。小篆从水,军声,军兼表似军行之意。隶变以后楷书写成"浑"。汉字简化之后写成"浑"。

"浑"的原义是大水涌流之声。例如《法言·问神》:"圣人之辞,浑浑若川。"水奔流则水势大,故也引伸指大。例如"浑浩""雄浑"。也引伸指混浊。例如《列子·天瑞》:"浑沦者,言万物相浑沦未相离也。"

"浑"也引伸指混同、合而为一。例如《淮南子·原道训》:"大浑而为一,弃累而无根。"又指未加工的。例如《世说新语·赏誉》:"王戎目山巨源如璞玉浑金,人皆钦其宝。"

"浑"用作副词,指全、整个。如李白《少年行》其三:"少年游侠好经过,浑身装束皆绮罗。"也引伸指简直、几乎。如杜甫《春望》："白头搔更短，浑欲不胜簪。"也引伸指仍、还。如杜甫《十六夜玩月》："巴童浑不寐，半夜有行舟。"

浩

浩　浩

小篆　楷书

【原文】

浩，浇也。从水，告声。《虞书》曰：'洪水浩浩。'

【译文】

浩，大水。从水，告声。《唐书》
说："洪水浩大。"

【按语】

"浩"是形声字。小篆从水，告
声。隶变以后楷书写成"浩"。

"浩"的原义是水势浩大。如曹
植《赠白马王彪》："霖雨泥我涂，流
潦浩纵横。"延伸指广远、盛大。如蔡琰《胡笳十八拍》："苦我怨气兮浩于长空，六
合虽广兮受之应不容。"也引伸指丰富、众多。例如《礼记·王制》："丧祭，用不足
曰暴，有余曰浩。"

消

消　消

小篆　楷书

【原文】

消，尽也。从水，肖声。

【译文】

消，使之消减。从水，肖声。

【按语】

"消"是形声兼会意字。小篆从水，肖声，肖兼表变小之意。隶变以后楷书写成"消"。

"消"的原义是消除、消灭。例如《孟子·滕文公下》："险阻既远，鸟兽之害人者消。"引申指衰减、减少、减削。如苏轼《前赤壁赋》："盈虚者如彼，而卒莫消长也。"

"消"也引伸指消磨、打发。如陶渊明《归去来兮辞》："悦亲戚之情话，乐琴书以消忧。"又引申指禁受、经受。如辛弃疾《摸鱼儿·置酒小山亭》："更能消几番风雨，匆匆春又归去。"进而延伸指享用、受用。如白居易《哭从弟诗》："一片绿衫消不得，腰金拖紫是何人？"

涨

糨　涨　涨

小篆　　楷书（繁体）　　楷书

【原文】

无。

【按语】

"涨"是形声兼会意字。楷书繁体写成"漲"，从水，张声，张兼表张大之意。汉字简化之后写成"涨"。

"涨"的原义是水上升、水位升高，读作 zhǎng。延伸指增长、高出。如杜甫《缆船苦风戏题》："涨沙霾草树，舞雪渡江湖。"

"涨"读作 zhàng，延伸指弥漫、充满。如陆游《雨中出谒归昼卧》："宿雨盈车辙，秋风涨帽裙。"也引伸指鼓胀。例如"涨肚"。

演

小篆　楷书

【原文】

演,长流也。一曰:水名。从水,寅声。

【译文】

演,长远的水流。另一义说:演是水名。从水,寅声。

【按语】

“演”是形声兼会意字。小篆从水,寅声,寅兼表引出之意。隶变以后楷书写成“演”。

“演”的原义是水长流。如李白《代封人寄翁参枢先辈》:“南国风光当世少,西陵演浪过江难。”延伸指水流经地下。如左思《蜀全部赋》:“演以潜沫,浸以绵雒。”进而延伸指延展、延续、延及。例如《后汉书·荀淑传附旬悦》:“先王光演大业,肆于时夏。”

“演”通“衍”,指推衍、阐发。如司马迁《报任安书》:“盖西伯(文王)拘而演《周易》。”也引伸指表演、练习。如薛能《筹笔驿》:“身依豪杰倾心术,目对云山演阵图。”

漠

漠

小篆　楷书

【原文】

漠,北方流沙也。一曰:清也。从水,莫声。

【译文】

漠,北方风起扬沙之地。另一义说:漠是清净的意思。从水,莫声。

【按语】

"漠"是形声兼会意字。小篆从水,莫声,莫兼表沉没之意,用没有水会沙漠之意。隶变以后楷书写成"漠"。

"漠"的原义是沙漠。如王维《使至塞上》:"大漠孤烟直,长河落日圆。"沙漠中生命不多,故"漠"延伸指寂静无声。例如《楚辞·远游》:"山萧条而无兽兮,野寂漠其无人。"

"漠"又指淡泊、恬淡,即不追求名利。例如《新语·无为》:"寂若无治国之意,漠若无忧民之心,然天下治。"也引伸指冷淡、不关心。如成语"漠不关心",指态度冷淡,毫不关心。

浓

濃 濃 浓

小篆　楷书(繁体)　楷书

【原文】

濃,露多也。从水,農声。《诗》曰:'零露浓浓。'

【译文】

濃,露水多。从水,農声。《诗经》说:"落下的露水真多啊。"

【按语】

"浓"是形声字。小篆从水,農声。隶变以后楷书写成"濃"。汉字简化之后写成"浓"。

"浓"原义指露水重。例如《诗经·小雅·蓼萧》:"蓼彼萧兮,零露浓浓。"延伸成稠密、厚、多。例如"浓妆艳抹""浓墨重彩""浓烟滚滚"。特指所含的某种成分多,与"淡""薄"相对。例如"浓烈""浓咖啡"。由此延伸成程度深。如李清照《满庭芳》:"更谁家横笛,吹动浓愁。"

淘

小篆　楷书

【原文】

无。

【按语】

"淘"是形声字。是"洮"的后起分化字。楷书写成"淘",从水(氵),匋声。

"淘"的原义是用水冲洗,去除杂质。如刘禹锡《浪淘沙》其八:"千淘万漉虽辛苦,吹尽狂沙始到金。"延伸指冲刷。如苏轼《念奴娇·赤壁怀古》:"大江东去,浪淘尽,千古风流人物。"由反复在水中冲荡淘汰杂质延伸指耗费。例如"淘神"就是耗费精神。

"淘"也引伸指故意怄气。例如《醒世恒言·蔡瑞虹忍辱报仇》:"没有许多闲工夫淘气。"也引伸指顽皮。例如《红楼梦》第二回:"(贾宝玉)如今长了十来岁,虽然淘气异常,但聪明乖觉,百个不及他一个。"

液

小篆　楷书

【原文】

液,盡也。从水,夜声。

【译文】

液,口液。从水,夜声。

【按语】

"液"是形声字。小篆从水(氵),夜声。隶变以后楷书写成"液"。

"液"的原义是液体——有一定体积而没有固定形状的流质。如李白《古风》:

"尚恐丹液迟,志愿不及申。"用作动词,表示溶化。例如《文子·上仁》:"涣兮其若冰之液者,不敢积藏。"也引伸指渗漏。《尉缭子·治本》:"木器液,金器腥费。"说的便是木制的器具容易渗漏,金属制的器具有腥气。

淡

淡 淡

小篆　楷书

【原文】

淡,薄味也。从水,炎声。

【译文】

淡,不浓的味道。从水,炎声。

【按语】

"淡"是形声字。小篆从水（氵）,炎声。隶变以后楷书写成"淡"。

"淡"的原义是味道不浓厚。例如《管子·水地》:"淡也者,五味之中也。"泛指稀薄。如李清照《声声慢》:"三杯两盏淡酒,怎敌他,晚来风急。"又指颜色浅。如杜甫《丽人行》:"却嫌脂粉污颜色,淡扫蛾眉朝至尊。"

由浅淡延伸出冷淡、不热情。例如《新唐书·卢钧传》:"(卢)钧与人交,始若淡薄,既久乃益固。"进而延伸指不热衷名利,不看重。如诸葛亮《诫子书》:"非淡泊无以明志。"也引伸指安静、闲适。例如《老子》第三十一章:"恬惔为上,胜而不美。"也引伸指生意不兴旺。例如"淡季"。

淋

淋 淋

小篆　楷书

【原文】

淋,以水沃也。从水,林声。一曰:淋淋,山下水皃。

【译文】

淋,用水浇淋。从水,林声。另一义说:淋淋,山水奔下的样子。

【按语】

"淋"是形声兼会意字。小篆从水,林声。林兼表雨线密如林之意。隶变以后楷书写成"淋"。

"淋"的原义是水或者其他液体从上落下。例如"日晒雨淋""淋浴"。泛指使水或者其他液体落在别的物体上。例如"在凉拌菜上淋几滴香油"。

滥

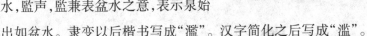

小篆　楷书(繁体)　楷书

【原文】

濫,氾也。从水,監声。一曰:濡上及下也。《诗》曰:'觱沸滥泉。'一曰:清也。

【译文】

滥,大水延漫。从水,監声。另一义:沾湿上面并一直湿到下面。《诗经》说:"那喷涌而上出、从上湿到下的泉水翻腾着。"另一义:清的意思。

【按语】

"滥"是形声兼会意字。小篆从水,監声,監兼表盆水之意,表示泉始出如盆水。隶变以后楷书写成"濫"。汉字简化之后写成"滥"。

"滥"的原义是泉水涌出。延伸指大水漫溢、泛溢。例如《孟子·滕文公下》:"洪水横流,泛滥于天下。"也引伸指蔓延、滥用。如魏徵《谏太宗十思疏》:"罚所及,则思无因怒而滥刑。"

"滥"也引伸指浮起、浮现。例如《荀子·子道》:"江出于岷山,其始出也,其源可以滥觞。"又延伸指虚妄不实。如成语"滥竽充数",引喻无本领的冒充有本领的,次货冒充好货。

潮

甲骨文　　金文　　小篆　　楷书

【原文】

潮,水朝宗于海。从水,朝声。

【译文】

潮,水流注入大海(即海潮)。从水,朝声。

【按语】

"潮"是会意兼形声字。甲骨文是日出林中而月未落的样子,会早晨之意。金文将月讹为水,用日出草间会早晨的潮水之意。小篆整齐化。隶变以后楷书写成"朝"和"潮"。如今二字表意有分工。

"潮"的原义是海水的涨落。如余道安《海潮图序》:"大海之水,朝生为潮,夕生为汐。"后多用来引喻大规模的社会变动或者运动发展的起伏形势。例如"学潮""思潮"。

"潮"也引伸指气温变化,或者持续一段时间的炎热或者寒冷的天气。例如"寒潮"。也引伸指微湿、潮气。如范成大《没冰铺晚晴月出》:"旅枕梦寒涔屋漏,征衫潮润冷炉熏。"

滚

小篆　　楷书

【原文】

无。

【按语】

"滚"是会意兼形声字。楷书写成"滚",从水从衮会意,衮兼表声。

"滚"的原义是大水奔流的样子。如杜甫《登高》:"无边落木萧萧下,不尽长江滚滚来。"延伸泛指连续不断、急速翻腾的样子。例如"烟尘滚滚"。进而延伸指圆的。例如"滚圆"。

"滚"也引伸指滚动、滚转。例如"滚绣球"。也引伸为急速流泻。例如"水滚入船里"。进而延伸指立即离开。例如"滚走"。也引伸指非常、极其。例如"滚瓜烂熟"。

滋

甲骨文　　小篆　　楷书（繁体）　楷书

【原文】

滋,益也。从水,兹声。一曰:滋水,出牛饮山白陉谷,东入呼沱。

【译文】

滋,增益。从水,兹声。另一义说:滋是滋水,从牛饮山白陉谷流出,向东注入呼沱河。

【按语】

"滋"是会意兼形声字。甲骨文似在水流中漂洗染丝之状。小篆从水,从兹(草生长),会水增益之意,兹兼表声。隶变以后楷书写成"滋"。汉字简化之后写作"滋"。

"滋"的原义是滋生、繁殖。例如《尚书·泰誓下》:"树德务滋,除恶务本。"延伸指培育、培植。例如《楚辞·离骚》:"余既滋兰之九畹兮,又树蕙之百亩。"也引伸指湿润、浸润。如李商隐《潭州》:"湘泪浅深滋竹色。"也引伸指美味、味道。如辛弃疾《丑奴儿·书博山道中壁》:"少年不识愁滋味。"

"滋"用作副词,指愈加、愈益。例如《国语·楚语下》:"积货滋多,蓄怨滋厚,不亡何待?"

湾

湾　灣　湾

小篆　楷书（繁体）　楷书

【原文】

无。

【按语】

"湾"是会意兼形声字。小篆从水，从彎，彎兼表声。隶变以后楷书写成"灣"。汉字简化之后写成"湾"。

"湾"的原义是河水弯曲处。如杜荀鹤《春日登楼遇雨》："风趁鹭鸶双出苇，浪催渔父尽归湾。"特指海湾。例如"港湾"。延伸成水流弯曲，弯曲。如柳宗元《陪永州崔使君游宴南池序》："其崖谷之委会，则泓然为池，湾然为溪。"

"湾"作量词，用于水或者水面，等同于"处"。例如《徐霞客游记·粤西游日记一》："门内即池水一湾，南绕独秀山之北麓，是为月牙池。"

汇

匯　匯　汇

小篆　楷书（繁体）　楷书

【原文】

匯，器也。从匚，淮声。

【译文】

匯,器名。从匚,淮声。

【按语】

"汇"是形声字。小篆从匚,淮声。隶变以后楷书写成"匯"。汉字简化之后写成"汇"。

"汇"的原义是盛器。延伸成河流会合。例如《尚书·禹贡》:"过三澨,至于大别,南入于江,东汇泽为彭蠡。"也引伸指以汇票、付账等付款形式送或者寄给某人或者某处。例如"汇钱""汇款"。又特指用外币或者本国货币兑换的票据。例如"外汇"。

"汇"作为"彙"的简化字时,指汇聚、聚集。如唐顺之《永嘉袁君芳洲记》:"夫骚人汇萃,天下之香草美木以况其幽馨窈窕之思。"

浅

濺　淺　浅

小篆　楷书(繁体)　楷书

【原文】

淺,不深也。从水,戋声。

【译文】

淺,水不深。从水,戋声。

【按语】

"浅"是形声字。小篆从水,戋声。隶变以后楷书写成"淺"。汉字简化之后写成"浅"。

"浅"的原义是水不深。例如《古诗十九首·迢迢牵牛星》:"河汉清且浅,相去复几许?"泛指从上到下或者从外到内的距离小。如白居易《钱塘湖春行》:"浅草才能没马蹄。"延伸表示浅显、明白易懂。例如《论衡·自纪》:"何以为辨?喻深以浅。"

"浅"进而延伸指肤浅、浅薄。例如《文心雕龙·神思》:"若学浅而空迟,才疏而徒速。"也引伸指时间短。如贾谊《过秦论》:"施及孝文王、庄襄王,享国之日浅。"进而延伸指初、早。如徐陵《侍宴》:"园林才有热,夏浅更胜春。"也引伸指颜色淡。如温庭筠《清平乐》:"上阳春晚,宫女愁蛾浅。"

污

小篆　　楷书

【原文】

污,秽也,一曰:小池为污。

【译文】

污,污秽。一说:小池叫污。

【按语】

"污"是形声字。小篆从水,亏声。隶变以后楷书写成"污"。

"污"的原义是停积不流的水。例如《晋书·周光传》:"前冈见一牛眠山污中,其地若葬,位极人臣矣。"水停滞则容易积污垢,故也引伸指污垢、脏东西。例如《左传·宣公十五年》:"川泽纳污。"

"污"用于抽象意义时,指腐败的、败坏的。例如"贪官污吏""贪污腐败"。也引伸指弄脏、玷污。例如《吕氏春秋》:"退而自刎也,必以其血污其衣。"

汪

金文　　小篆　　楷书

【原文】

汪,深广也。从水,㞷声。一曰:汪,池也。

【译文】

汪,又深又广。从水,㞷声。另一义说:汪是污浊的水池。

【按语】

"汪"是形声字。金文从水，㞷（往）声。小篆整齐化。隶变以后楷书写成"汪"。

"汪"的原义是深广的样子。例如《后汉书·黄宪传》："叔度汪汪若千顷陂，澄之不清，淆之不浊，不可量也。"又形容义理深广、气势浑厚。如宋濂《诸子辩》："其文辞汪洋凌厉。"

"汪"还是象声词，指狗的叫声。例如"汪汪乱叫"。

"汪"作量词，用于液体。例如"一汪清水"。

泊

泊 泊

小篆　楷书

【原文】

无。

【按语】

"泊"是形声字。小篆从水，百声。隶变以后楷书写成"泊"。

"泊"的原义是停船靠岸，读作bó。如杜甫《绝句四首》之三："窗含西岭千秋雪，门泊东吴万里船。"泛指止息。例如《水经注·赣水》："西有鸾冈，洪崖先生乘鸾所憩泊也。"又形容人居无定所、到处流浪。如范

成大《元夜忆群从》："遥怜好兄弟，飘泊雨江村。"也引伸指静默无为。例如《老子》第二十章："我独泊兮其未兆，如婴儿之未孩。"

"泊"又读作pō，指湖泽。如崔令钦《教坊记》："其间有顷余水泊，俗谓之月陂。"

流

小篆　楷书

【原文】

无。

【按语】

"流"是会意字。小篆从一、水,会水流急速涌出之意。隶变以后楷书写成"流"。

"流"的原义是水流动。如李煜《虞美人》:"问君能有几多愁?恰似一江春水向东流。"后泛指物体移动、流动。例如《诗经·国风·豳风》:"七月流火,九月授衣。"也引伸指顺水漂流。例如《诗经·小雅·小弁》:"譬彼舟流,不知所届。"延伸指漂泊。例如"流浪"。由流动也引伸指传布、扩散。例如"流芳百世"。

"流"用作名词,指河川、江河的流水。例如《荀子·劝学》:"不积小流,无以成江海。"延伸指似水流的东西。例如"寒流""暖流""潮流"。也引伸指流派、派别。例如《汉书·艺文志》:"儒家者流,盖出于司徒之官。"进而也引伸指品类、等级。例如"三教九流"。

源

小篆　楷书

【原文】

无。

【按语】

"源"是会意兼形声字。小篆本作"原"。后由于"原"为延伸义所专用,便另加义符"水"写成"源",从水从原会意,原兼表声。

"源"的原义是水源、源泉。如朱熹《观书有感》:"问渠哪得清如许,为有源头活水来。"延伸指来源、根源。例如《隋书·音乐志上》:"乐者……实升平之冠带,王化之源本。"

注

注   注

小篆   楷书

【原文】

注,灌也。从水,主声。

【译文】

注,灌入。从水,主声。

【按语】

"注"是形声兼会意字。小篆从水,主声,主兼表集中之意。隶变以后楷书写成"注"。

"注"的原义是灌入、注入。例如《诗经·大雅·文王有声》:"丰水东注,维禹之绩。"水注则集中,故延伸指聚集、集中。例如《晋书·孙惠传》:"今天下喁喁,四海注目。"又引申指注释。在古代,解释古书原文的意义为"注";解释前人注文的意义为"疏"。也引伸指预示、预先决定。例如"命中注定"。

"注"用作量词,用于钱款、交易等,"一注"等同于一笔、一桩;用于雨,"一注"等同于一阵、一场。如陆龟蒙《奉酬袭美苦雨见寄》:"萤飞渐多屋渐薄,一注愁霖当面落。"

泥

泥   泥

小篆   楷书

【原文】

泥，水。出北地郁郅北蛮中。从水，尼声。

【译文】

泥，水名。从北地郡郁郅县北方少数民族地区中流出。从水，尼声。

【按语】

"泥"是会意兼形声字。小篆从水从尼（亲合）会意，尼兼表声。隶变以后楷书写成"泥"。

"泥"的原义是泥水，读作 ní。延伸指泥土、泥巴。如白居易《钱塘湖春行》："几处早莺争暖树，谁家新燕啄春泥。"也引伸指一堆捣成或者压成的柔软的糊状混合料。例如"蒜泥""土豆泥"。

"泥"又读作 nì，延伸指用泥涂抹、粉刷。如王建《田家留客》："不嫌田家破门户，蚕房新泥无风土。"也引伸指阻滞、阻塞。例如《论语·子张》："虽小道，必有可观者焉，致远恐泥。"也引伸指不变通、拘执。例如"拘泥""泥古"。

溪

㵎　谿　溪

小篆　楷书（繁体）　楷书

【原文】

无。

【按语】

"溪"是形声字。小篆从谷，奚声。隶变以后楷书写成"谿"。汉字简化之后写成"溪"。

"溪"本作"谿"，原义是山间不与外界相通的小河沟。如司马相例如《上林赋》："振溪通谷，蹇产沟渎。"泛指小河流。如陶渊明《桃花源记》："缘溪行，忘路之远近。"

涸

涸　涸

小篆　　楷书

【原文】

涸，渴也。从水，固声。

【译文】

涸，水枯竭。从水，固声。

【按语】

"涸"是形声字。小篆从水，固声。隶变以后楷书写成"涸"。

"涸"的原义是失去水而干枯。例如《韩非子·说林上》："子独不闻涸泽之蛇乎？泽涸，蛇将徙。"枯则水竭，故"涸"延伸指竭、尽。例如《管子·牧民》："错国于不倾之地，积于不涸之仓，藏于不竭之府。"

涂

涂　涂　塗　涂

甲骨文　小篆　楷书（繁体）　楷书

【原文】

涂，水。出益州牧靡南山，西北入淹。从水，余声。

【译文】

涂，水名。从益州郡牧靡县南山流出，向西北注入金沙江。从水，余声。

【按语】

"涂"是形声字。甲骨文从水，余声。小篆繁杂化。隶变以后楷书写成"涂"。如今又做了"塗"的简化字。

"涂"的原义是涂水，是古水名，即今云南省的牛兰江。因为水道是人开通的，故可以延伸指道路。例如《论语·阳货》："孔子时其亡也，而往拜之。遇诸涂。"

"遇诸涂"的意思是,(孔子)在半路上遇见了(阳货)。此义后用"途"表示。

路途有土,故又用作"塗"的简化字。例如《说文·土部》:"塗,泥也。从土,涂声。"指泥土、泥巴。例如《庄子·秋水》:"往矣,吾将曳尾于涂中。""曳尾于涂中"就是在烂泥里摇尾巴。泥土可用于涂抹,故也引伸指涂抹、粉刷物品。例如"涂油漆"。

测

测　　　测

小篆　　楷书(繁体)　楷书

【原文】

测,深所至也。从水,则声。

【译文】

测,测量深度所到的地方。从水,则声。

【按语】

"测"是形声字。小篆从水,则声。隶变以后楷书写成"測"。汉字简化之后写成"测"。

"测"的原义是度量水的深浅。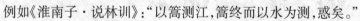例如《淮南子·说林训》:"以篙测江,篙终而以水为测,惑矣。"

"测"泛指测量、观察。例如《国语·晋语》:"君之使我,非欢也,抑欲测吾心也。"也引伸指推测、预料。例如《左传·庄公十年》:"夫大国,难测也,惧有伏焉。"意思是,大国,是难以推测的,(我)恐怕在那里有埋伏。

说文解字

《说文解字》原文释义

图文珍藏版

辵 部

辵

甲骨文　　金文　　小篆　　楷书（繁体）　楷书

【原文】

辵，乍行乍止也。从彳、止。凡辵之属皆从辵。

【译文】

辵，忽行忽止。由彳、止会意。凡是辵的部属全部从辵。

【按语】

"辵"是会意字。甲骨文似一只脚在"行"中，"行"是十字路口，会用脚在路上行走之意。金文、小篆的形体由上面的"彳"和下面的"止"组成，"彳"指路口、巷口，表示在街道上走路之意。读作 chuò。

"辵"的原义是行走。"辵"是个部首字，不单独使用。

"辵"作部首偏旁时，写成"辶"。凡由"辵"组成的字，大全部与行走、行动或者道路有关。例如"迎""返""近""述""迢""迭""迫""迟""追"等字。

这

這　這　这

小篆　　楷书（繁体）　楷书

【原文】

无。

【按语】

"这"是形声字。小篆写成"適"，表示前往。隶变以后楷书写成"這"。汉字简

国学经典文库

说文解字

《说文解字》原文释义

图文珍藏版

化之后写成"这"。

"这"的原义是迎接。唐代时借用为"者",等同于此。例如"小生这厢有礼了"。还特指此时。例如"这会子"。

逗

逜　逗

小篆　　楷书

【原文】

逗,止也。从辵,豆声。

【译文】

逗,留止。从辵,豆声。

【按语】

"逗"是形声字。小篆从辵(辶),豆声。隶变以后楷书写成"逗"。

"逗"的原义是止住、停留。例如《汉书·匈奴传》:"逗留不进。"延伸指句中停顿。例如"逗号""逗点"。也引伸为撩拨、惹弄。如李贺《李凭箜篌引》:"女娲炼石补天处,石破天惊逗秋雨。"

选

選　選　选

小篆　楷书(繁体)　楷书

【原文】

選,遣也。从辵、巽,巽,遣之;巽亦声。一曰:选,择也。

【译文】

選,遣送。由辵、巽会意,巽表示恭顺地遣送;巽也表声。另一义:择的意思。

【按语】

"选"是形声字。小篆从辵，巽声。隶变以后楷书写成"選"。汉字简化之后写成"选"。

"选"的原义是遣送、放逐。例如《左传·昭公元年》："弗去，惧选。"延伸指派遣、使令。如扬雄《甘泉赋》："选巫咸兮叫帝阍，开天庭兮延群神。"

派遣出去的人，必定是经过挑选的，故延伸指挑选、选择。例如《礼记·礼运》："大道之行也，天下为公，选贤与能。"也引伸指选出编在一起的文章。例如"诗选""文选"。

遥

𨓆	遙	遥
小篆	楷书（繁体）	楷书

【原文】

遥，逍遥也。又远也。从辵，䍃声。

【译文】

遥，逍遥。又说是距离远。从辵，䍃声。

【按语】

"遥"是形声字。小篆从辵，䍃声。隶变以后楷书写成"遙"。汉字简化之后写成"遥"。

"遥"的原义是距离远。如俗语"路遥知马力，日久见人心"。延伸指时间长。如成语"遥遥无期"，形容时间还远得很，不知道哪一天。

遮

遮	遮
小篆	楷书

【原文】

遮，遏也。从辵，庶声。

【译文】

遮，拦止。从辵，庶声。

【按语】

"遮"是形声字。小篆从辵，庶声。隶变以后楷书写成"遮"。

"遮"的原义是阻挡、拦阻。如辛弃疾《菩萨蛮·书江西造口壁》："青山遮不住，毕竟东流去。"延伸指用物掩蔽，使不显露。例如"遮盖"。

"遮"进而延伸指掩饰、隐瞒。如成语"遮人耳目"，就是玩弄手法，掩盖真相。也引伸指掩护、防护。例如《禅真逸史》第十二回："程公与杜全部督必是厚交，故此事事遮庇。"

迂

金文　　小篆　　楷书

【原文】

迂，避也。从辵，于声。

【译文】

迂，迂曲回避。从辵，于声。

【按语】

"迂"是形声字。金文从走，于声。小篆改为从辵。隶变以后楷书写成"迂"。

"迂"的原义是曲折、僻远。例如"迂回"，就是曲折之意。延伸指拘泥保守、不切实际。如"迂腐"。还延伸指缓慢。如曹寅《一日休沐歌》："先生倔强复迂徐，先生好客唯蔬鱼。"

迄

迄 迄

【原文】

迄,至也。从辵,乞声。

【译文】

迄,到。从辵,乞声。

【按语】

"迄"是形声字。小篆从辵(辶),乞声。隶变以后楷书写成"迄"。

"迄"的原义是到、至。如常用的"迄今为止"就是到现在为止的意思。用作副词,表示终究、竟。例如《后汉书·孔融传》:"(孔)融负其高气,志在靖难,而才疏意广,迄无成功。"

遣

遣 遣 遣 遣

甲骨文　金文　小篆　楷书

【原文】

遣,纵也。从辵,𠳋声。

【译文】

遣,释放。从辵,𠳋声。

【按语】

"遣"是会意兼形声字。甲骨文似两手拿着一张弓放入葬坑中的样子。金文另加义符"辵",表示发送。小篆继承金文。隶变以后楷书写成"遣"。

"遣"的原义是送葬之祭。泛指派出、打发。如成语"调兵遣将",就是调动兵力,派遣将领,表示调动安排人力。也引伸指放逐、贬谪。例如《汉书·孔光传》:"上免官,遣归故郡。"还延伸指运用、使用。例如"遣词造句",便是指运用词语组织句子。

巡

巡 巡 巡

甲骨文　　小篆　　楷书

【原文】

巡,延行皃。从辵,川声。

【译文】

巡,长行的样子。从辵,川声。

【按语】

"巡"是形声字。小篆从辵(辶),川声。隶变以后楷书写成"巡"。

"巡"的原义是来往查看、视察。例如《史记·秦始皇本纪》:"三十有七年,亲巡天下。"

"巡"作量词,用于巡行,等同于"遍"。如王安石《窥园》:"杖策窥园日数巡,攀花弄草兴常新。"又用于给在座的全体客人斟酒,为全体客人斟酒一遍叫一巡。例如"酒过三巡"。

迟

迟 遟 遲 遲 迟

甲骨文　　金文　　小篆　　楷书(繁体)　　楷书

【原文】

遟,徐行也。从辵,犀声。《诗》曰:'行道迟迟。'

【译文】

迟,徐徐而行。从辵,犀声。《诗经》说:"行路缓慢。"

【按语】

"迟"是形声字。甲骨文从彳,尼声。小篆从辵(辶),犀声。隶变以后楷书写成"遲"。汉字简化之后写成"迟"。

"迟"的原义是慢慢地走。例如《诗经·小雅·采薇》:"行道迟迟,载渴载饥。"泛指缓慢。例如《古诗为焦仲卿妻作》:"三日断五匹,大人故嫌迟。"也引伸指迟疑、犹豫。如白居易《琵琶行》:"寻声暗问弹者谁,琵琶声停欲语迟。"由缓慢延伸指时间晚,比规定的或者合适的时间推后。例如"迟到"。也引伸指思维慢,反应慢,不灵敏。例如"迟眉钝眼"。

过

过

金文　　小篆　　楷书(繁体)　　楷书

【原文】

過,度也。从辵,咼声。

【译文】

過,经过。从辵,咼声。

【按语】

"过"是形声字。小篆,从辵(辶),咼声,辵表示行走的动作。隶变以后楷书写成"過"。汉字简化之后写成"过"。

"过"的原义是经过、行走。如刘禹锡《酬乐天扬州初逢席上见赠》:"沉舟侧畔千帆过。"延伸指拜访、探望。例如《史记·魏公子列传》:"臣有客在市屠中,愿枉车过之。"又引申指渡水、渡过。例如"过河拆桥"。也引伸指超越、胜过。例如《孟子·梁惠王上》:"古之人所以大过人者,无他焉,善推其所为而已矣。"也引伸指过去、过后。例如"时过境迁"。过了"正",就是"误",故也引伸指失误、错误。例如《论语·子张》:"子夏曰:'小人之过也必文。'"

逝

小篆　　楷书

【原文】

逝,往也。从辵,折声。读若誓。

【译文】

逝,过往。从辵,折声。音读似"誓"字。

【按语】

"逝"是形声字。小篆从辵(辶,表示走路),折声。隶变以后楷书写成"逝"。

"逝"的原义是离开、去往。例如《论语·雍也》:"君子可逝也,不可陷也。"延伸指(时光、水流)流走。如我们常说的"逝者如水",指的就是时光似流水一样流走。

人死了就永远地离开了,所以也引伸指死亡、去世(含敬重的意味)。例如"逝世"。

速

甲骨文　　金文　　小篆　　楷书

【原文】

速,疾也。从辵,束声。

【译文】

速,迅速。从辵,束声。

【按语】

"速"是形声字。甲骨文从彳(街道),束声。金文另加义符"止"。小篆变为从辵(辶,行走),束声。隶变以后楷书写成"速"。

"速"的原义是行动迅疾、快。例如"兵贵神速""速成"。延伸指招致。如苏洵《六国论》:"至丹以荆卿为计,始速祸焉。"也引伸指邀请。例如"不速之客",说的就是不请自来的人。

"速"用作名词,表示速度,即运动物在某一方向上,单位时间内所通过的距离或者快慢的程度。如"风速""光速""时速"等。

遂

| 金文 | 小篆 | 楷书 |

【原文】

遂,亡也。从辵,㒸声。

【译文】

遂,逃亡。从辵,㒸声。

【按语】

"遂"是会意兼形声字。金文从辵,右上似用手播撒种子,会边走边撒种之意。小篆改为从㒸(坠落),㒸兼表声。隶变以后楷书写成"遂"。

"遂"的原义是边走边播撒。泛指行往、前进。例如《易·大壮》:"羝羊触藩,不能退,不能遂。"意思是羝羊撞到篱笆上,不能退,不能进。也引伸指举荐,例如"引荐"。也引伸指完就、成功。例如《警世通言》:"男儿未遂平生志,时复挑灯玩古书。"

逮

科　隶　逮
金文　小篆　楷书

【原文】

逮,及也。从辵,隶声。

【译文】

逮,是及的意思。从辵,隶声。

【按语】

"逮"是会意兼形声字。金文从又,似右手揪住一条尾巴的样子,会捉住一条大尾巴之意。小篆整齐化,并另加义符"辵",从辵从隶会意,隶兼表声。隶变以后楷书写成"逮"。

"逮"的原义是追及、抓到,读作dài。泛指及、达到。例如"力所不逮",就是能力无法达到的意思。也引伸指捉拿、捕。例如"逮捕"。虚化作介词,意为及、到。例如《左传·哀公六年》:"逮夜,至于齐,国人知之。"其中的"逮夜"就是到了夜里的意思。

"逮"用于口语时,读作dǎi,表示捉拿。例如"逮住了""逮小偷"。

逻

𨑔　邏　逻
小篆　楷书(繁体)　楷书

【原文】

邏,巡也。从辵,羅声。

【译文】

邏,巡察。从辵,羅声。

【按语】

"逻"是形声字。小篆从辵,羅声。隶变以后楷书写成"邏"。汉字简化之后写成"逻"。

"逻"的原义是巡察、来回察看。例如"巡逻"。延伸指巡行的游兵。如文天祥《指南录后序》:"质明,避哨竹林中,逻者数十骑,几无所逃死。"

违

| 金文 | 小篆 | 楷书(繁体) | 楷书 |

【原文】

違,离也。从辵,韋声。

【译文】

違,离别。从辵,韋声。

【按语】

"违"是会意兼形声字。金文从辵(辶)从韋(相背)会意,表示背离,韋兼表声。小篆整齐化。隶变以后楷书写成"違"。汉字简化之后写成"违"。

"违"的原义是离开、避开。例如"违别"指离别,"违弃"指离弃、丢弃。延伸指离别。如刘长卿《送皇甫曾赴上都》:"东游久与故人违,西去荒凉旧路微。"

"违"也引伸指背离、不依从。例如"天命不可违""阳奉阴违"。不按照既定的法则行事,就会造成过失,所以"违"也引伸指错误、过失。例如《古诗为焦仲卿妻作》:"十七遣汝嫁,谓言无誓违。"

遵

小篆　楷书

【原文】

遵,循也。从辵,尊声。

【译文】

遵,遵循。从辵,尊声。

【按语】

"遵"是形声字。小篆从辵,尊声。隶变以后楷书写成"遵"。

"遵"的原义是顺着、沿着。例如《诗经·豳风·七月》:"女执懿筐,遵彼微行,爰求柔桑。"意思是,一个女子拿着箩筐,沿着小路走,去采摘桑叶。也引伸指依从、依照。例如"遵循""遵守"。

逢

甲骨文　　金文　　小篆　　楷书

【原文】

逢,遇也。从辵,峯省声。

【译文】

逢,遭遇。从辵,峯省山表声。

【按语】

"逢"是会意兼形声字。甲骨文从彳(街道)从夆(相遇)会意。小篆从辵(辶,走路),从夆,会走路相遇之意,夆兼表声。隶变以后楷书写成"逢"。

"逢"的原义是走路相遇。泛指碰上、遭遇。如成语"棋逢对手""狭路相逢"。也引伸指迎接、讨好、迎合。例如"逢迎",现在多用为贬义,指违心趋奉迎合,但在古代是中性词,指接待、迎接。例如《史记·刺客列传》中的"太子逢迎",意思就是太子上前迎接。

逼

逼 逼

小篆　　楷书

【原文】

逼,近也。从辵,畐声。

【译文】

逼,迫近。从辵,畐声。

【按语】

"逼"是会意兼形声字。小篆从辵(辶)从畐会意,畐兼表声。隶变以后楷书写成"逼"。

"逼"的原义是迫近、接近。例如"寒气逼人"的"逼"就是迫近的意思,用寒气跟人非常靠近来形容天气寒冷。由靠近也引伸出狭窄之意。例如"逼仄"。也引伸指逼迫、强迫。例如"逼上梁山""逼人太甚"。也引伸指强行索取。例如"逼债""逼供"。

避

彳 避 避

甲骨文　　小篆　　楷书

【原文】

避,回也。从辵,辟声。

【译文】

避,回避。从辵,辟声。

【按语】

"避"是会意兼形声字。甲骨文从彳,从人,从辛(刑刀),会人逃避刑罚之意。

国学经典文库

说文解字

《说文解字》原文释义

图文珍藏版

小篆把"彳"换成了"辶",其意义不变,辟表声。隶变以后楷书写成"避"。

"避"的原义是躲开、不接触。例如"回避""避世""避难"。离开之后就不会有接触了,故延伸成离开。古代老师提问时,学生要"避席起答",此处的"避席"就是离开席垫,站起来回答问题,以示对老师的尊敬。也引伸为避免。例如"避雷针""避嫌"等。

迫

小篆　　楷书

【原文】

迫,近也。从辵,白声。

【译文】

迫,靠近。从辵,白声。

【按语】

"迫"是形声字。小篆从辵(辶,表示走路),白声。隶变以后楷书写成"迫"。

"迫"的原义是逼近、靠近。如成语"迫在眉睫"中的"迫"就是逼近之意。延伸指强逼、逼使。例如"迫不得已",意思是被逼得不得不这样做。进而延伸指紧急、迫切。例如"从容不迫",指不慌不忙,沉着镇定。此处的"迫"就是迫切、急迫。也引伸指狭窄。例如《后汉书·窦融列传》:"西州地势局迫。"

迷

小篆　　楷书

【原文】

迷,或者也。从辵,米声。

【译文】

迷,迷惑。从辵,米声。

【按语】

"迷"是形声字。小篆从辵(辶,表示走路),米声。隶变以后楷书写成"迷"。

"迷"的原义是迷路。例如"迷途知返""指点迷津"。人迷路时会分不清方向,所以"迷"还延伸指分辨不清。例如"当局者迷,旁观者清"。也引伸指使昏迷。例如《列子·汤问》:"扁鹊遂饮二人毒酒,迷死三日。"

人在迷失方向后,往往会因某些诱惑而深陷其中,故也引伸指沉醉其中。例如"迷上京戏""入迷""迷恋"等。后特指沉醉于某种事物的人。例如"戏迷"。

逊

小篆　　楷书(繁体)　　楷书

【原文】

遜,遁也。从辵,孙声。

【译文】

遜,逃遁。从辵,孙声。

【按语】

"逊"是形声字。小篆从辵(辶,表示走路),孙声。隶变以后楷书写成"遜"。汉字简化之后写成"逊"。

"逊"的原义是逃遁、逃避。延伸指退让、辞让。例如《尚书·尧典序》:"将逊于位,让于虞舜。"意思就是退让王位,让给虞舜。

由不与人针锋相对延伸指谦逊、恭敬。也引伸指比不上、差。例如"稍逊一筹""大为逊色"。

国学经典文库

说文解字

《说文解字》原文释义

图文珍藏版

述

金文　　小篆　　楷书

【原文】

述,循也。从辵,术声。

【译文】

述,遵循。从辵,术声。

【按语】

　　"述"是会意兼形声字。金文从辵(辶),右边是一只手撒播之形,用手遵循着一定的规律向前移动会遵循之意。小篆讹为从辵,术声。隶变以后楷书写成"述"。

　　"述"原义指遵循。例如《中庸》:"父作之,子述之。""父作之"是指文王的父亲制礼作乐,建立法度;文王遵循父亲所制的礼乐、法度,称为"子述之"。

　　"述"延伸指阐释前人的成说。例如《论语》中有"述而不作"的说法,意思是只叙述和阐明前人的学说,自己不创作。泛指陈说、记叙。例如"描述""叙述"。

逸

小篆　　楷书

【原文】

逸,失也。从辵、兔。兔谩訑善逃也。

【译文】

逸,逃跑。由辵、兔会意。兔子生性狡诈,善于逃跑。

【按语】

　　"逸"是会意字。小篆从辵(辶)从兔会意。隶变以后楷书写成"逸"。

"逸"的原义是逃跑。例如《左传·桓公八年》:"战于速杞,随师败绩,随侯逸。"延伸泛指奔跑。例如《庄子·田子方》:"夫子奔逸绝尘,而回瞠若乎后矣。"也引伸为避世隐居。例如《论语·尧曰》:"兴灭国,继绝世,举逸民,天下之民归心焉。"

"逸"也引伸指失去、散失。如柳宗元《时令论上》:"然则夏后、周公之典逸矣。"由奔逸延伸指超过一般,卓越。例如《三国志·蜀书·诸葛亮传》:"亮少有逸群之才。"由超脱劳苦引申指安闲、安乐。例如"安逸""以逸待劳"。

运

䢇　運　运

小篆　楷书(繁体)　楷书

【原文】

運,移徙也。从辵,軍声。

【译文】

運,移动、转徙。从辵,軍声。

【按语】

"运"是形声字。小篆从辵,軍声。隶变以后楷书写成"運"。汉字简化之后写成"运"。

"运"的原义是转动、移动。例如《易·系辞》:"日月运行。"延伸成搬运、运输。例如"运行李""运粮"。也引伸为运用。例如《宋史·岳飞传》:"阵而后战,兵法之常,运用之妙,存乎一心。"也引伸为运气、命运。例如"运乖时蹇""时来运转"。

迈

禪　邁　邁　迈

金文　小篆　楷书(繁体)　楷书

【原文】

邁,远行也。从辵,蠆省声。

【译文】

迈,远行。从辵,蠆省虫为声。

【按语】

"迈"是形声字。金文从辵(辶,走路),蠆(chài)省声。小篆整齐化。隶变以后楷书写成"邁"。汉字简化之后写成"迈"。

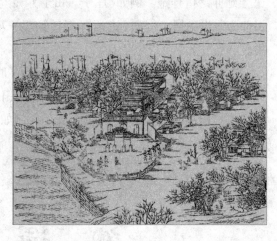

"迈"的原义是出行、远行。例如《诗经·王风·黍离》:"行迈靡靡,中心摇摇。"延伸成超过。例如《三国志·魏书·高堂隆传》:"三王可迈,五帝可越。"也引伸为时光流逝。如《诗经·唐风·蟋蟀》:"今我不乐,日月其迈。"也引伸指年老。如杜甫《上白帝城》:"英雄余事业,衰迈久风尘。"

"迈"还延伸指豪放、超然不俗。例如《晋书·裴楷传》:"裴楷风神高迈,容仪俊爽。"

还

甲骨文	金文	小篆	楷书(繁体)	楷书

【原文】

還,复也。从辵,睘声。

【译文】

還,返。从辵,睘声。

【按语】

"还"是会意兼形声字。甲骨文从彳(道路)、从睘(回环),会从路上返回之意,睘兼表声。金文增加"止"字和回环状,突出回环之意。小篆整齐化、线条化。隶变以后楷书写成"還"。汉字简化之后写成"还"。

"还"的原义是返回。如李白《蜀道难》:"问君西游何时还?"延伸指交还、归还。如欧阳修《五代史伶官传序》:"入于太庙,还矢先王,而告以成功。"

"还"还延伸指回报、回击。如朱熹《中庸集注》第十三章:"即以其人之道,还治其人之身。"

进

甲骨文	金文	小篆	楷书(繁体)	楷书

【原文】

進,登也。从辵,闉省声。

【译文】

進,前进登升。从辵,闉省门为声。

【按语】

"进"是会意字。甲骨文从隹,从止(足),用鸟脚只能前进不能后退会前进之意。金文大体相同,左边又增加了"彳"。小篆整齐化、符号化,从辵,从隹。隶变以后楷书写成"進"。汉字简化之后写成"进"。

"进"的原义是前进。例如《诗经·大雅·桑柔》:"人亦有言,进退维谷。"延伸指从外面到里面,与"出"相对。例如"进门""进城"。

"进"也引伸指推荐、举荐。例如《史记·孙子吴起列传》:"于是忌进孙子于威王,威王问兵法,遂以为师。"还延伸指超越。例如《庄子·养生主》:"臣之所好者道也,进乎技矣。"

追

甲骨文	金文	小篆	楷书

【原文】

追,逐也。从辵,自声。

【译文】

追,追赶。从辵,自声。

【按语】

"追"是会意兼形声字。甲骨文从止(脚),从弓,会持弓追击之意。金文又加上一条道路(彳),追击之意更为明显,从辵从自会意,自兼表声。小篆整齐化。隶变以后楷书写成"追"。

"追"的原义是追赶,逐击。如贾谊《过秦论》:"追亡逐北,伏尸百万,流血漂橹。"泛指跟在后面赶、随从。例如"一言既出,驷马难追"。也引伸指探求、寻求,努力达到某种目的。例如"追名逐利"。进而延伸指查究、查问。例如"追根问底"。

"追"也引伸指回溯过去。如诸葛亮《出师表》:"盖追先帝之殊遇,欲报之于陛下也。"还可以延伸成补救。如陶渊明《归去来兮辞》:"悟已往之不谏,知来者之可追。"

返

訊　返

小篆　　楷书

【原文】

返,还也。从辵,从反,反亦声。《商书》曰:'祖甲返。'

【译文】

返,还。由辵、反会意,反也表声。《商书》说:"祖甲返。"

【按语】

"返"是会意兼形声字。小篆从辵,从反,反兼表声。隶变以后楷书写成"返"。

"返"的原义是返回。如崔颢《黄鹤楼》:"黄鹤一去不复返,白云千载空悠悠。"从事物回到原来的主人那里,延伸出归还之意。例如《搜神记》:"俟汝至石头城,返汝簪。"又引申为更换。例如《吕氏春秋》:"孔子烈然返瑟而弦,子路抗然执干而舞。"

遍

編　徧　遍

小篆　　楷书（繁体）　楷书

【原文】

徧，匝也。从彳，扁声。

【译文】

徧，周匝，全走到。从彳，扁声。

【按语】

"遍"是形声字。小篆从彳（街道），扁声。隶变以后楷书写成"徧"；俗作"遍"，改为从辵（辶）。如今规范化，以"遍"为正体。

"遍"的原义是走遍。如沈括《梦溪笔谈·雁荡山》："凡永嘉山水，游历殆遍。"延伸指普遍、周遍。如宋濂《送东阳马生序》："以是人多以书假余，余因得遍观群书。"

"遍"用作量词，从头到尾经历一次为一遍。例如《三国志·魏书·王肃传》："人有从学者，遇不肯教，而云：'必当先读百遍'，言'读书百遍而义自见'。"

边

彔　邉　邊　边

金文　　小篆　　楷书（繁体）　楷书

【原文】

无。

【按语】

"边"是形声兼会意字。金文、古文和小篆皆从辵(辶),臱声,臱(鼻旁)兼表意。隶变后楷书写成"邊"。汉字简化之后写成"边"。

"边"的原义是山崖的边缘。泛指物体的边缘。如李白《荆州歌》:"白帝城边足风波,瞿塘五月谁敢过。"也引伸指旁边。如刘禹锡《乌衣巷》:"朱雀桥边野草花,乌衣巷口夕阳斜。"

"边"由边缘延伸指尽头。如杜甫《登高》:"无边落木萧萧下,不尽长江滚滚来。"也引伸指面、方面。如刘禹锡《竹枝词》:"东边日出西边雨,道是无晴还有晴。"

送

金文　　小篆　　楷书

【原文】

送,遣也。从辵,倂省。

【译文】

送,遣送。由辵、由倂省人会意。

【按语】

"送"是会意兼形声字。金文从辵,从倂省会意,倂兼表声。隶变以后楷书写成"送"。

"送"的原义指送亲。例如《诗经·邶风·燕燕》:"之子于归,远送于野。"延伸成送行、送别。也引伸为遣送。如宋濂《送东阳马生序》:"录毕,走送之,不敢稍逾约。"又指送葬、送丧。例如《明史·海瑞传》:"白衣冠送者夹岸。"进而延伸成了结、了断。例如"断送了百年基业"。又可延伸成馈赠。例如"送礼"。

逆

| 甲骨文 | 金文 | 小篆 | 楷书 |

【原文】

逆,迎也。从辵,屰声。关东曰逆,关西曰迎。

【译文】

逆,迎接。从辵,屰声。关东方言叫逆,关西方言叫迎。

【按语】

"逆"是象形字。甲骨文是一个脚朝上、头朝下的人。金文愈加形象。小篆发生了讹变。隶变后楷书写成"逆"。

"逆"的原义是倒。延伸成违背、不顺、反向、颠倒等。例如《孟子·离娄上》:"顺天者存,逆天者亡。"进而延伸指反叛。如文天祥《指南录后序》:"直前诟虏帅失信,数吕师孟叔侄为逆。"

"逆"也引伸指在事情到来之前进行推测,事先、预先。例如"逆见""逆料"。

逐

| 甲骨文 | 金文 | 小篆 | 楷书 |

【原文】

逐,追也。从辵,从豚省。

【译文】

逐,追逐。由辵、由豚省肉会意。

国学经典文库

说文解字

《说文解字》原文释义

图文珍藏版

【按语】

"逐"是会意字。甲骨文上部是一头猪,下部是一只脚,会追赶野兽之意。金文另加上半条路(彳),以突出行动之意。小篆整齐化,从辵从豕会意。隶变以后楷书写成"逐"。

"逐"的原义是追赶野兽。例如《商君书·定分》:"一兔走,百人逐之。"泛指追赶、追击。例如《左传·庄公十年》:"下视其辙,登轼而望之,曰:'可矣。'遂逐齐师。"也可指驱赶、赶走。如李斯《谏逐客书》:"臣闻吏议逐客,窃以为过矣。"也引伸指竞争。例如《韩非子·五蠹》:"上古竞于道德,中世逐于智谋,当今争于气力。"也引伸指追随、跟随。例如"随波逐流""笑逐颜开"。

"逐"作副词,指依次、按顺序。例如"逐步""挨门逐户"。

连

連　連　连

小篆　　楷书(繁体)　楷书

【原文】

連,员连也。从辵,从车。

【译文】

連,员连。由辵、车会意。

【按语】

"连"是会意字。小篆从辵(辶,走路)从车,会人拉车之意。隶变以后楷书写成"連"。汉字简化之后写成"连"。

"连"的原义是人拉的车。例如《庄子·让王》:"民相连而从之,遂成国于岐山之下。"引申指相连接、并连。如李白《梦游天姥吟留别》:"天姥连天向天横。"也引伸指连续不断。如杜甫《春望》:"烽火连三月,家书抵万金。"进而延伸指连带、连同。例如"连说带笑""连根拔起"。

"连"也引伸为牵连。如方苞《狱中杂记》:"少有连,必多方钩致。"也引伸指联合、结合。如贾谊《过秦论》:"外连衡而斗诸侯。"也引伸指军队的编制单位,通常隶属于营,由若干个排组成。例如"连队"。

"连"虚化为连词,表示全部包括在内。例如"连他在内"。

造

| 甲骨文 | 金文 | 小篆 | 楷书 |

【原文】

造,就也。从辵,告声。谭长说:造,上士也。

【译文】

造,成就。从辵,告声。谭长说:造是上士。

【按语】

"造"字是个会意兼形声字。甲骨文从宀(房子),从舟,从告,会乘舟前往访问之意,告兼表声。小篆省去"宀",并整齐化,"舟"讹变为"辵"。隶变以后楷书写成"造"。

"造"的原义是造舟。例如《尔雅·释水》:"天子造舟。"延伸成做、制作。例如《后汉书·张衡传》:"复造候风地动仪,以精铜铸成。"也引伸为成就。例如"他在这方面的造诣很深"。还表示前往、到。例如"造访""登峰造极"。

道

| 金文 | 小篆 | 楷书 |

说文解字 《说文解字》原文释义 图文珍藏版

【原文】

道,所行道也。从辵,从𩑋。一达谓之道。

【译文】

道,人们行走的道路。由辵、由𩑋会意。完全通达无歧路叫作道。

【按语】

"道"是会意字。金文从行(街道),从首,会在路上行走之意;或者另加义符"止"(脚),以强调行走。小篆整齐化。隶变以后楷书写成"道"。

"道"的原义是道路。如李白《蜀道难》:"蜀道之难,难于上青天。"延伸指路程、行程。例如《荀子·修身》:"道虽迩,不行不至。"延伸成途径、方法。如朱熹《中庸集注》第十三章:"故君子之治人也,即以其人之道,还治其人之身。"

"道"也引伸为主张、学说。例如《孟子·滕文公上》:"从许子之道,则市贾不贰,国中无伪。"

退

𨓚　　退

小篆　　楷书

【原文】

无。

【按语】

"退"是形声字。小篆从辵(辶,走路),从日,从夂("足"的反写),会日日后退之意。隶变以后楷书写成"退"。

"退"的原义是后退。例如《孙子兵法·谋攻》:"不知军之不可以退而谓之退。"延伸指打退。例如《国语·越语》:"有能助寡人谋而退吴者,吾与之共知越国之政。"也引伸指离去、脱离。例如"引退""退职"。

"退"也引伸指返回、交还。例如《汉书·董仲书传》:"临渊羡鱼,不如退而结网。"也引伸指减退、下降。例如《梁书·江淹传》:"淹少以文章显,晚节才思微退,时人皆谓之才尽。"

逃

小篆　　楷书

【原文】

逃，亡也。从辵，兆声。

【译文】

逃，逃亡。从辵，兆声。

【按语】

"逃"是形声字。小篆从辵（辶），兆声。隶变以后楷书写成"逃"。

"逃"的原义是逃走。例如《庄子·外物》："许由逃之。"延伸成逃避、回避。如黄宗羲《原君》："无所逃于天地间。"也引伸为叛、离，由于关系破裂而脱离。如杜甫《饮中八仙歌》："苏晋长斋绣佛前，醉中往往爱逃禅。"

适

甲骨文　　金文　　小篆　　楷书

【原文】

適，之也。从辵，昏声。

【译文】

適,前往。从辵,昏声。

【按语】

"适"是形声字。甲骨文和小篆全部从辵,啻声。隶变以后楷书写成"適"。汉字简化之后写成"适"。

"适"的原义是到、前往。例如《诗经·魏风·硕鼠》:"逝将去汝,适彼乐土。"特指女子出嫁。例如《古诗为焦仲卿妻作》:"贫贱有此女,始适还家门。"也引伸指切合、符合、适合。例如《诗经·郑风·野有蔓草》:"邂逅相遇,适我愿兮。"也引伸指快乐、舒畅。例如"舒适"。

"适"用作副词,指恰巧。例如"适得其反""适逢其会"。

远

| 金文 | 小篆 | 楷书（繁体） | 楷书 |

【原文】

遠,辽也。从辵,袁声。

【译文】

遠,遥远。从辵,袁声。

【按语】

"远"是形声字。金文从辵（辶）,袁声。小篆整齐化。隶变以后楷书写成"遠"。汉字简化后写成"远"。

"远"的原义是走路走得长。延伸指距离大、相隔远,与"近"相对。延伸指深奥、深远。例如"人无远虑,必有近忧"。也引伸指长久、长远。例如《公羊传·庄公四年》:"远祖者,几世乎?九世矣。"进而延伸指高远、远大。例如"深谋远虑"。也引伸指离开、避开。如诸葛亮《出师表》:"亲贤臣,远小人。"

透

小篆　　　楷书

【原文】

透，跳也，过也。从辵，秀声。

【译文】

透，跳，穿过。从辵，秀声。

【按语】

"透"是形声字。小篆从辵（辶），秀声。隶变以后楷书写成"透"。

"透"的原义是跳。例如《南史·后妃传下》："妃知不免，乃透井死。"延伸指穿过、透过。如苏轼《少年游·去年相送》："对酒卷帘邀明月，风露透窗纱。"

"透"也引伸指暗地告诉，透露。例如"透个口风儿"。也引伸指显露出来。例如"白里透红"。也引伸指彻底清楚。例如"把情况摸透了"。也引伸指程度深，充分、彻底。例如"桃子熟透了""糟糕透了"。

辽

小篆　　　楷书（繁体）　　　楷书

【原文】

遼，远也。从辵，尞声。

【译文】

遼，遥远。从辵，尞声。

【按语】

"辽"是形声字。小篆从辵（辶），尞声。隶变以后楷书写成"遼"。汉字简化之后写成"辽"。

"辽"的原义是遥远。例如《荀子·天论》:"地不为人之恶辽远也辍。""辽"还表示时间上的远,即久远。如阮籍《咏怀》:"人生乐长久,百年自言辽。"

"辽"还是我国古代朝代名,因其居于辽河上游,遂称"辽"。

近

小篆　　　楷书

【原文】

远,附也。从辵,斤声。

【译文】

近,附近。从辵,斤声。

【按语】

"近"是形声字。小篆从辵(辶),斤声。隶变以后楷书写成"近"。

"近"的原义是距离近,与"远"相对。如陶渊明《桃花源记》:"缘溪行,忘路之远近。"延伸指时间短。如贺知章《回乡偶书》之二:"离别家乡岁月多,近来人事半消磨。"

"近"也引伸指接近、靠近。例如《史记·项羽本纪》:"吾入关,秋毫不敢有所近。"也引伸指相类似。例如《孟子·滕文公上》:"饱食、暖衣、逸居而无教,则近于禽兽。"也引伸指亲近、亲密。例如"近亲""平易近人"。物近则浅显明白,故也引伸指浅显、浅近。例如《孟子·尽心下》:"言近而指远者,善言也。"

迁

金文　　　小篆　　　楷书(繁体)　　　楷书

说文解字

《说文解字》原文释义

图文珍藏版

【原文】

遷,登也。从辵,䙴声。

【译文】

遷,向上登移。从辵,䙴声。

【按语】

"迁"是形声字。小篆从辵(辶,表移动),䙴声。隶变以后楷书写成"遷"。汉字简化之后写成"迁"。

"迁"的原义是向高处迁移。延伸成徙居、搬动。如文天祥《指南录后序》:"战守迁皆不及施。"延伸成变更、变动。例如《韩非子·饬令》:"饬令,则法不迁。"也引伸为官位调动,大都指升官。例如《后汉书·张衡传》:"迁为太史令。"也可延伸指贬谪、降职。如范仲淹《岳阳楼记》:"迁客骚人,多会于此。"

遏

篆書   遏

小篆   楷书

【原文】

遏,微止也。从辵,曷声。

【译文】

遏,障蔽遮止。从辵,曷声。

【按语】

"遏"是会意兼形声字。小篆从辵(辶),从曷(喝止),曷兼表声。隶变以后楷书写成"遏"。

"遏"的原义是阻止。例如《列子·汤问》:"声振林木,响遏行云。"延伸指阻击、抵御。例如"遏截""遏夺"。

迎

迎

【原文】

迎,逢也。从辵,卬声。

【译文】

迎,逢迎。从辵,卬声。

【按语】

"迎"是形声字。小篆从辵(辶),卬声。隶变以后楷书写成"迎"。

"迎"的原义是对着、向着。例如《墨子·鲁问》:"楚人顺流而进,迎流而退。"延伸指迎接、欢迎。例如《诗经·大雅·大明》:"文定厥祥,亲迎于渭。"也引伸指迎合、奉承。如《新五代史·唐庄宗神闵敬皇后刘氏传》:"刘氏多智,善迎意承旨,其他嫔御莫得进见。"

夊 部

夊

甲骨文　　金文　　小篆　　楷书

【原文】

夊,从后至也。象人两胫后有致之者。凡夊之属皆从夊。读若黹。

【译文】

夊,从后面送到。似人的两腿后面有送它的力量。凡是夊的部属全部从夊。音读似"黹"字。

【按语】

"夂"是象形字。甲骨文似脚跟朝上、脚趾朝下的一只左脚。金文更似一只左脚。小篆线条化。楷书已经看不出脚的样子了。

"夂"的原义是脚,不过这个字现在已经不单独使用了。

"夂"是个部首字。凡是由"夂"组成的字,大全部与脚有关。例如"降""各""夏""麦"等字。

复

| 甲骨文 | 金文 | 小篆 | 楷书(繁体) | 楷书 |

【原文】

復,往来也。从彳,复声。

【译文】

復,往而复来。从彳,复声。

【按语】

"复"是会意字。甲骨文上部似有个出入口的地穴之形,下部从夂(脚),会进出往来之意。金文在出口处加了台阶。小篆整齐化、线条化。隶变以后楷书写成"復"。汉字简化之后写成"复"。

"复"的原义是返回、回来。如李白《将进酒》:"君不见黄河之水天上来,奔流到海不复回。"延伸指恢复、还原。例如《晋书·向雄传》:"武帝闻之,敕雄复君臣之好。"回答也是一种返回,故也引伸指回答、回报。如宋濂《送东阳马生序》:"或遇其叱咄,色愈恭,礼愈至,不敢出一言以复。"用作副词,表示重复或者继续,等同于"又""再""继续"。如白居易《琵琶行》:"轻拢慢捻抹复挑,初为霓裳后六幺。"

"复"作"複"的简化字时,指夹衣。例如《释名·释衣服》:"有里曰复,无里曰禅。"延伸指繁复、重复。如陆游《游山西村》:"山重水复疑无路,柳暗花明又一

各

甲骨文　　金文　　小篆　　楷书

【原文】

各,異辞也。从口、夂。夂者,有行而止之,不相听也。

【译文】

各,表示不同个体的词。由口、夂会意。夂,表示有人使之行走而又有人使之停止,彼此不相听从。

【按语】

"各"是会意字。甲骨文从夂(一只脚趾朝下的脚),从口(门口),会到来之意。金文与小篆的形体大概相同。隶变以后楷书写成"各"。

"各"的原义现在已经消失,借为代词,表示每个或者各个。例如"各行各业""各式各样""各执一词"等。"各"作形容词时,表示特别、与众不同,读 gě。例如"这人很各"。

麦

甲骨文　　金文　　小篆　　楷书(繁体)　　楷书

【原文】

麥,芒谷,秋种厚薶,故谓之麦。麥,金也。金王而生,火王而死。从来,有穗者;从夂。凡麥之属皆从麥。

【译文】

麥,有芒刺的谷。秋天种下,厚厚地埋着,所以叫它作麦。麥,属金。金旺就生长,火旺就死亡。从来,因为麦是有穗的谷物;从夂。凡是麦的部属全部从麦。

【按语】

"麦"是会意字。甲骨文上部似一棵小麦,下部从夂(一只脚趾朝下的脚),会到来之意。隶变以后楷书写成"麥"。汉字简化之后写成"麦"。

"麦"的本字是"来",所以原义是到来。可是在实际使用中,"来"字多表示到来,最终发生了互换现象:把原来当小麦讲的"来",变成了"来去"的"来";把本来当来去讲的"麦",变成了"小麦"的"麦"。

备

甲骨文　　金文　　小篆　　楷书(繁体)　　楷书

【原文】

备,慎也。从人,蒲声。

【译文】

备,谨慎。从人,蒲声。

【按语】

"备"是象形兼会意字。甲骨文似箭插入盛矢器中的样子,表示盛箭的器具。金文与甲骨文相似。小篆发生讹变,从苟省,从用。隶变以后楷书写成"備"。汉字简化之后写成"备"。

"备"的原义是盛矢器。延伸成预备、准备。例如"有备无患",其中的"备"就是指准备。也引伸为完备、齐备、具有。例如"求全责备",意思是对人或者对人做的事情要求十全十美,毫无缺点。

"备"作名词,指设施、设备。例如"装备""军备"。作副词,意为全部、完全、尽。如成语"关怀备至""备尝艰辛"。

夏

甲骨文　金文　小篆　楷书

【原文】

夏,中国之人也。从夊,从頁,从臼。臼,两手;夊,两足也。

【译文】

夏,中原地区的人。由夊、頁、臼会意。臼,表示两只手;夊,表示两只脚。

【按语】

"夏"是象形字。甲骨文似一个手持斧钺、高壮威武的武士。金文上为头,中间为躯干,两边是手,下为足,仍然似一个高大的人。小篆发生了讹变。隶变以后楷书写成"夏"。

"夏"的原义是威武壮大之人。也有人认为"夏"的雏形是人手舞足蹈的样子。总之,由这种有活力、强大的意义尔后延伸指"中国之人"。"中国"原指中原地区,与四周少数部族相对,也叫"华夏"或者"诸夏"。也引伸指事物壮大兴盛。房屋高大也称为"夏",此义后来写成"厦"。

由壮大兴盛延伸指四季中最热、植物最盛的季节——夏季。

处

甲骨文似一个　金文　小篆　小篆　楷书(繁体)　楷书(繁体)　楷书

金文　小篆　小篆　楷书(繁体)　楷书(繁体)　楷书

【原文】

处,止也。得几而止。从几,从夂。處,处或者,从虍声。

【译文】

处,止息。人得到几,就凭几而止息。由几、夂会意。處,处的或者体,从虍声。

【按语】

"处"是会意字。金文形体似一只蹲踞的老虎,下部右边的"几"可能是虎足的变形。小篆继承金文而来。隶变以后楷书写成"處"和"处"。汉字简化之后写成"处"。

"处"读作 chǔ,原义指息止。泛指居住。如屈原《涉江》中所说的"处乎山中",就是居住于山中的意思。由居住延伸出交往、存在、置身等义。例如"他脾气好,容易处"就是指容易交往;成语"养尊处优""设身处地"中的"处"全部是存、置的意思。也引伸为决断、处置、定夺。进一步延伸指惩罚。例如"处罚""处决"。

"处"作名词用时,读 chù,表地方。例如"长处""停车处"。现在又指机关或者机关里的一个部门。例如"总务处""教务处"。

巛 部

巢

甲骨文　金文　小篆　楷书

【原文】

巢,鸟在木上曰巢,在穴曰窠。从木,象形。凡巢之属皆从巢。

【译文】

巢,鸟在树上的窝叫巢,在洞中的窝叫窠。从木,似鸟在巢中之形。凡是巢的部属全部从巢。

【按语】

"巢"是象形字。甲骨文下部似一棵树之形,上部为鸟巢的形状。小篆上部似巢上有三只鸟的样子,表示鸟栖于树窝上。隶变以后楷书写成"巢"。

"巢"的原义就是鸟窠。例如"鸠占鹊巢"。由鸟巢也引伸指其他动物的巢穴。上古人住的地方也被称为"巢"。又指敌人或者盗贼盘踞的地方。例如"老巢"。

邕

𕹁	邕	邕
金文	小篆	楷书

【原文】

邕,四方有水,自邕城池者。从川,从邑。

【译文】

邕,四面有水来,自相拥抱,旋绕而成护城河。由川、邑会意。

【按语】

"邕"是会意字。金文从川,从邑,会水流围困城邑之意。小篆由金文演化而来。隶变以后楷书写成"邕"。

"邕"的原义是四方被水环绕的全部邑。延伸表示积水不流、堵塞。例如《汉书·王莽传》:"邕泾水不流。"意思是堵塞了泾水而不流通。

片 部

片		

片	片	片
甲骨文	小篆	楷书

【原文】

片,判木也。从半木。凡片之属皆从片。

【译文】

片,已剖的木。由小篆"木"字的右半会意。凡是片的部属全部从片。

【按语】

"片"是指事字。甲骨文字形似劈开的木片。隶变以后楷书写成"片"。

"片"的原义是劈开树木之类,读作 piàn。例如"片批",是一种切肉的刀法,刀略倾斜,切之使肉成片状。泛指平而薄的东西。如杜甫《寄杨五桂州谭》:"梅花万里外,雪片一冬深。"又用于延伸的平面或者广阔区域。如王之涣《凉州词》:"一片孤城万仞山。"还可用于景色、气象等。例如"一片丰收的景象"。

"片"作动词,指用刀把物斜削成扁薄形状。例如"片了些羊肉片儿"。

"片"作量词,用于平而薄的东西。如李白《望天门山》:"孤帆一片日边来。"

"片"口语中读作 piān,特指某些有图似或者录音的薄而平的东西。例如"唱片儿""相片儿"。

版

版 版

小篆　　楷书

【原文】

版,判也。从片,反声。

【译文】

版,分剖(的木板)。从片,反声。

【按语】

"版"是形声字。小篆从片,反声。隶变以后楷书写成"版"。

"版"的原义是筑墙的夹板。例如《诗经·大雅·绵》:"其绳则直,缩版以载。"又指版筑的土墙。例如《左传·僖公三十年》:"朝济而夕设版焉。"延伸指上面有文字或者图形、用木板或者金属制成供印刷用的东西。例如"制版"。书籍排印一次称为一版,故也引伸指印刷物印行的次数。例如"初版""重版书"。

牌

牌 牌

小篆　　楷书

【原文】

无。

【按语】

"牌"是后起字,为形声字。楷书写成"牌",从片(表示板状物),卑声。

"牌"的原义是招牌,用作标志的板状物。例如"路牌""招牌"。延伸指牌状的凭证、符信。例如"虎符金牌""牌照"。

由牌的标示作用延伸指词曲的曲调名称。例如"菩萨蛮""西江月"全部是词牌名。

"牌"也引伸指娱乐或者赌博用的卡片。例如"扑克牌""骨牌"。由牌的遮护作用,延伸指打仗或者执行警戒任务时用来遮护身体的东西。例如"挡箭牌""盾牌"。

牍

牘 牘 牍

小篆　　楷书(繁体)　　楷书

【原文】

牘,书版也。从片,賣声。

【译文】

牘,写字的木板。从片,賣声。

【按语】

"牍"是形声字。小篆从片,賣声。隶变以后楷书写成"牘"。汉字简化之后写成"牍"。

"牍"的原义是古代写字用的木片。如曹丕《典略》："又尝亲见执事握牍持笔，有所造作。"指代书籍。例如"史牍""牍籍"。

　　"牍"也引伸为公文。如刘禹锡《陋室铭》："无丝竹之乱耳，无案牍之劳形。"

　　"牍"也引伸指信件。例如"书牍""尺牍"。

无 部

既

甲骨文	金文	小篆	楷书

【原文】

既，小食也。从皀，旡声。

【译文】

既，小的食物。从皀，旡声。

【按语】

　　"既"是会意字。甲骨文右边是一个高脚的食器，其中尖尖的部分表示装满了食品；左边是一个背向食品跪坐的人，张着大嘴巴，会吃饱了之意。隶变以后楷书写成"既"。

　　"既"的原义是吃完了。延伸成尽、完。也引伸为已经。如成语"既往不咎"。

　　"既望"在古代用来表示时间。每个月十五或者十六的傍晚，会出现月亮与太阳遥遥相望的现象，古人就把这一天叫作"望"。"既"指已经，所以"既望"指的就是阴历每月的十六或者十七。

风部

风

風　屬　風　风

甲骨文　　小篆　　楷书（繁体）　楷书

【原文】

風，八風也。东方曰明庶風，东南曰清明風，南方曰景風，西南曰涼風，西方曰阊阖風，西北曰不周風，北方曰广莫風，东北曰融風。風动虫生。故虫八日而化。从虫，凡声。

【译文】

風，八方的風。东方来的，叫明庶風；东南来的，叫清明風；南方来的，叫景風；西南来的，叫涼風；西方来的，叫阊阖風；西北来的，叫不周風；北方来的，叫广莫風；东北来的，叫融風。風动虫生；虫八天就变化成形。从虫，凡声。

【按语】

"风"是象形字。甲骨文似高冠、长尾的凤鸟之形。小篆从虫（古人认为风动虫生），凡声。隶变以后楷书写成"風"。汉字简化之后写成"风"。

"风"的原义是指一种空气流动的自然现象。风的速度很快，故也引伸指似风一样迅速、普遍。例如"风卷残云""风靡一时"。延伸引喻势头、势气。如成语"望风而逃"。进而引申指风俗、风气。例如"民风淳朴"。也引伸指风范、节操。例如"长者之风"。"风"也指风格特点。例如"诗风"。

另外，"风"还特指中医学中的病因"六淫"（风、寒、暑、湿、燥、火）之一。

飘

飃　飄　飘

小篆　　楷书（繁体）　楷书

【原文】

飄,回风也。从風,票声。

【译文】

飄,回旋的风。从風,票声。

【按语】

"飘"是会意兼形声字。小篆从風从票(火飞)会意,票兼表声。隶变以后楷书写成"飄"。汉字简化之后写成"飘"

"飘"的原义是旋风、暴风。例如《老子》第二十三章:"故飘风不终朝,骤雨不终日。"引申指飘动、飞扬。也引伸指落。如李商隐《重过圣女祠》:"一春梦雨常飘瓦,尽日灵风不满旗。"

"飘"也引伸指流离、浮荡。例如"飘零"。由暴风迅猛延伸指迅疾。例如《吕氏春秋》:"圣人则不可以飘矣。"意思是,圣人不论对哪种情况全部不能匆忙下结论。

"飘"还延伸指杳渺。例如"飘渺",现在一般写成"缥缈"。

方 部

方

才　方　方　方

甲骨文　金文　小篆　楷书

【原文】

方,并船也。象两舟省、緫头形。

【译文】

方,相并的两只船。(下)似两个舟字省并为一个的形状,(上)似两个船头用绳索总揽在一起的形状。

【按语】

"方"是象形字。甲骨文似起土出粪的大锸:上短横是横把,中长横是双足踏之双肩,两短竖指明其左右两旁,下边是多股分叉。金文大概相同。小篆整齐化。隶变以后楷书写成"方"。

"方"的原义是起土锸。泛指四个角全部是直角的四边形。例如"方形""方圆"。古人认为天圆地方,故而"方"有大地、地域、区域之意。例如"方州""远方""四方"。还指一面、一边。例如"方向""在水一方"。也引伸指类、种。例如"仪态万方"。

"方"也引伸指途径、办法。例如"良方""方略"。还延伸指见识学问。例如"贻笑大方"。特指古代医卜星相等技术。例如"方术"。也引伸指比拟、比较。例如"打引喻"。

"方"用作副词,表示情况切合、正当。例如"血气方刚"。又等同于"刚刚""才"。例如"如梦方醒"。

旁

甲骨文　　金文　　小篆　　楷书

【原文】

旁,溥也。从二,阙;方声。

【译文】

旁,广大。从二,不知为什么从冂,方声。

【按语】

"旁"是会意兼形声字。甲骨文从凡(表井盘),从方,会井盘的四帮之意,方兼表声。金文稍讹。小篆已经变得不太似了。隶变以后楷书写成"旁"。

"旁"的原义是大、广,读作 páng。例如"旁征博引",指说话、写文章广泛引用材料作为依据或者例证。延伸成别的、其他的。例如"旁人"就是他人。进而也引伸指偏颇、邪曲。如成语"旁门左道"。

"旁"读作 bàng,通"傍",指依傍、依附。例如《汉书·沟洫志》:"引渭穿渠起长安,旁南山下,至河三百余里。"进而延伸指靠近、在旁边。如林觉民《与妻书》:"吾灵尚依依旁汝也,汝不必以无侣悲。"

旅

甲骨文　金文　小篆　楷书

【原文】

旅，军之五百人为旅。从㫃，从从；从，俱也。

【译文】

旅，军队里五百人的单位叫作旅。由从、㫃会意；从，许多人在一起的意思。

【按语】

"旅"是会意字。甲骨文从㫃（旗帜），从从（众人相随），用众人聚集在旗下会军旅之意。小篆整齐化。隶变以后楷书写成"旅"。

"旅"的原义是一种军队编制单位。古代五百人为一旅。泛指军队。例如"军旅"。由军队出征在外延伸成寄居在外。例如"羁旅"。

专门供在外游子住宿的地方叫作旅馆，所以"旅"也引伸指旅馆、旅舍。如李白《春夜宴从弟桃花园序》："夫天地者，万物之逆旅也。"此处的"逆旅"指旅舍。

族

甲骨文　金文　小篆　楷书

【原文】

族，矢锋也。束之族族也。从㫃，从矢。

【译文】

族,箭头。一捆箭聚在一起。由㫃、由矢会意。

【按语】

"族"是会意字。甲骨文从㫃(旗帜),从二矢,似旗下聚众矢之状。金文省为一矢。小篆整齐化。隶变以后楷书写成"族"。

"族"的原义是箭头。箭用于战斗之时,战斗又需要聚集众人众矢,所以"族"也引伸为聚合。此义尔后被"簇"替代。古代同一家族或者同一氏族是一个战斗单位,故"族"也引伸指宗族、家族。例如《尚书·尧典》:"克明俊德,以亲九族。"意思是(尧)能发扬大德,使家族亲密和睦。也引伸为品类、种类。例如"士大夫之族"。也引伸指民族。例如"汉族""壮族"。

旋

甲骨文	金文	小篆	楷书

【原文】

旋,周旋,旌旗之指麾也。从㫃,从疋;疋,足也。

【译文】

旋,转动,随着旌旗的指挥。由㫃、疋会意;疋,是足的意思。

【按语】

"旋"是会意字。甲骨文从疋(足),从㫃(旗帜),会人随军旗的指挥而周旋之意。小篆整齐化。隶变以后楷书写成"旋"。

"旋"的原义是旋转,读作 xuán。

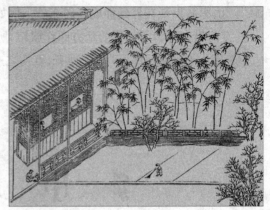

由旋转延伸成返回、回归。例如"凯旋"。旋转一圈时间很短,所以"旋"又表示时间短暂。例如"旋即"。

"旋"读作 xuàn,指回旋的。例如"旋风"。

旗

旃　旅　旂　旗

金文　　小篆　　楷书　　楷书

【原文】

旗,熊旗五游,以象罚星,士卒以为期。从㫃,其声。《周礼》曰:'率全部建旗。'

【译文】

旗,画有熊的旗帜有六根飘带,用来象征罚星。士卒把熊旗的竖立当作聚集的时间。从㫃,其声。《周礼》说:"将帅和全部主竖立熊旗。"

【按语】

"旗"原本是象形字。金文似飘扬的旗帜。小篆线条化。隶变以后楷书写成"旗",成了从㫃、其声的形声字。

"旗"的原义是用作标志的旗帜,古代又特指军旗。如成语"偃旗息鼓",就是放倒旗子,停止敲鼓。引喻事情终止或者声势减弱。旗帜是标志,因此也引伸指标志。例如《左传·闵公二年》:"佩,衷之旗也。"意思是,身上佩带的东西,是内心的标志。

施

㫃　施　施

甲骨文　小篆　　楷书

【原文】

施,旗皃。从㫃,也声。

【译文】

施,旗帜飘动的样子。从㫃,也声。

国学经典文库

说文解字

《说文解字》原文释义

图文珍藏版

【按语】

"施"是会意兼形声字。小篆从㫃(旗帜),从也(蛇),会旗似蛇一样飘动之意,也兼表声。隶变以后楷书写成"施"。

"施"的原义是旗帜。延伸指设置、安放。如林嗣环《口技》:"于厅事之东北角,施八尺屏障。"进而延伸指实行、推行。古人常说要"施仁政",其中的"施"指的就是推行。

"施"也引伸指附着、加上、加给。例如"施粉",就是涂粉。也引伸指散布、铺陈。例如"云行雨施",引喻广泛散布恩泽。

"施"也引伸指给予,把自己的财物送给穷人、僧尼或者寺庙。

歺 部

甲骨文　　金文　　小篆　　楷书

【原文】

歺,列(裂)骨之残也。从半、凸(骨)。

【译文】

歺,剔去筋肉后的残骨。由牛、由凸会意。

【按语】

"歺"是象形字。甲骨文似一段残骨,表示剔去肉之后剩下的残骨。金文、小篆和甲骨文大体相同。隶变以后楷书写成"歺"。

"歺"的原义是残骨。现在表示不好之义的"歺"字,本是汉语从蒙语中借入的词,读音与藏文字母接近,所以就借用这个字来记录。例如"为非作歺""不分好歺""歺徒"。

"歺"是个部首字。凡由"歺"组成的字,大全部与坏、死有关。例如"歼""残""殂""殃""殒""殡"等。

死

| 甲骨文 | 金文 | 小篆 | 楷书 |

【原文】

死，澌也，人所离也。从歺，从人。凡死之属皆从死。

【译文】

死，精气穷尽，是人们形体与魂魄相离的名称。由歺、人会意。凡是死的部属全部从死。

【按语】

"死"是会意字。甲骨文从歺（即死，表示枯骨），从人，似人跪坐在枯骨旁边，会人死之意。金文的构形基本与甲骨文相同。小篆整齐化。隶变以后楷书写成"死"。

"死"的原义是生命终止。尔后扩大到指所有的动植物失去生命。死去的东西就不再动了，因此不灵活的、固定不动、呆板的东西也称为"死"。例如"死心眼儿""死水"。死与生不可调和，故也引伸为势不两立。例如"死敌""死对头"。

人死了就没了，故"死"延伸指消失、消除。如常建《吊王将军墓》："战余落日黄，军败鼓声死。"也引伸指力气或者程度达到极限。例如"下死劲""气死人""死守"。"死"还可以用来表示道路堵塞。例如"死路一条"就常用来形容前景极坏。

殖

| 小篆 | 楷书 |

【原文】

殖,脂膏久殖也。从歺,直声。

【译文】

殖,膏油放久而腐坏。从歺,直声。

【按语】

"殖"是形声字。小篆从歺(表示残骨),直声。隶变以后楷书写成"殖"。

"殖"的原义是脂膏因放置时间过久而变质。此义现已不用。又表示生育、生长。例如《国语·晋语四》:"同姓不婚,恶不殖也。"也引伸指经营、增殖钱财。例如"货殖营生"。

残

残　残　残

小篆　　楷书(繁体)　　楷书

【原文】

殘,贼也。从歺,戋声。

【译文】

殘,伤害。从歺,戋声。

【按语】

"残"是会意兼形声字。小篆从歺(残骨之形),从戋,会残杀之后骨肉细碎之意,戋兼表声。楷书繁体写成"殘"。汉字简化之后写成"残"。

"残"的原义是杀害、伤害、损害。如柳宗元《断刑论》:"举草木而

残之。"意思是全部的草木全部被损害了。延伸成凶暴。例如"残暴"。受到损害就变得残缺了,所以"残"还延伸为残缺不全。例如"残生"就是余生。

歼

殲　殲　歼

小篆　楷书（繁体）　楷书

【原文】

殲，微尽也。从歺，韱声。《春秋传》曰：‘齐人歼于遂。’

【译文】

殲，纤微全部尽。从歺，韱声。《春秋左氏传》说："齐人在遂地歼灭殆尽。"

【按语】

"歼"是会意兼形声字。小篆从韱，从歺，会似割韭菜一样斩尽杀绝之意。隶变以后楷书写成"殲"，从歺（表示与死有关），韱声。汉字简化之后写成"歼"。

"歼"的原义是消灭。例如"歼灭"。延伸成死。如胡应麟《少室山房笔丛》："（关羽）死逾月而（吕蒙）歼。"说的就是吕蒙袭击关羽，但是最终又被关羽的军队杀死。

殃

殃　殃

小篆　楷书

【原文】

殃，咎也。从歺，央声。

【译文】

殃，灾祸。从歺，央声。

【按语】

"殃"是形声兼会意字。小篆从歺（残骨，多与死亡、灾祸有关）从央会意，央兼表声。隶变后楷书写成"殃"。

"殃"的原义是祸害、灾难。人们常说的"遭殃""灾殃"就是这种用法。

"殃"用作动词,表示使遭受祸害、残害。如成语"殃及池鱼"就是指使无辜牵连受害。

殊

小篆　　　楷书

【原文】

殊,死也。从歹,朱声。汉令曰:'蛮夷长有罪,当殊之。'

【译文】

殊,杀死。从歹,朱声。汉朝的法令说:"蛮夷戎狄之长有罪,判决杀死他们。"

【按语】

"殊"是形声字。小篆从歹,朱声。隶变以后楷书写成"殊"。

"殊"的原义是斩首。例如《汉书·高帝纪》:"其赦天下殊死以下。"泛指死。例如《史记·淮南衡山列传》:"太子即自刭,不殊。"意思是太子就自杀了,但是没死。

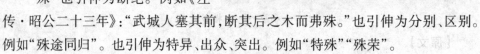

"殊"也引伸为断绝。例如《左传·昭公二十三年》:"武城人塞其前,断其后之木而弗殊。"也引伸为分别、区别。例如"殊途同归"。也引伸为特异、出众、突出。例如"特殊""殊荣"。

"殊"用作副词,意为很、甚。如沈括《梦溪笔谈》:"古法采草药多用二月、八月,此殊未当。"

气 部

气

三　弌　弌　氣　气

甲骨文　　金文　　小篆　楷书（繁体）楷书

【原文】

氣，云氣也。象形。凡氣之属皆从氣。

【译文】

氣，云氣。象形。凡是氣的部属全部从氣。

【按语】

"气"是象形字。甲骨文、金文的形体就似云气蒸腾上升的样子。小篆的形体继承甲骨文、金文。隶变以后楷书写成"氣"。汉字简化之后写成"气"。

"气"的原义是云气。例如《史记·项羽本纪》："吾令人望其气，皆为龙虎，成五彩。"泛指一切气体。例如"空气""天然气"。后也引伸指天气、气象。如王羲之《兰亭集序》："是日也，天朗气清，惠风和畅。"

"气"也引伸指节气、气候。也引伸指景象。如杜甫《秋兴八首》其一："玉露凋伤枫林树，巫山巫峡气萧森。""气"也指人的各种精神状态。例如《孟子·公孙丑》："我知言，我善养吾浩然之气。"

氧

小篆　　楷书

【原文】

无。

"氧"是近代新造字，为形声字。楷书写成"氧"，从气，羊声。

"氧"的原义是一种气体元素,无色、无味、无臭,是人和动、植物呼吸所必需的气体。

氛

小篆　楷书

【原文】

氛,祥气也。从气,分声。

【译文】

氛,体现吉凶的云气。从气,分声。

【按语】

"氛"是形声字。小篆从气,分声。隶变以后楷书写成"氛"。

"氛"的原义是古时预示吉凶征兆的云气,也单指凶气。例如《隋书·卫玄传》:"近者妖氛充斥,扰动关河。"其中的"妖氛"便是指不祥的云气,多喻指凶灾、祸乱。延伸泛指雾气、云气。例如《礼记·月令》:"仲冬行夏令,则其国乃旱,氛雾冥冥,雷乃发声。"郑玄注:"氛雾冥冥……霜露之气散相乱也。"

"氛"也引伸指特定环境中给人某种强烈感觉的情调、情势、气氛。如巴金《军长的心》:"我接触到一种平静、欢乐的气氛。"

礻部

社

甲骨文　金文　小篆　楷书

【原文】

社,地主也。从示、土。《春秋传》曰:'共工之子句龙为社神。'周礼:二十五家为社,各树其土所宜之木。

【译文】

社,土地的神主。从示,土声。《春秋左氏传》说:"共工的儿子句龙做土地神。"周朝的礼制规定:二十五家立一个社,各种植那里的土地所适宜生长的树木。

【按语】

"社"是象形兼会意字。甲骨文写成"土",似原始祭社之形。金文另加义符"示"和"木"。小篆从土从示会意。隶变以后楷书写成"社"。

"社"的原义是社神,即土地神。延伸成土地神的神似、牌位。例如《论语·八佾》:'哀公问社于宰我。宰我对曰:"夏后氏以松,殷人以柏,周人以栗。曰:使民战栗。'

"社"也延伸指祭祀土地神的场所。如辛弃疾《西江月》:"旧时茅店社林边,路转溪桥忽见。"还可以延伸指社日。如王驾《社日》:"桑柘影斜春社散,家家扶得醉人归。"

祭社时人们聚集在一起,故也引伸指集体性的组织、团体。例如"诗社""杂志社"。

祖

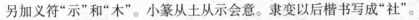
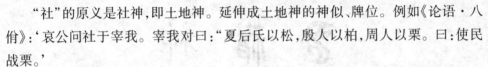

甲骨文　金文　小篆　　楷书

【原文】

祖,始庙也。从示,且声。

【译文】

祖,初始;宗庙。从示,且声。

【按语】

"祖"原本是象形字。甲骨文的形体似祭祀时放置礼品的礼器。金文大概相同。小篆另加义符"示",从示从且会意,且兼表声,成了会意兼形声字。隶变以后楷书写成"祖"。

"祖"的原义是祭祀先人的宗庙或者神主。例如《周礼·考工记·匠人》:"左祖右社。"延伸指祖宗、祖先。进而延伸指某种事业或者行业、派别的创始人。例如"鼻祖""祖师"。又表示效法、承袭。例如《史记·屈原贾生列传》:"然皆祖屈原之从容辞令,终莫敢直谏。"

神

呂 禪 神

金文　　小篆　　楷书

【原文】

神,天神,引出万物者也。从示、申。

【译文】

神,天神,引发出万事万物的神。由示、申会意。

【按语】

"神"是会意兼形声字。金文似闪电的样子,或者另加义符"示"。小篆整齐化、文字化。隶变后楷书写成"神",从示从申会意,申兼表声。

"神"的原义是传说中的天神。例如《周礼·天官冢宰》:"大宗伯之职,掌建邦之天神、人鬼、地祇之礼,以佐王建保邦国。"泛指神灵、神仙。例如《左传·庄公十年》:"小信未孚,神弗福也。"

由于神仙的威力不同寻常,故延伸指特别高超的、令人惊奇的。例如"神机妙算"。也引伸指精神、意识。例如《庄子·养生主》:"臣以神遇而不以目视,官知止而神欲行。"还延伸指神情、表情。例如"神采""神志"。

视

甲骨文　　小篆　　楷书（繁体）　　楷书

【原文】

视，瞻也。从见，示声。

【译文】

视，看。从见，示声。

【按语】

"视"是会意兼形声字。甲骨文从示，从目，会目看天象之意，示兼表声。小篆改为从见。隶变以后楷书写成"視"。汉字简化之后写成"视"。

"视"的原义是看。例如《尚书·泰誓中》："天视自我民视，天听自我民听。"延伸成考察、察看。例如《左传·庄公十年》："下视其辙，登轼而望之。"也引伸为看待。例如"视死如归"。

福

甲骨文　　金文　　小篆　　楷书

【原文】

福，祐也。从示，畐声。

【译文】

福，（神明）降福保佑。从示，畐声。

【按语】

"福"是会意字。甲骨文左为祭坛，右为双手捧着酒坛之形，会拿酒祭神，祈求

933

幸福之意。隶变以后楷书写成"福"。

"福"的原义是求福。尔后作名词，与"祸"相对。例如《老子》第五十八章："祸兮福之所倚,福兮祸之所伏。"

"福"延伸指护佑。例如《左传·庄公十年》："小信未孚,神弗福也。"也引伸指行礼致敬。例如《官场现形记》第四十四回："马老爷才赶过来作揖,瞿太太也只得福了福。"

"福"还可以用在书信中,表示良好的祝愿。例如"福安""福体"。

禄

甲骨文　　金文　　小篆　　楷书

【原文】

禄,福也。从示,录声。

【译文】

禄,幸福。从示,录声。

【按语】

"禄"是会意兼形声字。甲骨文和金文借"录"(钻木取火)表示福气。小篆加义符"示",突出神赐福,录兼表声。隶变以后楷书写成"禄"。

"禄"的原义是福气、福运。例如《诗经·大雅·既醉》："其胤维何? 天被尔禄。"延伸指官吏的薪俸。例如《汉书·杨恽传》："恽幸有余禄,方籴贱贩贵,逐什一之利。"特指禄位。例如"禄荫"。也引伸指授予俸禄。例如《荀子·正论》："故上贤禄天下,次贤禄一国,下贤禄田邑。"

祀

甲骨文　　金文　　小篆　　楷书

【原文】

祀,祭无已也。从示,巳声。

【译文】

祀,祭祀不停止。从示,巳声。

【按语】

"祀"是会意兼形声字。金文和小篆全部从示(表示祭祀)从巳会意,巳兼表声。隶变以后楷书写成"祀"。

"祀"的原义指求子之祭。后泛指祭祀。例如《左传·文公二年》:"祀,国之大事也。"意思是,祭祀是国家的大事。延伸成绝后。例如"覆宗灭祀",意思是毁坏宗庙,断绝后代。"宗"指祖庙,"祀"指祭祀,"灭祀"指灭了香火。

祐

甲骨文　　小篆　　楷书

【原文】

祐,助也。从示,右声。

【译文】

祐,(神明给予的)帮助。从示,右声。

【按语】

"祐"是形声字。小篆,从示(表示跟祭祀神灵有关),右声。隶变以后楷书写

说文解字

《说文解字》原文释义

图文珍藏版

成"祐"。

　　"祐"的原义是神灵保佑、帮助。例如《周易·大有》："自天祐之,吉无不利。"意思是,有来自上天的保佑,大吉利,没有什么不利的。延伸成辅助。如王符《潜夫论》："周公祐王。"意思是周公辅助周武王。

<h1 style="text-align:center">祈</h1>

金文　　小篆　　楷书

【原文】

祈,求福也。从示,斤声。

【译文】

祈,向神明求福。从示,斤声。

【按语】

　　"祈"是形声字。甲骨文从單(战斗工具),从斤(斧)。小篆整齐化、线条化。隶变以后楷书写成"祈"。

　　"祈"的原义是向上天或者神明求福。明代时在北京建有大亨殿,就是专门用来祈求五谷丰登的。清代仍袭用,到乾隆时才改为"祈年殿",地址在今北京天坛。由向上天或者神明求福引申为向人祈求、请求。例如《南史·刘峻传》："闻有异书,必往祈借。"尔后把向人请求也称为"祈请""敬祈"等。

<h1 style="text-align:center">祝</h1>

甲骨文　　金文　　小篆　　楷书

【原文】

祝,祭主赞词者。从示,从人、口。一曰:从兑省。《易》曰:兑为口为巫。

【译文】

祝,祭祀时主管向神灵祷告的人。由示、由人、口会意。另一说:"祝"字的"兄"旁是"兑"字省去上面的"八"。《易经》说:"兑"卦可以代表"口",代表"巫"。

【按语】

"祝"是会意字。甲骨文是一人跪于示(祭台)前向神灵祭奠祷告之形。隶变以后楷书写成"祝"。

"祝"的原义是向神灵祷告求福。如洪迈《容斋四笔》:"一人祝之,一国诅之,一祝不胜万诅。"后世指衷心表示美好的愿望。例如"庆祝""祝贺"。特指祭祀时主持祭礼念颂词的人。例如"巫祝"。后世也指庙中司香火的人。例如"庙祝"。

禅

禪　禪　禅

小篆　楷书(繁体)　楷书

【原文】

禪,祭天也。从示,單声。

【译文】

禪,祭天。从示,單声。

【按语】

"禅"是形声字。小篆从示(表示与祭祀有关),单声。隶变以后楷书写成"禪"。汉字简化后写成"禅"。

"禅"的原义是祭祀上天,读作shàn。延伸指帝王让位给他姓。例如"禅让""禅位"。又泛指承继。如全祖望《书宋史胡文定公传后》:"四先生殁后,广仲尚能禅其家学。"

"禅"还读作 chán，是佛教用语"禅那"的省略，意思是静思。由此延伸开来，凡是和佛教有关的事务，往往全部会加上一个"禅"字。例如"禅房""禅机"。

心 部

心

甲骨文　　　金文　　　小篆　　　楷书

【原文】

心，人心，土藏，在身之中。象形。博士说，以为火藏。凡心之属皆从心。

【译文】

心，人的心脏。属土的脏器，在身躯的中部。象形。依博士的学说，把心当作属火的脏器。凡是心的部属全部从心。

【按语】

"心"是象形字。甲骨文似人或者动物的心脏。金文多了中央一点，可看作是血液。小篆多了一条向右撇的曲线，可看作是连着心脏的血管。隶变以后楷书写成"心"。

"心"的原义是人的心脏。古人认为心是人的感情与思维器官，故延伸指头脑、思想。例如"心思缜密"。还延伸指内心。例如《诗经·豳风·七月》："女心伤悲，殆及公子同归。"

"心"也引伸指心思、心意。例如《诗经·小雅·巧言》："他人有心，予忖度之。"心脏位于身体的中部，故也引伸指中心、中央。如白居易《琵琶行》："唯见江心秋月白。"

志

【原文】

志，意也。从心，之声。

【译文】

志，意念。从心，之声。

【按语】

"志"是会意兼形声字。小篆从之（去往），从心，会心所向往之意，即意愿、意向，之兼表声。隶变以后楷书写成"志"。

"志"的原义是意向、意愿。例如《尚书·尧典》："诗言志，歌永言。"延伸成志向。如曹植《杂诗》："闲居非吾志，甘心赴国忧。"志在心中不可忘，故也引伸指记着、记住。用作名词，指记忆力。例如《史记·屈原贾生列传》："博闻强志，明于治乱，娴于辞令。"

必

必
金文   小篆   楷书

【原文】

必，分极也。从八、弋，弋亦声。

【译文】

必，分别的标准。由八、弋会意，弋也表声。

【按语】

"必"是会意兼形声字。金文从弋（木橛），从八（表示分），会以木橛分界之意，弋兼表声。小篆整齐化。隶变以后楷书写成"必"。

"必"的原义是分界的木橛。延伸表示确定、肯定。作动词用时,表示必须、一定要。例如《韩非子·内储说》:"齐宣王使人吹竽,必三百人。"

"必"作副词时,表示必定、一定、定然等。例如"三人行,必有我师"。由必定也引伸为果真。如《史记·廉颇蔺相如列传》:"王必无人,臣愿奉璧往使。"

念

金文　小篆　楷书

【原文】

念,常思也。从心,今声。

【译文】

念,长久地思念。从心,今声。

【按语】

"念"是会意兼形声字。金文上面是一张朝下的口,口中有舌;下面是心,会心有所想口中念叨之意。小篆整齐化,从心从今会意,今兼表声。隶变以后楷书写成"念"。

"念"的原义是常常想、思念。例如《古诗为焦仲卿妻作》:"念母劳家里。"延伸指思考、思虑。例如《史记·廉颇蔺相如列传》:"顾吾念之,强秦之所以不敢加兵于赵者,徒以吾二人在也。"也引伸指可怜、哀怜。如关汉卿《窦娥冤》第三折:"念窦娥葫芦提当罪愆,念窦娥身首不完全。"

"念"用作名词,指想法、念头。例如"一念之差"。由口中念叨也引伸指诵读。例如"念经""念书"。

忘

金文　小篆　楷书

【原文】

忘,不识也。从心,从亡,亡亦声。

【译文】

忘,不记得。由心、亡会意,亡也表声。

【按语】

"忘"是会意兼形声字。金文从亡(失去),从心,会心有所失而不记得之意,亡兼表声。小篆与金文相似。隶变以后楷书写成"忘"。

"忘"的原义是忘记、不记得。例如《论语·述而》:"发愤忘食,乐以忘忧。"泛指遗漏、遗失。例如《汉书·武五子传》:"臣闻子胥尽忠而忘其号。"也引伸指舍弃。例如《汉书·贾谊传》:"则为人臣者主而忘身,国而忘家,公而忘私。"

息

金文　小篆　楷书

【原文】

息,喘也。从心,从自,自亦声。

【译文】

息,气息。由心、自会意,自也表声。

【按语】

"息"是会意兼形声字。金文和小篆全部从自从心会意,自兼表声。自为鼻子,古人认为心与鼻息息相通,心气从鼻出。隶变以后楷书写成"息"。

"息"的原义是喘气、呼吸。例如《论语·乡党》:"摄齐升堂,鞠躬如也,屏气似不息者。"泛指气息,即呼吸时进出的气。例如"一息尚存"。也引伸指叹息、叹气。如屈原《离骚》:"长太息以掩涕兮,哀民生之多艰。"还延伸指休息。例如"作息"。进而延伸指停止、停息。例如《周易·乾卦》:"天行健,君子以自强不息。"也引伸指利钱。例如"利息""月息"。

悬

| 金文 | 小篆 | 楷书(繁体) | 楷书 |

【原文】

縣,系也。从系持県。

【译文】

縣,就是绑。从绳子吊着倒着的头会意。

【按语】

"悬"是会意兼形声字。金文左为"木"(树),右为绳索吊着人头,会吊着之意。小篆左为倒着的头,右为"系"。隶变以后楷书写成"懸",另加从心,表示牵挂。汉字简化之后写成"悬"。

"悬"的原义是吊挂。例如"悬梁刺股"中的"悬梁",指的就是把头发用绳子系在房梁上。延伸成悬空、无着落、久延不决。例如"悬案""悬而未决"等。

当记挂某些人或者事的时候,心会有被吊起来的感觉,所以"悬"也引伸为牵挂、惦念。例如"悬心"。"悬"还有远隔之意。例如"悬殊"。用作形容词,形容高耸、陡峭。如成语"悬崖勒马"。

愿

| 金文 | 小篆 | 楷书(繁体) | 楷书 |

【原文】

愿,谨也。从心,原声。

【译文】

愿,恭谨。从心,原声。

【按语】

"愿"是形声字。金文从心,元声。隶变以后楷书写成"愿"和"願"。如今规范化,以"愿"为正体。

"愿"的原义是老实、恭谨。如柳宗元《童区寄传》:"大府召视儿,幼愿耳。"意思是太府召见孩子,原来既幼小又老实呢。

"愿"用作"願"的简化字时,原义是大头。延伸指希望。例如"愿天下有情人全部成眷属"。也引伸指心愿、愿望。例如"得偿所愿""天从人愿"。

"愿"还延伸指乐意、情愿。例如《木兰诗》:"愿为市鞍马,从此替爷征。"

总

總　總　总

小篆　楷书(繁体)　楷书

【原文】

總,聚束也。从糸,恖声。

【译文】

總,聚集而束缚起来。从糸,恖声。

【按语】

"总"是形声字。小篆从糸,恖声。隶变以后楷书写成"總"。汉字简化之后写成"总"。

"总"的原义是聚束、系扎。例如《诗经·卫风·氓》:"总角之宴,言笑晏晏。"延伸指集中、汇集。例如"汇总""总集"。

国学经典文库

说文解字

《说文解字》原文释义

图文珍藏版

聚合则包括全体，故也引伸指全部的、全面的。如辛弃疾《永遇乐·京口北固亭怀古》："舞榭歌台，风流总被雨打风吹去。"

"总"用作副词，表示不管怎样，最终全部会如此，等同于"一概"。如朱熹《春日》："等闲识得东风面，万紫千红总是春。"又表示终归、毕竟。例如"迟早总要办的"。还可表示一直、一向。例如"天总不放晴"。

忌

忌　忌　忌

金文　小篆　楷书

【原文】

忌，憎恶也。从心，己声。

【译文】

忌，憎恨怨恶。从心，己声。

【按语】

"忌"是形声字。金文从心，己声。隶变以后楷书写成"忌"。

"忌"的原义是憎恶、怨恨。例如《管子·大匡》："诸侯加忌于君。"人常因嫉妒而生恨，所以也引伸为嫉妒。例如《三国演义》第七十二回："操虽称美，心甚忌之。"还延伸成畏惧、顾忌。例如"投鼠忌器""忌惮"。也引伸为禁忌，即认为不适宜而避免。例如"忌嘴""忌讳"。

惠

惠　惠　惠

金文　小篆　楷书

【原文】

惠，仁也。从心，从叀。

【译文】

惠,仁爱。由心、由叀会意。

【按语】

"惠"是会意字。金文上部似纺线的纺锤,下部为"心",会纺线需要专心才不会出错之意。小篆继承金文,并整齐化。隶变以后楷书写成"惠"。

"惠"的原义是专心。尔后延伸成仁爱。例如《诗经·小雅·节南山》:"昊天不惠,降此大戾。"意思是上天没有仁爱之心,降下这个大罪。

"惠"还延伸指恩惠。如成语"惠而不费",就是指给人好处自己也没有什么损失。仁爱很美好,所以也引伸表示美好,常用作敬辞。例如"惠赠""惠顾"等。

<h1 style="text-align:center">恋</h1>

小篆　　　楷书(繁体)　　楷书

【原文】

无。

【按语】

"恋"是形声字。楷书繁体写成"戀",从心,䜌声。汉字简化之后写成"恋"。

"恋"的原义是思慕、爱慕。如陶渊明《归园田居》:"羁鸟恋旧林,池鱼思故渊。"特指男女相爱。例如"恋爱""恋歌"。

<h1 style="text-align:center">悲</h1>

小篆　　　楷书

【原文】

悲,痛也。从心,非声。

【译文】

悲,悲痛。从心,非声。

【按语】

"悲"是形声兼会意字。小篆从心,非声,非兼表违背之意。隶变以后楷书写成"悲"。

"悲"的原义是哀伤、痛心。如范仲淹《岳阳楼记》:"不以物喜,不以己悲。"延伸指眷念、怅望。如陆机《赠从兄车骑》:"孤兽思故薮,离鸟悲旧林。"

"悲"也引伸指哀叹、悲叹。如王安石《游褒禅山记》:"余于仆碑,又以悲夫古书之不存。""悲"又用作佛教语,指用怜悯之心解除众生的痛苦。例如《法华经·譬喻品》:"大慈大悲,常无懈倦,恒求善事,利益一切。"

<h2 style="text-align:center">恐</h2>

金文　　小篆　　楷书

【原文】

恐,惧也。从心,巩声。

【译文】

恐,畏惧。从心,巩声。

【按语】

"恐"是会意兼形声字。金文从心,工声,工兼表击捣之意。小篆从心从巩会意,巩兼表声。隶变以后楷书写成"恐"。

"恐"的原义是很害怕。例如《聊斋志异·狼》:"屠大窘,恐前后受其敌。"延伸成恐吓、使之害怕。例如《史记·高祖本纪》:"李斯因说秦王,请先取韩以恐他国。"还延伸成担心、恐怕。如诸葛亮《出师表》:"恐托付不效,以伤先帝之明。"

"恐"用作副词,指恐怕。例如《韩非子·喻老》:"君之病在肌肤,不治将恐深。"

患

患　患

小篆　楷书

【原文】

患,忧也。从心上贯叩,叩亦声。

【译文】

患,忧虑。由"心"字向上贯穿"叩(xuān)"字会意,叩也表声。

【按语】

"患"是会意兼形声字。小篆从心,从串(贯穿),会忧心如穿之意,串兼表声。隶变以后楷书写成"患"。

"患"的原义是担忧、忧虑。例如《论语·阳货》:"既得之,患失之。"延伸指祸害、灾祸。例如"内忧外患""有备无患"。也引伸指害(病)。例如"患病""患者"。进而延伸指生病的人。例如"医患纠纷"。

惹

惹　惹

小篆　楷书

【原文】

惹,乱也。从心,若声。

国学经典文库

说文解字

《说文解字》原文释义

图文珍藏版

【译文】

惹,扰乱。从心,若声。

【按语】

"惹"是形声字。小篆从心(表示与人的内心有关),若声。隶变以后楷书写成"惹"。

"惹"的原义是招引、扰乱、引起。如何逊《九日侍宴乐游苑》:"春日偏能惹恨长。"引申指触犯、触动。例如"不要把他惹恼了"。也引伸指(人或者事物的特点)引起爱憎等反应。例如"惹人注意""惹人喜欢"。

恶

惡　惡　恶

小篆　楷书(繁体)　楷书

【原文】

恶,过也。从心,亞声。

【译文】

恶,罪过。从心,亞声。

【按语】

"恶"是形声字。小篆从心,亞声。隶变以后楷书写成"惡"。汉字简化之后写成"恶"。

"恶"的原义是罪过,读作è。例如"惩恶扬善""罪大恶极"。泛指不好、恶劣。例如《论语·乡党》:"色恶不食,臭恶不食。"也引伸指凶狠、凶猛。例如"恶战""恶霸"。

"恶"读作wù时,指憎恨。例如《论语·里仁》:"唯仁者,能好人,能恶人。"

"恶"读作ě时,用于"恶心",表示要呕吐,或者令人讨厌。例如"恶心气闷"。

惩

懲 懲 惩
小篆　楷书（繁体）　楷书

【原文】

懲，忿也。从心，徵声。

【译文】

懲，改正以前的过失。从心，懲声。

【按语】

"惩"是形声字。小篆从心，徵声。隶变以后楷书写成"懲"。汉字简化之后写成"惩"。

"惩"的原义是警戒、鉴戒。例如《诗经·周颂·小毖》："予其惩而毖后患。"成语"惩前毖后"即出于此，指吸取过去的教训，以后不致重犯错误。

"惩"延伸指责罚、处罚。例如《左传·成公四十年》："惩恶而劝善，非圣人谁能修之。"也引伸指克制、止。如成语"惩忿窒欲"，意思是（君子）要克制愤怒，抑制嗜欲。

感

感 感
小篆　楷书

【原文】

感,动人心也。从心,咸声。

【译文】

感,使人心动。从心,咸声。

【按语】

"感"是形声字。小篆从心,咸声。隶变以后楷书写成"感"。

"感"的原义是人心受外界影响而触动、震动、激动。例如"感动"。延伸指感应,互相影响。例如《周易·彖》:"天地感而万物化生,圣人感人心而天下太平。"

"感"还延伸指感慨、感伤。如杜甫《春望》:"感时花溅泪,恨别鸟惊心。"又特指受了风寒而引起身体不适。例如"偶感风寒"。

"感"用作名词,指感触、情绪、意念。例如"多愁善感""百感交集"。

想

想　想

小篆　　楷书

【原文】

想,冀思也。从心,相声。

【译文】

想,因希望得到而思念。从心,相声。

【按语】

"想"是形声字。小篆从心,相声。隶变以后楷书写成"想"。

"想"的原义是因希冀而思念。延伸指想象。如苏轼《念奴娇·赤壁怀古》:"遥想公瑾当年,小乔初嫁了,雄姿英发。"还延伸指怀念、回想。如辛弃疾《永遇乐·京口北固亭怀古》:"想当年,金戈铁马,气吞万里如虎。"进而延伸指思考、思索。例如"冥思苦想"。又延伸指好似、如同。如李白《清平调》:"云想衣裳花想容,春风拂槛露华浓。"

慰

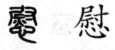

小篆　　楷书

【原文】

慰,安也。从心,尉声。

【译文】

慰,安慰。从心,尉声。

【按语】

"慰"是形声字。小篆从心,尉声。隶变以后楷书写成"慰"。

"慰"的原义是使人心中安适。例如《诗经·邶风·凯风》:"有子七人,莫慰母心。"延伸指心中安适。如林觉民《与妻书》:"汝腹中之物,吾疑其女也。女必似汝,吾心甚慰。"也引伸指问。如李白《赠宣城宇文太守兼呈崔侍御》:"时时慰风俗,往往出东田。"

愁

小篆　　楷书

【原文】

愁,忧也。从心,秋声。

【译文】

愁,忧愁。从心,秋声。

【按语】

"愁"是形声兼会意字。小篆从心,秋声,秋心易愁,兼表意。隶变以后楷书写成"愁"。

"愁"的原义是忧虑、发愁。如高适《别董大》："莫愁前路无知己，天下谁人不识君。"形容光景惨淡。如岑参《白雪歌送武判官归京》："愁云惨淡万里凝。"也引伸指悲伤的心情。如李白《秋浦歌》："白发三千丈，缘愁似个长。"

意

小篆　　楷书

【原文】

意，志也。从心察言而知意也。从心，从音。

【译文】

意，意向。用心去考察别人的言语就知道他的意向。由心、由音会意。

【按语】

"意"是会意兼形声字。小篆从心，从音，用心音会心思之意，音兼表声。隶变以后楷书写成"意"。

"意"的原义是心思、心志。如成语"项庄舞剑，意在沛公"，引喻说话和行动的真实意图别有所指。延伸指愿望、心愿。例如"满意""中意"。也引伸指料想、猜疑。例如"出其不意""意外"。也引伸指感情、情意。如刘禹锡《竹枝词》："花红易衰似郎意，水流无限似侬愁。"

"意"也引伸指内心、胸怀。例如《古诗为焦仲卿妻作》："吾意久怀忿，汝岂得自由！"

怒

小篆 　　楷书

【原文】

怒,恚也。从心,奴声。

【译文】

怒,愤怒。从心,奴声。

【按语】

"怒"是形声字。小篆从心,奴声。隶变以后楷书写成"怒"。

"怒"的原义是生气。如杜甫《石壕吏》:"吏呼一何怒,妇啼一何苦。"

"怒"用作动词,指谴责。例如《韩非子·五蠹》:"今有不才之子,父母怒之弗为改。"

文 部

文

甲骨文 　　金文 　　小篆 　　楷书

【原文】

文,错画也。象交文。凡文之属皆从文。

【译文】

文,交错刻画(以成花纹)。似交错的花纹的样子。凡是文的部属全部从文。

【按语】

"文"是象形字。甲骨文似一个正立的人,胸前刻有美观的花纹。金文的形体基本上同于甲骨文。小篆则把胸前的花纹省略了。隶变以后楷书写成"文"。

"文"的原义是文身。例如《礼记·王制》:"东方曰夷,被发文身,有不火食者矣。"

文字最初是照事物的形象画出来的,是线条交错组合的图,所以也引伸指文字。例如《说文解字·叙》:"仓颉之初作书,盖依类象形,故谓之文。"也引伸指文章、文献。例如《论语·学而》:"行有余力,则以学文。"也引伸表示柔和、不猛烈。例如"文雅""文静"。先民文身是保护自己以避兽害,故也引伸指掩饰。如成语"文过饰非"。

齐

| 甲骨文 | 金文 | 小篆 | 楷书(繁体) | 楷书 |

【原文】

齐,禾麦所吐的穗上端平也。象形。凡齐之属皆从齐。

【译文】

齐,禾麦吐穗,其上平整。象形。凡是齐的部属全部从齐。

【按语】

"齐"是象形字,甲骨文似禾麦吐穗整齐一致的样子。金文的形体与甲骨文大概相同。小篆整齐化。隶变以后楷书写成"齊"。汉字简化之后写成"齐"。

"齐"的原义是禾麦吐穗上端平整。泛指整齐。例如《三国志·吴书·吴主传》:"曹公望权军,叹其齐肃。"也引伸为一起、同时。例如"百花齐放""并驾齐驱"。还延伸指完备、全部。例如"东西预备齐了"。

"齐"用作动词,指同等、相当。如屈原《涉江》:"与天地兮比寿,与日月齐光。""齐"还可以表示整治。例如《礼记·大学》:"欲治其国者,先齐其家;欲齐其家者,先修其身。"

火 部

火

甲骨文　　金文　　小篆　　楷书

【原文】

火，毁也。南方之行，炎而上。象形。凡火之属皆从火。

【译文】

火，（齐人叫）毁。表示南方的一种物质，火光旺盛而向上。象形。凡是火的部属全部从火。

【按语】

"火"是象形字。甲骨文的字形似一团燃烧的火焰。金文把甲骨文填实了。小篆线条化，还保留了一点向上的火苗之形。隶变以后楷书写成"火"。

"火"的原义是物体燃烧所发的光、焰、热。火焰是红色的，故用来形容红色的事物。例如"火烧云"。火热烈、冲腾，故又用来形容兴旺、热烈，例如"场面非常火暴"。

"火"还常用来形容暴躁或者愤怒。例如"他这个人是火性子"。

失去控制的大火蔓延起来会非常迅速，故也引伸引喻紧急、急迫。例如"十万火急"就用来形容事情紧急到了极点。

至于中医所说的"上火"，包含了人们口干咽痛、心中灼热等症状。

炎

甲骨文　　金文　　小篆　　楷书

【原文】

炎,火光上也。从重火。凡炎之属皆从炎。

【译文】

炎,火光向上升腾。由重叠的两个"火"字构成。凡是炎的部属全部从炎。

【按语】

"炎"是会意字。甲骨文上下是两把大火,表示火光冲天,会火焰冲腾之意。金文、小篆的形体与甲骨文基本相同。隶变以后楷书写成"炎"。

"炎"的原义是指火苗升腾。例如《尚书·洪范》:"水曰润下,火曰炎上。"后延伸成烧。例如《尚书·胤征》:"火炎昆冈,玉石俱焚。"进而延伸表示灼热。例如"烈日炎炎。"还可延伸引喻权势。例如"趋炎附势"。

中华民族自称"炎黄子孙",其中的"炎"指炎帝。

炙

小篆　　　楷书

【原文】

炙,炮肉也。从肉在火上。凡炙之属皆从炙。

【译文】

炙,(把肉放在火上)烧烤。由"肉"在"火"上会意。凡是炙的部属全部从炙。

【按语】

"炙"是会意字。小篆从肉,从火,会肉在火上烤之意。隶变以后楷书写成"炙"。

"炙"的原义是把肉串起来在火上熏烤、烧烤。例如《诗经·小雅·瓠叶》:"有兔斯首,燔之炙之。"延伸指烧烤、灼热。

如杜甫《丽人行》:"炙手可热势绝伦,慎莫近前丞相嗔!"由烧烤、灼热还延伸成曝晒,例如《与山巨源绝交书》:"野人有快炙背而美芹子者,欲献之至尊。"

"炙"用作名词,表示烤熟的肉食。如李白《侠客行》:"将炙啖朱亥,持觞劝侯嬴。"

灰

灵　灰

小篆　　楷书

【原文】

灰,死火余烬也。从火,从又。又,手也。火既灭,可以执持。

【译文】

灰,已经熄灭的火剩下的灰烬。由火、又会意。又,就是手。火已经熄灭,可以拿着、握着。

【按语】

"灰"是会意字。小篆从火,从又(手),会火已经熄灭,可以用手去拿之意。隶变以后楷书写成"灰"。

"灰"的原义是燃烧后剩下的粉末状的东西,即灰烬。如李商隐《无题》:"春蚕到死丝方尽,蜡炬成灰泪始干。"死灰不能复燃,故也引伸指消沉、沮丧。例如"万念俱灰""心灰意冷"。

"灰"也引伸指尘土、某些粉末状的东西。例如"灰尘"。也引伸指似木柴灰的颜色,介于黑白之间。例如"面如死灰"。又特指石灰。例如"抹灰"。

灸

灸　灸

小篆　　楷书

【原文】

灸,灼也。从火,久声。

【译文】

灸,烧灼。从火,久声。

【按语】

"灸"是会意兼形声字。小篆从火,从久,会用火熏灼之意,久兼表声。隶变以后楷书写成"灸"。

"灸"的原义是用艾火烧灼,是中医的一种传统疗法,即用燃烧的艾绒条熏灼特定穴位治病。如向秀《难养生论》:"所谓不病而灸,无忧而自默。"泛指烧灼。如邵博《邵氏闻见录》:"归州有昭君村,村人生女无美恶,皆灸其面。"

灵

霝 靈 靈 靈 灵

金文　　小篆　　楷书(繁体)　楷书(繁体)　楷书

【原文】

靈,巫也,以玉事神。从王,霝声。靈,靈或者,从巫。

【译文】

靈,巫,(他们的职责是)用玉事奉神明。从玉,霝声。靈,靈的或者体,从巫。

【按语】

"灵"是形声兼会意字。金文从示(祭台),从霝(下雨),会祭神求雨之意,霝兼表声。隶变以后楷书分别写成"靈"和"靈"。汉字简化之后写成"灵"。

"灵"的原义是奉玉舞蹈以降神。延伸指跳舞降神的巫。如屈原《离骚》:"命灵氛为余占之。"巫师能降神,故延伸成神灵。如屈原《九歌·湘夫人》:"灵之来兮如云。"

由神灵也引伸为聪明、灵性。例如"心灵手巧""机灵"。还延伸成灵巧、灵活。如:"他身手奇快,如灵蛇出动。"还延伸成灵魂。如诸葛亮《出师表》:"以告先帝之灵。"又引申为灵验。如李商隐《嫦娥》:"嫦娥应悔偷灵药,碧海青天夜夜心。"

炭

炭　炭

小篆　　楷书

【原文】

炭,烧木余也。从火,岸省声。

【译文】

炭,烧木不尽之余。从火,岸省声。

【按语】

"炭"是形声字。小篆从火,屵声。隶变以后楷书写成"炭"。

"炭"的原义是木炭。如白居易《卖炭翁》:"卖炭翁,伐薪烧炭南山中。"延伸成似炭的东西。例如"山楂炭""煤炭"。

炬

苣　炬

小篆　　楷书

【原文】

苣,束苇烧。从艸,巨声。

【译文】

苣,捆豆苇秆烧着。从艸,巨声。

【按语】

"炬"是形声字。小篆从艸,巨声。隶变以后楷书写成"苣"。由于"苣"尔后借为蔬菜名,火把之义便另造"炬"来表示,从火。

"炬"的原义是用草秆扎成的火把。例如《后汉书·皇甫嵩传》:"其夕遂大风,嵩乃约敕军士皆束苣乘城,使锐士间出围外,纵火大呼。"延伸指蜡烛。如李商隐《无题》:"春蚕到死丝方尽,蜡炬成灰泪始干。"又泛指焚烧、火烧、放火。如成语"付之一炬"。

灼

小篆　　楷书

【原文】

灼,炙也。从火,勺声。

【译文】

灼,炙烧。从火,勺声。

【按语】

"灼"是形声字。小篆从火,勺声。隶变以后楷书写成"灼"。

"灼"的原义是炙烤、烧。例如"灼烧"。延伸指烧伤、烫伤。如郦道元《水经注》:"以腥物投之,俄倾即熟,其中时有细赤鱼游之,不为灼也。"也引伸指明亮、鲜明。例如《诗经·周南·桃夭》:"桃之夭夭,灼灼其华。"也引伸指明白、透彻。如成语"真知灼见",就是指正确而透彻的认识和见解。还延伸指焦急。例如"焦灼"。

灶

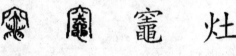

金文　　小篆　　楷书(繁体)　　楷书

【原文】

竈,炊灶也。从穴,鼀省声。

【译文】

竈,炊炙事物的灶。从穴,鼀省声。

【按语】

"灶"是形声兼会意字。金文从穴,黿声。小篆整齐化。隶变以后楷书写成"竈"。俗作"灶",从火,从土。如今规范化,以"灶"为正体。

"灶"的原义是用土砌成的供烹煮食物、烧水的设备。例如《史记·孙子吴起列传》:"使齐军入魏地为十万灶,明日为五万灶,又明日为三万灶。"延伸指灶神。例如《淮南子·氾论训》:"炎帝于火而死为灶。"注:"炎帝神农,以火德王天下,死祀于灶神。

灯

鐙　燈　灯

小篆　　楷书（繁体）　　楷书

【原文】

鐙,锭也。从金,登声。

【译文】

鐙,用以燃油照明的器具。从金,登声。

【按语】

"灯"是形声兼会意字。小篆借"鐙"表示,从金,登声,登兼表升之意。隶变以后楷书写成"燈"。汉字简化之后写成"灯"。

"灯"的原义是古代用以燃油照明的器具。例如"黄卷青灯"。泛指某些似灯一样能发光、发热或者具有其他用途的装

置。如查慎行《舟夜书所见》："月夜见渔灯,孤光一点萤。"

炊

炊 炊
小篆　　楷书

【原文】

炊,爨也。从火,吹省声。

【译文】

炊,烧火煮熟食物。从火,吹省声。

【按语】

"炊"是形声字。小篆从火,欠声。隶变以后楷书写成"炊"。

"炊"的原义是烧火做饭。如顾况《行路难》："君不见担雪塞井徒用力,炊沙作饭岂堪吃?"成语"炊沙作饭"即出自于此,意思是煮沙子做饭。引喻徒劳无功,白费气力。

爆

爆 爆
小篆　　楷书

【原文】

爆,灼也。从火,暴声。

【译文】

爆,火焰飞扬,有所炙灼。从火,暴声。

【按语】

"爆"是形声兼会意字。小篆从火,暴声,暴兼表灼热之意。隶变以后楷书写成"爆"。

"爆"的原义是炸裂发声。如林嗣环《口技》："中间力拉崩倒之声,火爆声,呼呼风声,百千齐作。"延伸指把食物放进沸油锅里炸。例如"爆肚片""爆双脆"。

燥

小篆　　　楷书

【原文】

燥,干也。从火,喿声。

【译文】

燥,用火烘烤干。从火,喿声。

【按语】

"燥"是形声字。小篆从火,喿声。隶变以后楷书写成"燥"。

"燥"的原义是没有水分或者水分很少。如杜甫《茅屋为秋风所破歌》:"唇焦口燥呼不得,归来倚杖自叹息。"延伸指焦急、焦躁。如符载《上襄阳楚大夫书》:"上无以供养尊长,下无以抚字孤稚,彷徨燥灼,内热如疾。"

炮

小篆　　　楷书

【原文】

炮,毛炙肉也。从火,包声。

【译文】

炮,连毛在一起烧烤肉。从火,包声。

【按语】

"炮"是形声字。小篆从火,包声。隶变以后楷书写成"炮"。

"炮"的原义是把带毛的肉用泥裹住放在火上烧烤,读作 páo。如杨恽《报孙会宗书》："烹羊炮羔,斗酒自劳。"特指中药的制法之一。如释晓莹《罗湖野录》第四卷："明药之体性,又须解如法炮制。"

火炮出现以后,也引伸表示抛石机所发的机石,读作 pào。如曹睿《善哉行》："发炮若雷,吐气如雨。"如今特指重型武器。例如"大炮""火箭炮"。也引伸指爆竹。例如"鞭炮"。

"炮"读作 bāo,指一种烹调方法,用锅等在旺火上急炒。例如"炮羊肉"。

焙

焙　焙

小篆　　楷书

【原文】

无。

【按语】

"焙"是形声字。楷书写成"焙",从火,音声。

"焙"的原义是用微火烘烤。如白居易《题施山人野居》："春泥秧稻暖,夜火焙茶香。"又如皮日休《寄怀南阳润师》："醉来浑忘移花处,病起空闻焙药香。"

"焙"也特指烘茶的器物。

炒

鬻　鬻　炒

小篆　　楷书(繁体)　　楷书

【原文】

鬻,火干物也。从弼,芻声。

【译文】

鬻,用旺火加热使食物变干变热。从弼,芻声。

【按语】

"炒"是形声字。小篆从弼,㸵声。隶变以后楷书写成"鬻";俗简化作"炒",从火,少声。如今规范化,以"炒"为正体。

"炒"的原义是一种烹调方法:把肉、菜等放在锅里用旺火加热,并翻动使熟或者使干。例如"炒肉丝""炒菜"。延伸引喻金融活动的倒手交易。例如"炒买炒卖""炒作"。

烤

小篆　　楷书

【原文】

无。

【按语】

"烤"是后起字,为形声字。楷书写成"烤",从火,考声。

"烤"的原义是把东西靠近火使干燥或者熟。例如"把湿衣服烤干"。延伸指靠近火或者热源取暖。例如"烤火"。

燎

甲骨文　　金文　　小篆　　楷书

【原文】

燎,放火也。从火,寮声。

【译文】

燎,放火(烧)。从火,寮声。

【按语】

"燎"是象形字。本写成"尞"。甲骨文下为火,上为木,小点表示火星飘飞。金文的形体与甲骨文大概相同。小篆线条化。隶变以后楷书写成"燎"。

"燎"的原义是放火焚烧草木,读作 liáo。例如《尚书·洛诰》:"若火之燎于原。"

"燎"读作 liǎo 时,指靠近火而被烧焦。如杜牧《阿房宫赋》:"发一灯可燎阿房。"

炽

金文　　小篆　　楷书（繁体）　　楷书

【原文】

熾,盛也。从火,戠声。

【译文】

熾,火旺盛。从火,戠声。

【按语】

"炽"是会意兼形声字。金文下为双手上举的人,右手持戈(火棍),左手向火盒中加柴,会燃烧之意。小篆成了形声字。隶变以后楷书写成"熾"。汉字简化之后写成"炽"。

"炽"的原义是火旺。例如《抱朴子·勖学》:"火则不钻不生,不扇不炽。"延伸指热烈旺盛。例如"炽热的情感"。

煌

煌　煌

小篆　　楷书

【原文】

煌,辉也。从火,皇声。

【译文】

煌,煌煌,光辉。从火,皇声。

【按语】

"煌"是会意兼形声字。小篆从火从皇会意,皇兼表声。隶变以后楷书写成
"煌"。

"煌"的原义是光明、光亮。例如"金碧辉煌"。延伸指盛。例如"敦煌"中的
"煌"取的就是此义。

炕

炕　炕

小篆　　楷书

【原文】

炕,干也。从火,亢声。

【译文】

炕,用火烘烤干。从火,亢声。

【按语】

"炕"是形声字。小篆从火,亢声。隶变以后楷书写成"炕"。

"炕"的原义是烘干、干。例如"炕麦子""炕豆子"。延伸指干涸。例如《汉书

·五行志》："君炕阳而暴虐。"颜师古曰："凡言炕阳者,枯涸之意,谓无惠泽于下也。"又可指火炕。如魏禧《大铁椎传》："子灿寐而醒,客则鼾睡炕上矣。"

炉

鑪　爐　炉

小篆　　楷书（繁体）　楷书

【原文】

无。

【按语】

"炉"是会意兼形声字。小篆从火从盧（器皿）会意,盧兼表声。隶变以后楷书写成"爐"。汉字简化之后写成"炉"。

"炉"的原义是贮火的器具,火炉。如白居易《问刘十九》："绿蚁新醅酒,红泥小火炉。"泛指炉子。例如"锅炉""电炉"。用作量词,指熔炼的炉次,每次的熔炼量。例如"一炉钢"。

炸

灺　炸

小篆　　楷书

【原文】

无。

【按语】

"炸"是会意兼形声字。小篆从火,乍声,乍兼表灼烧猛然裂开之意。隶变以后楷书写成"炸"。

"炸"读作 zhá 时,原义是把食物放在滚沸的油锅中一沸而出的烹调方法。例如"炸油条""炸油饼"。

物体猛然加热容易爆,故延伸指物体突然爆裂,读作 zhà。例如"炸弹""爆炸"。也引伸指用炸药、炸弹爆破。例如"炸石开山""炸碉堡"。用于抽象意义,引喻人突然发怒。如"肺全部气炸了"。还特指因惊慌而纷乱四散。例如"炸了窝""炸了群"。

烂

爛　爛　爛　烂

国学经典文库

说文解字

《说文解字》原文释义

图文珍藏版

小篆　　楷书(繁体)楷书(繁体)　楷书

【原文】

爛,熟也。从火,蘭声。

【译文】

爛,煮熟。从火,蘭声。

【按语】

"烂"是形声字。小篆从火,蘭声。隶变以后楷书写成"爛",俗作"爛"。汉字简化之后写成"烂"。

"烂"的原义是煮熟、煮烂。延伸指腐烂、腐败。例如《韩非子·忠孝》:"朽骨烂肉,施于土地,流于川谷。"也引伸指光亮、明亮。例如《诗经·郑风·女曰鸡鸣》:"子兴视夜,明星有烂。"

"烂"用作副词,表示程度深,等同于"很""极""十分"。例如"烂醉如泥""烂熟于心"。

烘

烘　烘

小篆　　楷书

【原文】

烘,尞也。从火,共声。《诗》曰:'卬烘于煁。'

【译文】

烘,烧。从火,共声。《诗经》说:"我在可以移动的小火炉上烘烤东西。"

【按语】

"烘"是形声兼会意字。小篆从火,共声,共兼表与火相共之意。隶变以后楷书写成"烘"。

"烘"的原义是焚烧。例如《诗经·小雅·白华》:"樵彼桑薪,卬烘于煁(炉灶)。"延伸指烤干、烤热。例如"烘衣服"。也引伸指渲染、衬托。例如"烘托"。

燃

燃   燃

小篆   楷书

【原文】

无。

【按语】

"燃"是后起字,为会意兼形声字。楷书写成"燃",从火从然会意,然兼表声。

"燃"的原义是燃烧。如曹植《七步诗》:"煮豆燃豆萁,豆在釜中泣。"延伸指引火点着。例如"燃放烟花爆竹"。

烟

煙   煙   烟

小篆   楷书(繁体)   楷书

【原文】

煙,火气也。从火,垔声。烟,或者从因。

【译文】

煙,燃烧时产生的气状物。从火,因声。烟,煙的或者体,从因声。

【按语】

"烟"是形声兼会意字。小篆从火,垔声;异体从火,因声。隶变以后楷书分别写成"煙"和"烟"。如今规范化,以"烟"为正体。

"烟"的原义指物质因燃烧而产生的气体。如王维《使至塞上》:"大漠孤烟直。"延伸指似烟的东西。如李白《望庐山瀑布》:"日照香炉生紫烟。"

煤

煤（小篆）　煤（楷书）

小篆　　　楷书

【原文】

无。

【按语】

"煤"是后起字,为形声字。楷书写成"煤",从火,某声。

"煤"的原义是烟灰。如刘禹锡《畲田行》:"红焰远成霞,轻煤飞入郭。"过去用烟灰制墨,故延伸指墨。如陆游《老学庵笔记》:"中官欲于苑中作墨灶,取西湖九里松作煤。"

明以前煤炭叫石炭或者石墨,明以后始称煤。是植物受到高温高压的作用而形成的一种黑色固体矿物,主要用作燃料和化工原料。例如"煤矿"。

烧

烧（小篆）　烧（楷书 繁体）　烧（楷书）

小篆　　　楷书（繁体）　楷书

【原文】

燒，爇也。从火，堯声。

【译文】

燒，焚烧。从火，堯声。

【按语】

"烧"是形声字。小篆从火，堯声。隶变以后楷书写成"燒"。汉字简化之后写成"烧"。

"烧"的原义是焚烧。如白居易《赋得古原草送别》："野火烧不尽，春风吹又生。"延伸指加热使物体发生变化。例如"烧炭""烧砖"。也引伸指一种烹调方法。先用油炸，再加汤汁来炒或者炖；或者先煮熟，再用油炸。例如"红烧肉""土豆烧牛肉"。也引伸指因病而导致体温升高。例如"脸烧得通红"。

"烧"用作名词，指比正常体温高的体温。例如"发烧""高烧"。

烫

燙　燙　烫

小篆　　楷书（繁体）　楷书

【原文】

无。

【按语】

"烫"是后起字，为形声字。楷书繁体写成"燙"，从火，湯声。汉字简化之后写成"烫"。

"烫"的原义是以热水温物。例如"烫酒"。延伸指被火或者高温灼痛或者灼伤。例如"别让开水烫着了"。也引伸指温度高。例如"烫手山芋"。

炼

炼 煉 炼

【原文】

煉，铄治金也。从火，柬声。

【译文】

煉，销熔并纯净金属。从火，柬声。

【按语】

"炼"是形声兼会意字。小篆从火，柬声，柬兼表拣选之意。隶变以后楷书写成"煉"，异体作"鍊"。汉字简化之后写成"炼"。

"炼"的原义是加热使物质熔化并趋于纯净或者坚韧。如刘琨《重赠卢谌》："何意百炼钢，化为绕指柔。"泛指通过实践活动，使意志、能力、身体等方面得到提高。例如"磨炼""锻炼身体"。又特指在文字上下苦功，使其精美简洁。如皮日休《皮子文薮》："百炼成字，千炼成句。"

熄

熄 熄

【原文】

熄，畜火也。从火，息声。

【译文】

熄，蓄留的火种。从火，息声。

【按语】

"熄"是会意兼形声字。小篆从火从息（生长）会意，息兼表声。隶变以后楷书写成"熄"。初作"息",后另加了义符火,写成了"熄"。

"熄"的原义是火熄灭。例如《孟子·告子上》:"犹以一杯水救一车薪之火也,不熄则谓之水不胜火。"

"熄"延伸泛指止息、消亡。例如《孟子·滕文公下》:"一怒而天下惧,安居而天下熄。"

焚

甲骨文　　小篆　　楷书

【原文】

焚,烧田也。从火、燊,燊亦声。

【译文】

焚,火烧山林。由火、燊会意,燊也表声。

【按语】

"焚"是会意字。甲骨文上部是树林,下部是一把大火,会火烧山林之意。小篆从燊(藩篱),从火,仍会焚烧之意。隶变以后楷书写成"焚"。

"焚"的原义是火烧山林。例如《韩非子·难一》:"焚林而田,偷取多兽,后必无兽。"泛指烧。例如"玩火自焚",意思是玩火的人必定会烧了自己。

爻 部

甲骨文　　金文　　小篆　　楷书

【原文】

爻,交也。象《易》六爻头交也。凡爻之属皆从爻。

【译文】

爻,交错。似《易》卦六爻相交。凡是爻的部属全部从爻。

【按语】

"爻"是象形字。甲骨文似物与物相互交叉的样子。金文似三物互相交叉的样子。小篆继承甲骨文。隶变以后楷书写成"爻"。

"爻"的原义是交叉蓍草或者算筹进行占卜计算。交叉可以产生变化,故在《易》中,"爻"表示组成卦的符号。

"爻"为部首字。但真正属于"爻"部的字是很少的,有些汉字只是因为它们的楷书结构中含有"爻"的笔形而又难以归部,只好归入"爻"部。例如"爽""肴""雨"等。

氏 部

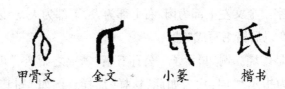

甲骨文　　金文　　小篆　　楷书

【原文】

氏,巴蜀山名岸胁之旁箸欲落堕者曰氏,氏崩,闻数百里。象形,乁声。凡氏之属皆从氏。

【译文】

氏,巴地、蜀地把山崖侧边附着而将要堕落的山岩叫作氏。氏崩塌,方圆几百里全部能听到。象形,乁表声。凡是氏的部属全部从氏。

【按语】

"氏"是象形字。甲骨文似种子初萌长出一根一芽之形。金文大体相同，只是又长出了一条根。小篆继承金文并文字化。隶变以后楷书写成"氏"。

"氏"的原义是古代贵族一种标志宗族系统的称号。上古时，"姓"是一种族号，"氏"是"姓"的分支。尔后子孙繁衍，一族分化成若干个分支，每一个分支全部有一个特殊的称号作为标志，以便和别的分支区别开来，这就是"氏"。

此外，"氏"也用作远古传说的人物、世袭官职后面的称谓。例如"伏羲氏"等。

灬 部

然

金文　小篆　楷书

【原文】

然，烧也。从火，肰声。

【译文】

然，燃烧。从火，肰声。

【按语】

"然"是会意字。金文左上部为肉，右上部为犬，下部为火，会以火烧犬肉之意。小篆整齐化。隶变以后楷书写成"然"。

"然"的原义是燃烧。例如《孟子·公孙丑》："若火之始然。"可见"然"是"燃"的本字。后被借为指示代词，意为如此、这样、那样。例如"知其然，不知其所以然"。

"然"也可表示对、不错。例如《论语·阳货》："然，有是言也。"又表示然而、但是。如："此事虽小，然亦不可忽视。"用在形容词或者副词的词尾，表示状态。例如"欣然""飘飘然"。

点

點　　　點　　　点

小篆　　楷书（繁体）　　楷书

【原文】

點，小黑也。从黑，占声。

【译文】

點，细小的黑点。从黑，占声。

【按语】

"点"是形声字。小篆从黑（头面上有黑点），点声。隶变以后楷书写成"點"。汉字简化之后写成"点"。

"点"的原义是脸上细小的黑色斑痕。如段成式《酉阳杂俎·点》："今妇人面饰用花子，起自唐武后时上官婉儿，用以掩点迹。"泛指小的痕迹。例如"墨点""斑点"。也引伸指液体的小滴。如辛弃疾《西江月》："七八个星天外，两三点雨山前。"

"点"也引伸指一定位置或者限度的标志，或者事物的方面、部分。例如"优点""特点"。又表示用笔加点，多用以描绘物象。例如"画龙点睛"。也引伸指一接触就离开，微微动一下。例如"蜻蜓点水"。也引伸指一个个地查对、检核。例如"清点""盘点"。也引伸指在许多人中指定、选派。例如《木兰诗》："昨夜见军帖，可汗大点兵。"

"点"用作量词，表示少量。例如"给我点水"。还可以用来表示计时的单位，例如"九点"。

煎

小篆　　楷书

【原文】

煎,熬也。从火,前声。

【译文】

煎,(有汁而)熬干。从火,前声。

【按语】

"煎"是形声字。小篆从火(灬),前声。隶变以后楷书写成"煎"。

"煎"的原义是加水煮使汁熬干。如曹植《七步诗》:"本是同根生,相煎何太急?"引喻折磨、痛苦。例如《古诗为焦仲卿妻作》:"恐不任我意,逆以煎我怀。""煎"还指一种烹饪方法,即把食物放在少量的热油里弄熟。例如《齐民要术·饼炙》:"手团作饼,膏油煎。"

羔

| 甲骨文 | 金文 | 小篆 | 楷书 |

【原文】

羔,羊子也。从羊,照省声。

【译文】

羔,小羊。从羊,照省昭为声。

【按语】

"羔"是会意字。甲骨文上部是羊,下部是火,会用火烤羊之意。金文与甲骨文相似。小篆线条化。隶变以后楷书写成"羔"。

"羔"的原义是初生的小羊。例如《楚辞·招魂》中有"炮羊"一词,就是烤整羊的意思,而所烤的整羊往往是小羊。泛指幼小的动物或者植物。例如"鹿羔""骆驼羔"分别指幼小的鹿、幼小的骆驼。

焉

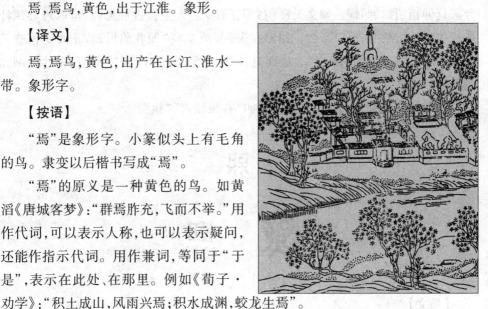

焉　　焉
小篆　　楷书

【原文】

焉,焉鸟,黄色,出于江淮。象形。

【译文】

焉,焉鸟,黄色,出产在长江、淮水一带。象形字。

【按语】

"焉"是象形字。小篆似头上有毛角的鸟。隶变以后楷书写成"焉"。

"焉"的原义是一种黄色的鸟。如黄滔《唐城客梦》:"群焉胙充,飞而不举。"用作代词,可以表示人称,也可以表示疑问,还能作指示代词。用作兼词,等同于"于是",表示在此处、在那里。例如《荀子·劝学》:"积土成山,风雨兴焉;积水成渊,蛟龙生焉"。

"焉"用于陈述句末,表示论断、决断或者终结语气。例如《愚公移山》:"虽我之死,有子存焉。"

"焉"用于句末,表示疑问。例如《国语·越语》:"今已服矣,又何求焉?"

照

照　　照　　照
金文　　小篆　　楷书

国学经典文库

说文解字

《说文解字》原文释义

图文珍藏版

【原文】

照,明也。从火,昭声。

【译文】

照,光明照耀。从火,昭声。

【按语】

"照"是形声兼会意字。金文左边似手持火把之形,右边"召"表声。小篆改为从火,昭声,昭兼表明亮之意。隶变以后楷书写成"照"。

"照"的原义是明亮、光明。例如《诗经·陈风·月出》:"月出照兮,佼人燎兮。"延伸指照射、照耀。如文天祥《过零丁洋》:"人生自古谁无死,留取丹心照汗青。"也引伸指映照、反射影似。如温庭筠《菩萨蛮》:"照花前后镜,花面交相映。"特指拍摄影似。例如"照相"。进而延伸指拍摄后洗印出来的图似、相片。例如"剧照"。

"照"用作名词,指凭据、证明。例如"有照经营""执照"。

熙

小篆　　楷书

【原文】

熙,燥也。从火,配声。

【译文】

熙,曝晒并使干燥。从火,配声。

【按语】

"熙"是形声字。小篆从火(灬),配声。隶变以后楷书写成"熙"。

"熙"的原义是曝晒、晒太阳。如卢谌《赠刘琨》:"仰熙丹崖,俯澡绿水。"延伸成照耀。如韩愈《送无本师归范阳》:"天阳熙四海,注视首不额。"也引伸指兴盛、兴起。例如《尚书·尧典》:"允厘百工,庶绩咸熙。"也引伸指和乐、和悦。如蔡邕《太尉乔玄碑阴》:"闻公声音,莫不熙怡悦怿。"

熏

金文　　小篆　　楷书

【原文】

熏,是火烟上出也。从中,从黑。中黑,熏黑也。

【译文】

熏,是火烟向上冒出(熏黑物体)的意思。由中、由黑会意。中黑,火烟上升把物体熏黑。

【按语】

“熏”是会意字,金文上面似火烟冒出,中间是烟囱,四点表示烟苔,下面是火焰,会烟囱冒烟之意。隶变以后楷书写成“熏”。

“熏”的原义是用烘笼烘烤,读作 xūn。如陶弘景《许长史旧馆坛碑》:“兰缸烈耀,金炉扬熏。”泛指用火、烟气等烤炙。例如“熏肉”。也引伸指气味浸润、侵袭。如鲍照《乐府八首·苦热行》:“郭气昼熏体,蔺露夜沾衣。”

“熏”用作形容词,指暖和。如白居易《首夏南池独酌》:“熏风自南至,吹我池上林。”又指用言语、行动逐渐影响、说服人。例如“熏陶”。

“熏”又读作 xùn,特指烟气使人中毒。如:“炉子安上烟筒,就不至于熏着了。”

煞

煞

小篆　　楷书

【原文】

无。

【按语】

"煞"是会意字。楷书"煞"由"殺"（杀），讹变而来，从歹，表示击打。

"煞"的原义是击杀、杀戮，读作 shā。如杨衒之《洛阳伽蓝记》："立性凶暴，多行煞戮。"延伸指收束、停住。例如"煞住脚"。也引伸指削弱、损坏。例如"大煞风景"。还延伸指出气、发泄。例如"煞性子"。

"煞"又读作 shà，特指凶神。例如"凶神恶煞"。

"煞"用作副词，等同于"很"。例如"煞生受"就是很为难。

熬

熬

小篆　　楷书

【原文】

熬，干煎也。从火，敖声。

【译文】

熬，用火煎炒致干。从火，敖声。

【按语】

"熬"是形声字。小篆从火（灬），敖声。隶变以后楷书写成"熬"。

"熬"的原义是煎干、炒干，读作 áo。如王建《隐者居》："何物中长食？胡麻慢火熬。"延伸指文火慢煮。唐代有"熬糖法"，其中的"熬"就是用文火慢煮的意思。文火慢煮需要耐力，故延伸指忍受、忍耐、坚持。例如《楚辞·九思》："我心兮煎熬。"

"熬"又读作 āo，指把蔬菜等加水并放在文火上煮。例如"熬白菜""熬豆腐"。

熟

| 甲骨文 | 金文 | 小篆 | 楷书（繁体） | 楷书 |

【原文】

无。

【按语】

"熟"是会意兼形声字。甲骨文左边似宗庙之形，右边似一个人，会人向宗庙献祭品之意。小篆加了"羊"（祭品）。楷书把"羊"换成了"子"，系伪变，从火（灬）从孰会意，孰兼表声。

"熟"的原义是食物烹煮到可吃的程度。延伸指谷物、果实等成熟。例如"时机成熟"，就是把时机比作果实。果实成熟之后吃起来口味才醇美，因此"熟"也引伸指时机已到。又表示程度深。例如"熟睡"。

"熟"也引伸指熟悉、熟练。人们常说"熟能生巧"，就是指做事情熟练了就会找出巧办法。还引申指深透、仔细。如成语"深思熟虑"。

燕

| 甲骨文 | 小篆 | 楷书 |

说文解字

《说文解字》原文释义

图文珍藏版

【原文】

燕,玄鸟也。䶛口,布翅,枝尾。象形。凡燕之属皆从燕。

【译文】

燕,赤黑色的鸟。长着小钳子似的嘴,布帛一样的翅膀,枝丫一样的尾巴。象形。凡是燕的部属全部从燕。

【按语】

"燕"是象形字。甲骨文似一只头朝上展翅奋飞的燕子。小篆的形体与甲骨文相似,下部的燕尾讹变为"火"字。隶变以后楷书写成"燕"。

"燕"的原义是燕子,读作 yàn。如刘禹锡《乌衣巷》:"旧时王谢堂前燕,飞入寻常百姓家。"

"燕"读作 yān 时,为古国名。旧时河北省别称为"燕",或者称"幽燕之地"。

煮

㶇　鬻　煮

小篆　楷书（繁体）　楷书

【原文】

鬻,烹也。从鬲,者声。

【译文】

鬻,烹调食物。从鬲,者声。

【按语】

"煮"是会意兼形声字。小篆从鬲(锅中蒸汽升腾的样子),从者,表示烧柴,会煮食物之意,者兼表声。隶变以后楷书写成"鬻",异体写成"煮"。如今规范化,以"煮"为正体。

"煮"的原义是煮食物。如杜荀鹤《山中寡妇》:"时挑野菜和根煮,旋斫生柴带叶烧。"泛指把东西放在有水的容器里烧。如黄景仁《恼花篇》:"不忧人讥煞风景,焚琴煮鹤宁从同。"

热

嬻　爇　熱　热

甲骨文　　　小篆　　楷书（繁体）　楷书

【原文】

熱,温也。从火,埶声。

【译文】

熱,温暖。从火,埶声。

【按语】

"热"是象形字。甲骨文似一个人手举火把之形,表示点燃火把。小篆另加义符"火"。隶变后楷书写成"熱"。汉字简化之后写成"热"。

"热"的原义是点燃火把。泛指烧。甲骨卜辞中多次出现"爇田"一词,意思是点燃火炬以驱赶野兽,准备猎取。进而延伸指温度高。例如《孟子·梁惠王下》:"如水益深,如火益热。"

"热"延伸指情意浓烈深厚。例如"热爱""热情"。也引伸指很受人关注或者欢迎的。例如"热门""热门货"。

熊

豤　熊

小篆　　　楷书

【原文】

熊,兽,似豕,山居,冬蛰。从能,炎省声。

【译文】

熊,兽名。似猪,生活在山中,冬天不吃不动。从能,炎省声。

【按语】

　　"熊"是会意兼形声字。小篆从火,从能(狗熊,表凶猛),会火势凶猛之意,能兼表声。后因本当狗熊讲的"能"专用为能力等义,狗熊之义便借"熊"来表示。

　　"熊"的原义是火势凶猛。例如"熊熊烈火"。借用作"能",是熊科动物的统称。熊比较笨拙,故延伸指软弱、无能。例如"熊包"。用作动词,指斥骂。例如"我把他狠狠地熊了一顿"。

<h1 style="text-align:center">烈</h1>

𤑔　　　烈

小篆　　　楷书

【原文】

　　烈,火猛也。从火,列声。

【译文】

　　烈,火势猛烈。从火,列声。

【按语】

　　"烈"是形声字。小篆从火(灬),列声。隶变以后楷书写成"烈"。

　　"烈"的原义是火势猛。例如《左传·昭公二十年》:"夫火烈,民望而畏之,故鲜死焉。"泛指气势猛,厉害。例如《诗经·豳风·七月》:"一之日觱发,二之日栗烈。"也引伸指刚直、严正、不屈服。如李慈铭《感事》:"贞魂烈魄怜巾帼,肯似高官只爱生。"还延伸指为忠义而死难的人。例如"先烈""满门忠烈"。

户部

户

甲骨文　　小篆　　楷书

【原文】

户,护也。半门曰户。象形。凡户之属皆从户。

【译文】

户,保护(室内的门户)。门的一半叫户。象形。凡是户的部属全部从户。

【按语】

"户"是象形字。甲骨文似一个单扇门的样子。小篆的形体与甲骨文非常相似。隶变以后楷书写成"户"。

"户"的原义是单扇门。例如《木兰诗》:"唧唧复唧唧,木兰当户织。"延伸指人家、住户。例如"户籍""千家万户"。

"户"又指从事某种职业的人或者人家。例如"农户""工商户"。

"户"还延伸指居室。如陶渊明《归园田居》:"户庭无尘杂,虚室有余闲。""户庭无尘杂"即指居室中没有世俗杂事来烦扰。

"户"也指账册登记的户头,资金置于户头,进出周转,正似人进出屋室。

启

甲骨文　　金文　　小篆　　楷书

【原文】

启,开也。从户,从口。

【译文】

启,开。由户、口会意。

【按语】

"启"是会意字。甲骨文的左边是一只手,右边是一扇门,下部为口,会把门开了一个口之意。金文大体相同,小篆继承金文,但"又"变成了"攴"。隶变以后楷书写成"启"。

"启"的原义是开、打开。例如《左传·襄公二十五年》:"门启而入,枕尸股而哭。"延伸为开导。例如"启蒙""启发"。也引伸指开始。例如"启用"。

"启"也引伸为启奏、禀告。例如《古诗为焦仲卿妻作》:"府吏得闻之,堂上启阿母。"

"启"还指旧时一种较短的书信文体。如苏轼《与王敏仲八首》:"方欲奉启告别,遽辱惠问。"

房

小篆　　楷书

【原文】

房,室在旁也。从户,方声。

【译文】

房,房室在(正室的)两旁。由户,方声。

【按语】

"房"是形声兼会意字。小篆从户(单扇门的边室),方声,方兼表旁边之意。隶变以后楷书写成"房"。

"房"的原义是正室两旁的房间。例如"厢房""东房"。泛指房屋。例如"书房""房间"。也引伸为形状似房子的东西。例如"心房""花房"。也引伸为家族分支。例如"远房亲戚"。

"房"用作量词,表示串、个。如封演《封氏闻见记》:"今有马乳葡萄,一房长二尺余。"

扁

扁　扁

小篆　　楷书

【原文】

扁,署也。从户、册。户册者,署门户之文也。

【译文】

扁,题署。从户、册会意。户册,是题署在门户上的文字。

【按语】

"扁"是会意字。小篆从户,从册(表示文字),会门户上的题字之意。隶变以后楷书写成"扁"。

"扁"的原义是在门户上题字,读作 biǎn。例如《后汉书·百官志》:"凡有孝子顺孙贞女义妇,让财救患,及学士为民法式者,皆扁表其门,以兴善行。"延伸指物体宽而薄。例如"扁圆""扁体字"。

"扁"又读作 piān,指小。例如"一叶扁舟"。

欠 部

欠

欠　类　欠

甲骨文　　小篆　　楷书

【原文】

欠,张口气悟也。似气从人上出之形。凡欠之属皆从欠。

【译文】

欠,张开口,(壅塞、阻滞的)气伸散而出。似气从人上部出去的样子。凡是欠的部属全部从欠。

【按语】

"欠"是象形字,甲骨文一个人正欠着身、张着大嘴巴打呵欠。小篆把"口"讹为三缕气,表现张口呵出的气体。隶变以后楷书写成"欠"。

"欠"的原义就是张口打呵欠。例如"志倦则欠,体倦则伸"。打呵欠时总会展臂伸腰,故而也引伸为身体的一部分稍微上移。例如"欠了欠身子"。也引伸表示不足、缺乏。例如"欠佳""欠火候"。也引伸指借别人的钱物没还或者应当给别人的东西没有给。例如"欠债还钱"。

歌

小篆　　楷书

【原文】

歌,咏也。从欠,哥声。

【译文】

歌,(依旋律)咏唱。从欠,哥声。

【按语】

"歌"是形声字。小篆从欠(表示与人张口呵气有关),哥声。隶变以后楷书写成"歌"。

"歌"的原义是唱。例如《诗经·魏风·园有桃》:"心之忧矣,我歌且谣。"用作名词,指歌曲。例如"情歌""山歌"。

款

熱　鬆　歉　款

甲骨文　　小篆　　楷书（繁体）　　楷书

【原文】

歉，意有所欲也。从欠，歉省。

【译文】

款，（内中空空）思想上有（向外羡慕、追求的）欲望。由欠、由歉省会意。

【按语】

"款"是会意字。甲骨文似人手持木柴在祭台前焚烧祭天之形。小篆整齐化。隶变以后楷书写作"歉"。汉字简化之后写成"款"。

"款"的原义是持木焚烧祭天，表示虔诚叩求上天赐福保佑。泛指虔诚、诚恳。例如《史记·司马相如传》："修礼地只，谒款天神。"也引伸指热情招待。例如《镜花缘》第八十三回："今日看馔虽然不丰，却也殷勤款待。"也引伸指书画上的题名。例如"落款""款识"。也引伸指事项、条目。例如"款目""条款"。也引伸指钱财。例如"钱款""存款"。

歇

歇　歇

小篆　　楷书

【原文】

歇，息也。从欠，曷声。

【译文】

歇，休息。从欠，曷声。

【按语】

"歇"是形声字。小篆从欠（表示张口出气），曷声。

"歇"的原义是喘息。人累时，常会说歇一口气，故延伸指休息。如白居易《卖炭翁》："牛困人饥日已高，市南门外泥中歇。"睡觉是一种休息，故延伸指睡觉。例如《红楼梦》第十九回："彼时黛玉自在床上歇午。"用作量词，表示动作次数，等同于"番""次"。如董解元《西厢记诸宫调》："送下阶来欲待别，又嘱付两三歇。"还表示时间短、一会儿。例如《水浒传》第二十三回："老身直去县前那家有好酒买一瓶来，有好歇儿耽阁。"

歉

𤯶　　歉

小篆　　楷书

【原文】

歉，歉食不满。从欠，兼声。

【译文】

歉，食物少吃不饱。从欠，兼声。

【按语】

"歉"是会意兼形声字。小篆从欠，从兼，会收成不足之意，兼也表声。隶变以后楷书写成"歉"。

"歉"的原义是收成不好。例如"歉岁"便是指收成不好的荒年。延伸指饿、吃不饱。如李商隐《行次西郊作诗》："健儿立霜雪，腹歉衣裳单。"由歉收延伸指缺少、不足。进而延伸指感到有亏欠，抱有愧意。如王安石《酬吴季野见寄》："俯仰谬恩方自歉，惭君将比洛阳人。"

"歉"用作名词，指歉意。例如"抱歉""道歉"。

欣

欣

小篆　　　楷书

【原文】

欣,笑喜也。从欠,斤声。

【译文】

欣,欣笑喜悦。从欠,斤声。

【按语】

"欣"是形声字。小篆从欠,斤声。隶变以后楷书写成"欣"。

"欣"的原义是喜乐、欢悦。例如"欣然接受""欢欣鼓舞"。延伸指悦服、爱戴。例如《国语·晋语二》:"诸侯义而抚之,百姓欣而奉之,国可以固。"

欢

歡　歡　欢

小篆　　楷书（繁体）　　楷书

【原文】

歡,喜乐也。从欠,雚声。

【译文】

歡,喜悦欢乐。从欠,雚声。

【按语】

"欢"是形声字。小篆从欠(人张口出气),雚声;或者从心。隶变以后楷书写成"歡"。汉字简化之后写成"欢"。

"欢"的原义是喜悦、高兴。延伸成古时相爱男女的互称,是一种特指用法。如古乐府《莫愁乐》:"闻欢下扬州,相送楚山头。"此处的"欢"就是指自己所爱的人。

在方言里，"欢"还表示起劲、活跃。如："你不是蹦得挺欢的吗?"

饮

𩚳　歆　飲　饮

小篆　楷书（繁体）楷书（繁体）　楷书

【原文】

歆，啜也。从欠，酓声。

【译文】

歆，喝。从欠，酓声。

【按语】

"饮"是会意字。小篆本作"歆"；俗简作"飲"，从食（表示与食物有关）从欠会意。汉字简化之后写成"饮"。

"饮"的原义是喝，读作 yǐn。又特指饮酒。例如"开怀畅饮""宴饮"。泛指可喝的东西。例如"饮料""冷饮"。还延伸成饮食的总称。例如《战国策·秦策》："张乐设饮，郊迎三十里。"此处的"饮"指的就是所有的饮食。也引伸为怀着、忍。例如"饮恨而终"。

"饮"读作 yìn，特指给人或者牲畜喝或者吃。例如"饮马"。还延伸指用酒款待。如岑参《白雪歌送武判官归京》中有"中军置酒饮归客"之句，就是用酒款待要回中原的客人之意。

欺

𣢑　欺

小篆　　　楷书

【原文】

欺，诈欺也。从欠，其声。

【译文】

欺,欺诈。从欠,其声。

【按语】

"欺"是形声字。小篆从欠(人张口,骗人也用口),其声。隶变以后楷书写成"欺"。

"欺"的原义是欺诈、欺骗。有个成语叫"不欺暗室",是说在没有人看见的地方也不自己欺骗自己,不做见不得人的事。延伸成凌侮、欺负。如杜甫《茅屋为秋风所破歌》:"南村群童欺我老无力,忍能对面为盗贼。"

欲

篆　欲

小篆　　楷书

【原文】

欲,贪也。从欠,谷声。

【译文】

欲,贪求。从欠,谷声。

【按语】

"欲"是形声字。小篆从欠(表示张口出气),谷声。隶变以后楷书写成"欲"。

"欲"的原义是欲望。如苏洵《六国论》:"然则诸侯之地有限,暴秦之欲无厌。"又例如"欲令智昏"(欲火使人丧失理智)。延伸指想要、希望。《孟子·告子章句上》:"鱼,我所欲也;熊掌,亦我所欲也。"

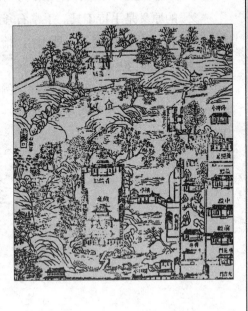

父 部

父

甲骨文　金文　小篆　楷书

【原文】

父,矩也。家长,率教者。从又举杖。

【译文】

父,坚持规矩,是一家之长,是引导、教育子女的人。由"又"(手)举杖会意。

【按语】

"父"是会意字。甲骨文左边的一条竖线似石斧一类的工具之形,右下是一只手,会手持工具之意。金文大体相同。隶变以后楷书写成"父"。

"父"的原义是手持工具。手拿石斧从事艰苦的野外劳动的男子即为"父",后延伸指父亲。如杜甫《赠卫八处士》:"怡然敬父执,问我来何方。"延伸作为男性长辈的通称。例如"祖父""伯父"。

"父"也引伸为对老年人的尊称。例如《史记·项羽本纪》:"纵江东父老怜而王我,我何面目见之?""父"还是对某一种大事业的创始者的尊称。例如"国父""原子能之父"。

爹

小篆　楷书

【原文】

无。

【按语】

"爹"是后起字,为形声字。楷书写成"爹",从父(表示与家长、长辈有关),多声。

"爹"的原义是父亲。与"父亲"一词相比,"爹"是一种俗称,常和"娘"连用。

"爹"也用作对男性年长者的尊称。例如"老爹爹"。

爷

𤕦   爺   爷

小篆　　楷书(繁体)　　楷书

【原文】

无。

【按语】

"爷"是后起字,为形声字。楷书繁体写成"爺",从父(表示与家长、长辈有关),耶声。汉字简化之后写成"爷"。

"爷"的原义是父亲。例如《木兰诗》:"愿为市鞍马,从此替爷征。""爷"又用作对祖父的称呼。如梁绍壬《两般秋雨庵随笔》:"今北人呼祖为爷爷。"后延伸成对长一辈或者年长男子的尊称。例如"老大爷""老爷爷"。

"爷"也引伸为对神佛的称呼。例如"阎王爷""财神爷""土地爷"。

爸

𤕦   爸

小篆　　楷书

【原文】

无。

【按语】

"爸"是形声字。楷书写成"爸",从父(表示与家长、长辈有关),巴声。

"爸"的原义指父亲。如口语中的"爸爸""阿爸"。方言中也指叔父。例如"三爸"就是三叔的意思。

月 部

月

甲骨文　　金文　　小篆　　楷书

【原文】

月,缺也。太阴之精。象形。凡月之属皆从月。

【译文】

月,亏缺。太阴的精华。象形。凡是月的部属全部从月。

【按语】

"月"是象形字。甲骨文、金文描摹的全部是一轮缺月的形状。小篆的形体变得不太似月亮的样子了。隶变以后楷书写成"月"。

"月"的原义是月亮。如李白《静夜思》:"举头望明月,低头思故乡。"又被用来形容颜色或者形状似月亮一样的事物。例如"月亮门"。

育

甲骨文　　金文　　小篆　　楷书

【原文】

育,养子使作善也。从㐬,肉声。《虞书》曰:'教育子'。

【译文】

育，培养孩子使之做好人好事。从𠫓，肉声。《虞书》说：“教育孩子并使之成长。”

【按语】

“育”是会意字。甲骨文上部是一个女子，下部是一个倒着的子，会妇女生子之意。金文从母。小篆继承甲骨文、金文。隶变以后楷书写成“育”。

“育”的原义是生育、生子。例如《易·象学考》：“夫征不复，妇孕不育。”延伸指养育、培植。例如“封山育林”。又指教育、培养。例如《孟子·告天下》：“尊贤育下，以彰有德。”

朋

甲骨文　　金文　　小篆　　楷书

【原文】

无。

【按语】

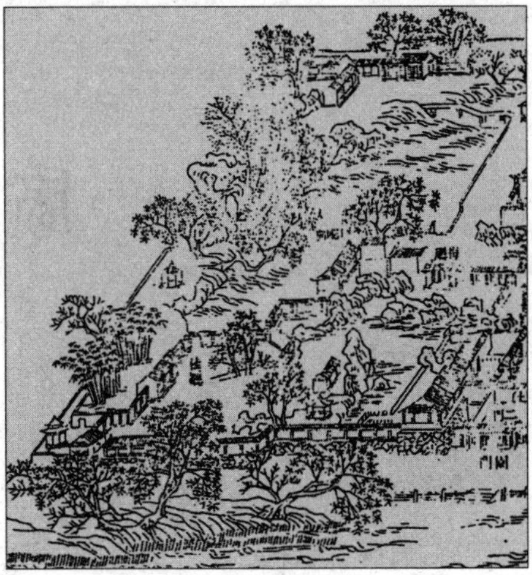

“朋”是象形字。甲骨文的字形似两串细贝串连在一起。小篆的字形繁杂化。隶变以后楷书写作“朋”。

“朋”的原义是古代的一种货币单位，五贝为一朋。例如《诗经·小雅·菁菁者莪》：“既见君子，锡（通“赐”）我百朋。”延伸指朋友。例如《论语·学而》：“有朋自远方来，不亦乐乎？”

“朋”也表示比、比得上。例如《诗经·唐风·椒聊》：“彼其之子，硕大无朋。”

肖

小篆　　楷书

【原文】

肖,骨肉相似也。从肉,小声。

【译文】

肖,形体容貌相似。从肉,小声。

【按语】

"肖"是会意兼形声字。小篆从肉(月),从小,会细小的肉丁之意,小兼表声。隶变以后楷书写成"肖"。

"肖"读作 xiào 时,表示相似、相似。例如"惟妙惟肖""逼肖"。延伸指仿效。如王安石《张君玉墓志铭》:"我肖其涤,以清厥身。"

"肖"读作 xiāo 时,用作姓。

肩

小篆　　楷书

【原文】

肩,髆(肩胛)也。从肉,象形。

【译文】

肩,肩胛。从肉,(户)似肩胛连臂之形。

【按语】

"肩"是会意字。小篆从肉(月,表示与人的身体有关),上部似肩的形状。隶变以后楷书写作"肩"。

"肩"的原义是肩膀。例如《孟子·滕文公下》："胁肩谄笑。"延伸指四足动物的前腿根部。例如《史记·项羽本纪》："项王曰：'赐之彘肩。'则与一生彘肩。""彘肩"指猪腿的最上部分，即猪肘子。挑担子用肩，故也引伸指担负、肩负。例如"肩负重任"。

小篆　　楷书

【原文】

背，脊也。从肉，北声。

【译文】

脊，背脊。从肉，北声。

【按语】

　　"背"是会意兼形声字。小篆从肉（月），从北（表示人相背），用人的相背之处会脊背之意，北兼表声。隶变以后楷书写成"背"。

　　"背"的原义是脊背，读作 bèi。例如《庄子·逍遥游》："鹏之背，不知其几千里也。"引申指一些物体的后面、背面。例如"手背""刀背儿"。也引伸指背对着。例如"背山面水"。进而延伸指离开、避开、抛弃。例如"背离"。也引伸指违背、违反。例如"背信弃义""背约"。还延伸指背诵。例如"倒背如流"。

　　"背"又读作 bēi，指用脊背驮。例如"背回家"。

甲骨文　　金文　　小篆　　楷书

【原文】

月满与日相望,(以)臣朝君也。从月,从臣,从壬。壬,朝廷也。

【译文】

望,月满之时,与日遥遥相望。好似是臣子朝望君王。由月、由臣、由壬会意。壬,表示朝廷。

【按语】

"望"是会意字,甲骨文从臣,从壬,会人站在土堆上举目远望之意。金文另加义符"月",表示"望日"(阴历每月十五)。小篆继承金文并整齐化。隶变以后楷书写成"望"。

"望"的原义是远望。例如《诗经·卫风·河广》:"谁谓宋远,跂予望之。"延伸成盼望、希望。例如《史记·项羽本纪》:"日夜望将军至,岂敢反乎?"也引伸为名望、声望。例如《诗经·大雅·卷阿》:"如圭如璋,令闻令望。"农历每月的十五日也称"望"。在这天,太阳西下和月亮东升几乎同时出现,有如相望,故称为"望"。

肛

肛　肛

小篆　　楷书

【原文】

无。

【按语】

"肛"是后起字,为形声字。楷书写成"肛",从肉,工声。

"肛"的原义是肛门。也是肛管和肛门的总称。

腰

腰

小篆　　楷书

【原文】

无。

【按语】

"腰"是会意兼形声字。小篆本写成"要",由于"要"后为延伸义所专用,便另加义符"肉"(月),写成"腰"。

"腰"的原义是腰部,即胯之上肋之下的身体中部。如李白《梦游天姥吟留别》:"安能摧眉折腰事权贵,使我不得开心颜。"延伸指所穿衣服在身体腰部的部分。如杜甫《丽人行》:"背后何所见,珠压腰衱稳称身。"也引伸指事物的中部或者中间部分。例如"半山腰"。

膜

膜

小篆　　楷书

【原文】

膜,肉间该膜也。从肉,莫声。

【译文】

膜,肉包裹着的薄皮。从肉,莫声。

【按语】

"膜"是形声字。小篆从肉,莫声。隶变以后楷书写成"膜"。

"膜"的原义是生物体内薄皮样的组织。例如"耳膜"。延伸指植物体内似薄皮样的组织。如白居易《荔枝图序》中"膜如紫绡"的"膜",说的就是荔枝的薄膜。

又泛指似膜一样有柔韧性的透明薄片。例如"面膜"。还专指礼拜神佛的跪拜。如成语"顶礼膜拜"。

腹

金文　小篆　楷书

【原文】

腹,厚也。从肉,复声。

【译文】

腹,厚。从肉,复声。

【按语】

"腹"是形声兼会意字。金文从人,复声,复兼表复叠之意。小篆改为从肉,复声。隶变以后楷书写成"腹"。

"腹"的原义是肚子。例如"腹部"。延伸指器物似肚子的部分。

腹部在人体的中间,故又用来引喻中央部分。如韩愈《论天旱人饥状》:"又京师者,四方之腹心,国家之根本。"其中的"腹心"便是指京城是天下四方的中心。也引伸指内心。如"腹诽"便是指心里不满,却并不说出来,只是暗中发泄。

膛

小篆　楷书

【原文】

无。

【按语】

"膛"是后起字,为形声字。楷书写成"膛",从肉,堂声。

"膛"的原义是胸部的肌肉肥厚。尔后主要用来表示胸腔。如纪君祥《赵氏孤儿》:"休便要斩首开膛。"也指器物中空的部分。例如"子弹已上膛"。

脂

脂脂

小篆　　楷书

【原文】

脂,戴角者脂,无角者膏。从肉,旨声。

【译文】

脂,有角动物脂肪叫脂,无角动物的脂肪叫膏。从肉,旨声。

【按语】

"脂"是形声字。小篆从肉(月),旨声。隶变以后楷书写成"脂"。

"脂"的原义是有角动物(如牛羊)所含的油脂。例如《礼记·内则》:"脂膏以膏之。"孔颖达疏:"凝者为脂,释者为膏。"泛指人或者动植物体内所含的油性物质。例如《诗经·卫风·硕人》:"肤如凝脂。"

"脂"又引喻人民的血汗与财富。例如"民脂民膏"。又特指胭脂。如李煜《乌夜啼》:"胭脂泪,留人醉,几时重。"

腿

腿腿

小篆　　楷书

【原文】

无。

【按语】

"腿"是后起字,为形声字。楷书写成"腿",从肉,退声。

"腿"的原义是胫和股的总称,是人和动物躯干以下、脚以上主要用来支撑躯体和行走的肢体之一。延伸指在用途或者形状上和腿类似的东西。例如"桌子腿"。又特指火腿,腌制或者熏制的猪大腿。例如"火腿"。

膨

小篆　　楷书

【原文】

无。

【按语】

"膨"是后起字,为形声字。楷书写成"膨",从肉,彭声。

"膨"的原义是肚腹胀大。如陆游《朝饥食齑面甚美戏作二首》其一:"一杯齑餺飥,老子腹膨脝。"延伸指体积或者长度增大。例如"膨胀"。

胖

小篆　　楷书

【原文】

胖,半体肉也。一曰:广肉。从半,从肉,半亦声。

【译文】

胖,(祭祀用的)半体肉。一说:胖是大肉。由半、肉会意,半也表声。

【按语】

"胖"是会意兼形声字。小篆从月（肉），从半，半兼表声。隶变以后楷书写成"胖"。

"胖"的原义是古时祭祀用的牲口的半边，读作 pán。例如《仪礼·少牢礼》："司马升羊右胖，髀不升，肩臂臑。"

"胖"延伸指安泰舒适。例如《礼记·大学》："富润屋，德润身，心广体胖。"

"胖"读作 pàng 时，指肥。如俗语"打肿脸充胖子"。

胡

胡　胡

小篆　楷书

【原文】

胡，牛颔垂也。从肉，古声。

【译文】

胡，牛颔下的垂肉。从肉，古声。

【按语】

"胡"是形声字。小篆从肉（月），古声。隶变以后楷书写成"胡"。

"胡"的原义是牛脖子下的垂肉。延伸指胡须。如应劭《风俗通·正失》："有龙垂胡髯。"胡子易散乱，故延伸指任意的、没有根据的。例如"胡搅蛮缠""胡说八道"。

"胡"借作疑问代词，等同于"怎样""何"。例如《尚书·太甲下》："弗虑胡获？弗为胡成？"又等同于"为什么""何"。例如《诗经·魏风·伐檀》："不稼不穑，胡取禾三百廛兮？"

朗

朗　朗

小篆　　楷书

【原文】

朗，明也。从月，良声。

【译文】

朗，明亮。从月，良声。

【按语】

"朗"是会意兼形声字。小篆从月，从良（廊道，表敞亮），会月光明亮之意，良兼表声。隶变以后楷书写成"朗"。

"朗"的原义是明亮。如陶渊明《桃花源记》："复行数十步，豁然开朗。"延伸指声音响亮。如李白《劳劳亭歌》："我乘素舸同康乐，朗咏清川飞夜霜。"

期

期　期

小篆　　　楷书

【原文】

期，会也。从月，其声。

【译文】

期，约会。从月，其声。

【按语】

"期"是形声字。小篆从肉（月），其声。隶变以后楷书写成"期"。

"期"的原义是约会、约定。例如《诗经·鄘风·桑中》："期我乎桑中，要我乎上宫。"引申指日期、期限。例如《诗经·王风·君子于役》："君子于役，不知其期。"进而延伸指期望、要求。例如《吕氏春秋》:"良剑期乎断,不期乎镆铘。"

"期"作量词时,用于分期的事物。例如"第二期学习班"。

胞

小篆　　楷书

【原文】

胞,儿生裹也。从肉,从包。

【译文】

胞,胎儿在母体中生活时包裹的胎衣。由肉、包会意。

【按语】

"胞"是会意兼形声字。小篆从肉(月)从包会意,包兼表声。隶变以后楷书写成"胞"。

"胞"的原义是胎衣。例如《论衡·四讳篇》:"人之有胞,犹木实之有扶也。"延伸指同一父母所生的、嫡亲的。例如《汉书·东方朔传》:"同胞之徒,无所容居。"也指同一国家的人或者同一民族的人。如孙中山《救国之急务》:"四万万同胞乎!救吾民国,惟有两途。"

脑

小篆　　楷书(繁体)　　楷书

【原文】

𦠇,头髓也。从匕;匕,相匕著也。巛象发,囟象缬形。

【译文】

𦠇,脑髓。从匕,匕,表示用附着在大脑上的发、囟来比画。巛似头发的样子,囟似头骨会合的脑盖之形。

【按语】

"脑"是会意兼形声字。小篆从匕(人)从囟会意,囟兼表声。隶变以后楷书写成"腦",从月(肉)。汉字简化之后写成"脑"。

"脑"的原义是脑髓。例如《史记·淮阴侯列传》:"今楚汉分争,使天下之民肝脑涂地。"延伸指头。例如"探头探脑""脑袋"。

脑髓是头部中的精华,故也引伸指从物体中提炼出的精华部分。例如"薄荷脑"。

"脑"也指思维能力。例如"脑力劳动""脑筋"。

能

能

金文　小篆　楷书

【原文】

能,熊属。足似鹿。从肉,吕声。能兽坚中,故称贤能;而强壮称能杰也。

【译文】

能,熊一类。"能"字表示足的"匕"似鹿字表示足的"比"。从肉,吕声。能兽里面的骨节坚实,所以延伸作贤能;能兽强壮,所以延伸作能杰。

【按语】

"能"是象形字。金文似一只长嘴、有耳、巨身、短尾的熊。小篆整齐化,但变得不大似熊的样子了。隶变以后楷书写成"能"。

"能"的原义就是熊。例如《国语·晋语八》:"梦黄能入于寝门。"由于熊是兽中强者,故延伸成贤能,对那些强壮之人也可以称为"能杰"。也引伸指才能、能力、本领。例如"八仙过海,各显其能"。

"能"用作动词，表示会、有本事做到。例如《荀子·劝学》："假舟楫者，非能水也，而绝江河。"

朝

甲骨文　　金文　　小篆　　楷书

【原文】

无。

【按语】

"朝"是会意字。甲骨文似太阳从草丛中升起而残月还未消失的样子。金文会太阳从草地升起、潮水上涨之意。小篆形体发生讹变。隶变以后楷书写成"朝"。

"朝"的原义是早晨，读作 zhāo。如李白《早发白帝城》："朝辞白帝彩云间，千里江陵一日还。"

"朝"又读作 cháo，指臣子朝见帝王。例如《左传·宣公二年》："盛服将朝，尚早。"

"朝"用作名词，指朝廷。如刘基《郁离子·千里马篇》："易之以百金，献诸朝。"又指朝代。如杜牧《江南春》："南朝四百八十寺，多少楼台烟雨中。"

肮

小篆　　楷书（繁体）　　楷书

【原文】

无。

【按语】

"肮"是后起字，为形声字。楷书写成"肮"，从肉，亢声。现在又用作"骯"的简化字。

"肮"的原义是大脉,读作 háng。延伸指咽喉、颈项。例如《史记·张耳陈馀列传》:"(贯高)乃仰绝肮,遂死。"裴骃集解引韦昭曰:"肮,咽也。"

"肮"用作"骯"的简化字,读作 āng。例如"肮脏"一词,古时多指高亢刚直的样子,还可以指身躯肥胖。现在则指污秽、不干净,也引喻卑鄙、丑恶。

肪

膀　肪

小篆　楷书

【原文】

肪,肥也。从肉,方声。

【译文】

肪,脂肪。从肉,方声。

【按语】

"肪"是形声字。小篆从肉,方声。隶变以后楷书写成"肪"。

"肪"的原义是人和动物体内的油性物质。又特指动物腰部肥厚的油。如曹丕《与钟大理书》:"窃见玉书,称美玉白如截肪。"

胜

勝　勝　胜

小篆　楷书(繁体)　楷书

【原文】

勝,任也。从力,朕声。

【译文】

勝,承担、担任。从力,朕声。

【按语】

"胜"是形声字。小篆从力,朕声。隶变以后楷书写成"勝"。汉字简化之后写成"胜"。

"胜"的原义是能承担、能承受。如杜甫《春望》:"白头搔更短,浑欲不胜簪。"延伸成战胜、打败。如苏洵《六国论》:"其势弱于秦,而犹有可以不赂而胜之之势。"由得胜引申为超出、胜过。例如"青出于蓝而胜于蓝"。超出了一般水平,就说明是好的,所以还延伸为好的、雅的。例如"胜景""胜地"。

"胜"用作副词,指尽、完。例如《三国志·蜀书·诸葛亮传》:"跨州连郡者不可胜数。"

胶

小篆　楷书（繁体）　楷书

【原文】

膠,昵也,作之以皮。从肉,翏声。

【译文】

胶,黏的物质,用皮煮成。从肉,翏声。

【按语】

"胶"是形声字。小篆从肉(月,表示与皮肉有关),翏声。隶变以后楷书写成"膠"。汉字简化之后写成"胶"。

"胶"的原义是用动物的皮、角熬制成的黏性物质。例如"阿胶"。用作动词,指粘住。例如《史记·廉颇蔺相如列传》:"王以名使括,若胶柱而鼓瑟耳。"也引伸指似胶一样的东西。例如"胶泥"。还特指橡胶。例如"胶鞋""胶皮"。

腮

腮
小篆　楷书

【原文】

无。

【按语】

"腮"是后起字，为形声字。楷书写成"腮"，从肉（月），思声。

"腮"的原义是两颊的下半部。如萧统《十二月启》："莲花泛水，艳如越女之腮。"古时候也用作"鳃"，指水生动物的呼吸器官。

厷

厷
甲骨文　金文　小篆　楷书

【原文】

厷，臂上也。从又，从乚。乚，古文厷。象形，肱，厷或者，从肉。

【译文】

厷，手臂的上部。由又（手）、由乚会意。乚，古文"厷"字，似曲臂之形。肱，厷的或者体，从肉。

【按语】

"肱"原本是指事字。甲骨文似人的手臂，并在臂肘处加了一个小圆圈作指事符号，以指出臂肘之所在。金文大体相同。小篆变成从肉从厷会意，厷兼表声。隶变以后楷书写成"肱"。

"肱"的原义是指手臂由肘到肩的部分。例如《论语·述而》："饭疏食饮水，曲肱而枕之，乐亦在其中矣。"引喻得力的助手。例如《左传·昭公九年》："君之卿佐，是谓股肱。"其中的"股肱"本指大腿和胳膊，均为躯体的重要部分，此处引喻辅佐君主的得力大臣。

胆

膽　膽　胆

小篆　楷书（繁体）　楷书

【原文】

膽，连肝之府。从肉，詹声。

【译文】

膽，连着肝的脏腑。从肉，詹声。

【按语】

"胆"是形声字。小篆从肉（月），詹声。隶变以后楷书写成"膽"。汉字简化之后写成"胆"。

"胆"的原义是指胆囊，是动物体内消化器官之一。例如《史记·越王勾践世家》："越王勾践反国，乃苦身焦思，置胆于坐，坐卧即仰胆，饮食亦尝胆也。"延伸指胆量、勇气。例如"胆大妄为""胆小如鼠"。还指似胆一样在内里的东西。例如"瓶胆""球胆"。

腺

腺　腺

小篆　楷书

【原文】

无。

【按语】

"腺"是后起字，为会意兼形声字。楷书写成"腺"，从肉（月）从泉会意，泉兼表声。为日本所造汉字，近代传入中国。

"腺"的原义是生物体内能分泌某些化学物质的组织，由腺细胞组成。例如

国学经典文库

说文解字

《说文解字》原文释义

图文珍藏版

脉

脈　　　脉

小篆　　楷书（繁体）　楷书

【原文】

脈，血理分衺行体者。从辰，从血。

【译文】

脈，在躯体中分流的血的纹理。由辰、由血会意。

【按语】

"脉"是会意字。小篆从血，从辰（水支流），会似水一样流动的血脉之意。隶变以后楷书写成"脈"。异体作"脉"，从肉（月）；又作"脉"。如今规范化，以"脉"为正体。

"脉"的原义是血脉，读作 mài。例如《素问·脉要精微论》："夫脉者，血之府也。"延伸指似血脉一样的事物。例如"来龙去脉"原指山脉的走势和去向似龙体一样起伏。现引喻一件事的前因后果或者一个人的来历。此处的"脉"指山脉。

"脉"也引伸指血统、宗派等相承的系统。例如"一脉相传"。

"脉"读作 mò，指目含情却相视不语的样子。例如《古诗十九首·迢迢牵牛星》："盈盈一水间，脉脉不得语。"

脱

悦　　脱

小篆　　楷书

国学经典文库

说文解字

《说文解字》原文释义

图文珍藏版

【原文】

脱,消肉臞也。从肉,兑声。

【译文】

脱,消尽其肉而变瘦。从肉,兑声。

【按语】

"脱"是形声字。小篆从肉(月),兑声。隶变以后楷书写成"脱"。

"脱"的原义是肉去骨。如方苞《左忠毅公逸事》:"面额焦烂不可辨,左膝以下筋骨尽脱矣。"泛指离开。例如《韩非子·喻老》:"鱼不可脱于深渊。"也引伸指脱落、掉落。如欧阳修《秋声赋》:"草拂之而色变,木遭之而叶脱。"也引伸指脱下、取下。例如《木兰诗》:"脱我战时袍,着我旧时裳。"

"脱"也引伸指逃。如成语"动如脱兔",便是指行动犹如脱逃之兔,十分敏捷。也引伸指冒出、显露。例如"脱颖而出"。事物脱落了,就不受拘束,故也引伸指自然、不拘束。例如"洒脱"。

脖

脖　脖

小篆　　楷书

【原文】

无。

【按语】

"脖"是后起字,为形声字。楷书写成"脖",从肉(月),孛声。

"脖"的原义是颈项。如关汉卿《单刀会》:"青龙偃月刀,九九八十一斤,脖子里着一下。"延伸指东西似脖子的部分。例如"脚脖子"。

肿

肿

小篆　　楷书（繁体）　楷书

【原文】

腫,痈也。从肉,重声。

【译文】

腫,毒疮。从肉,重声。

【按语】

"肿"是形声字。小篆从肉（月）,重声。隶变以后楷书写成"腫"。汉字简化之后写成"肿"。

"肿"的原义是毒疮。例如《战国策·韩策三》:"人之所以善扁鹊者,为有臃肿也。"泛指皮肉浮胀。例如"水肿""肿胀"。也引伸为肥大而呆滞。例如"臃肿"。

胀

胀

小篆　　楷书（繁体）　楷书

【原文】

无。

【按语】

"胀"是形声兼会意字。楷书繁体写成"脹",从肉,長声,長兼表张大之意。汉字简化之后写成"胀"。

"胀"的原义是皮肉鼓胀,也泛指充塞难受的感觉。例如"头晕脑胀"。延伸指体积变大、膨胀。例如《晋书·韩友传》:"斯须之间,见囊大胀如吹。"

脚

小篆　　楷书（繁体）　　楷书

【原文】

腳，胫也。从肉，卻声。

【译文】

脚，小腿。从肉，卻声。

【按语】

"脚"是会意兼形声字。小篆从肉（月），从卻（腿脚），会腿脚之意，卻兼表声。隶变以后写成"腳"。汉字简化之后写成"脚"。

"脚"的原义是小腿。例如《史记·太史公自序》："孙子膑脚，而论兵法。"后"脚"的词义范围缩小，指人和某些动物身体最下部接触地面的部分。例如《木兰诗》："雄兔脚扑朔，雌兔眼迷离。"又泛指物体的下端、下部。如杜甫《茅屋为秋风所破歌》："床头屋漏无干处，雨脚如麻未断绝。"

肘

小篆　　　　楷书

【原文】

肘，臂节也。从肉，从寸。寸，手寸口也。

【译文】

肘，上肱与下臂之节。由肉、寸会意。寸，手的寸口。

【按语】

"肘"是会意字。小篆从肉（月），从寸（手），会上下臂相接处向外凸起的部位之意。隶变后楷书写成"肘"。

"肘"的原义是人的上下臂交接可以弯曲的部位。例如《庄子·至乐》:"俄而柳(瘤)生其左肘,其意蹴蹴然恶之。"意思是,左肘突然长出了肿瘤,这使滑介叔流露出吃惊和讨厌的样子。

肌

肌　肌

小篆　　楷书

【原文】

肌,肉也。从肉,几声。

【译文】

肌,肌肉。从肉,几声。

【按语】

"肌"是形声字。小篆从肉(月),几声。隶变以后楷书写成"肌"。

"肌"的原义是人肉。现在"肌"和"肉"常常连用,但是古时二者有着很大的区别:在先秦时期,"肌"表示人的肉;"肉"则表示禽兽的肉。

"肌"延伸成皮肤。如杜甫《丽人行》:"态浓意远淑且真,肌理细腻骨肉匀。"

胫

脛　脛　胫

小篆　　楷书(繁体)　　楷书

【原文】

脛,胻也。从肉,巠声。

【译文】

脛,小腿部分。从肉,巠声。

【按语】

"胫"是形声兼会意字。小篆从肉（月），巠声，巠兼表竖直之意。隶变以后楷书写成"脛"。汉字简化之后写成"胫"。

"胫"原义是小腿。例如"胫骨"。泛指腿。如孔融《论盛孝章书》："珠玉无胫而自至者，以人好之也。"意思是，珠玉本来是没有脚的，却会落到人们的手中，这是因为人喜欢它。

膳

膳　膳

小篆　　楷书

【原文】

膳，具食也。从肉，善声。

【译文】

膳，布置食物。从肉，善声。

【按语】

"膳"是形声字。小篆从肉（月），善声。隶变以后楷书写成"膳"。

"膳"的原义是置备食物。例如《汉书·宣帝纪》："其令太官损膳省宰，乐府减乐人，使归就农业。"延伸指进食、吃饭。如储光羲《吃茗粥作》："淹留膳茶粥，共我饭蕨薇。"

"膳"用作名词，指精美的肉食。如古代宫廷中"御膳房"的"膳"就是取的此义。

亶

　亶　亶

甲骨文　小篆　楷书

【原文】

膻,肉膻也。从肉,亶声。《诗》曰:'膻裼暴虎。'

【译文】

膻,脱衣露出上身。从肉,亶声。《诗经》说:"袒(tǎn)露身体,空手打老虎。"

【按语】

"膻"是会意兼形声字。甲骨文从三"羊",用很多羊表示羊臊气。小篆整齐化。隶变以后楷书写成"膻",从肉,亶声。

"膻"的原义是羊的臊气。例如《庄子·徐无鬼》:"羊肉不慕蚁,蚁慕羊肉,羊肉膻也。"延伸指类似羊臊的气味。例如《列子·周穆王》:"王之嫔御,膻恶而不可亲。"

脸

脸　脸　脸

小篆　　楷书（繁体）　楷书

【原文】

无。

【按语】

"脸"是形声字。楷书繁体写成"脸",从月(肉),佥声。汉字简化之后写成"脸"。

"脸"的原义是脸颊的上部。如晏殊《菩萨蛮》:"芳莲九蕊开新艳,轻红淡白匀双脸。"尔后泛指整个面部。例如"满脸笑容"。又指脸上的表情、脸色。例如"急赤白脸",意思是心里着急,脸色难看。由人的面部进一步扩大到物,物体的前部也可以叫"脸"。例如"门脸儿"。

胸

胸　胸

小篆　楷书

【原文】

无。

【按语】

"胸"是会意兼形声字。小篆从月（肉）从匈会意,匈兼表声。隶变以后楷书写成"胸"。

"胸"的原义是胸部。例如《素问·腹中论》:"胸满腹胀。"延伸成内心、怀抱。例如"胸怀大志"。

腾

騰　騰　腾

小篆　楷书（繁体）　楷书

【原文】

腾,传也。从马,朕声。一曰:腾,犗马也。

【译文】

腾,传递文书的车。从马,朕声。另一义:阉马。

【按语】

"腾"是形声字。小篆从馬（表示与奔马有关）,朕声。隶变以后楷书写成"騰"。汉字简化后写成"腾"。

"腾"的原义是传递邮驿。例如《后汉书·隗嚣传》:"因数腾书陇、蜀,告示祸福。"延伸指奔跑或者跳跃。例如"奔腾""腾跃"。也引伸指上升。例如《礼记·月令》:"天气下降,地气上腾。"

"腾"用在某些动词后,表示动作的反复延续。例如"闹腾""折腾"。

腊

金文　　小篆　　楷书(繁体)　楷书

【原文】

无。

【按语】

"腊"是形声字。小篆从肉(月),昔声。汉字简化之后写成"腊"。尔后又做了"臘"的简化字。

"腊"的原义是干肉,读作 xī。例如《金史·世宗纪下》:"辽主闻民间乏食,谓何不食干腊。"

"腊"用作"臘"的简化字时,原义是古时年终祭祀,是在冬至后第三个戌日祭祀众神。腊祭在农历十二月,故十二月又称"腊月"。如晏殊《蝶恋花》:"腊后花期知渐近。"也引伸指在腊月腌后风干而成的食品。例如"腊肉""腊味"。

脾

小篆　　楷书

【原文】

脾,土藏也。从肉,卑声。

【译文】

脾,属土的脏器。从肉,卑声。

【按语】

"脾"是形声字。小篆从肉(月),卑声。隶变以后楷书写成"脾"。

"脾"的原义是脾脏,是贮血和产生淋巴与抗体的重要器官,有调节新陈代谢的作用。延伸指人的性情。例如《红楼梦》第八十四回:"都似宝丫头那样心胸儿、脾气儿,真是百里挑一的。"

腔

腔
小篆　楷书

【原文】

腔,内空也。从肉,从空,空亦声。

【译文】

腔,(人和动物)体内和空隙部分。由肉、空会意,空也表声。

【按语】

"腔"是会意兼形声字。小篆从肉,从空,会体内中空部分之意,空兼表声。隶变以后楷书写作"腔"。

"腔"的原义是人和动物体内的空隙部分。例如"胸腔""鼻腔"。延伸指物体、器物中空的部分。例如"炉腔"。人说话要借助口腔、鼻腔,故延伸指话语。例如"开腔答话""帮腔"。进而延伸指口音、语气。例如"南腔北调"。

腌

腌
小篆　楷书

【原文】

腌,渍肉也。从肉,奄声。

【译文】

腌,用盐浸渍肉。从肉,奄声。

【按语】

"腌"是形声兼会意字。小篆从肉（月），奄声,奄兼表覆盖之意。隶变以后楷书写成"腌"。

"腌"读作 yān 时,"腌"的原义是用盐浸渍肉。例如"腌腊肉"。泛指用盐、酱油或者糖浸渍一切食物的加工方式。例如"腌咸菜"。

"腌"读作 ā 时,用在"腌臜"中,指（心里）不痛快、烦恼。例如"事没办成,腌臜极了"。还用作骂人的话,意思是混蛋无赖。例如"腌臜泼才"。

脆

<table>
<tr><td>脆</td><td>脆</td></tr>
<tr><td>小篆</td><td>楷书</td></tr>
</table>

【原文】

无。

【按语】

"脆"是会意字。本写成"脃",从月（肉）,从绝省,会易断的肉之意,绝兼表声。楷书写成"脆",从月（肉）,危声。如今规范化,以"脆"为正体。

"脆"的原义是容易折断、破碎。如:"这瓷很脆,别摔碎了啊。"延伸指事物容易嚼碎,鲜嫩爽口。例如"嘎嘣儿脆"。也引伸指声音清亮。例如"清脆的吆喝声"。也指说话做事爽利痛快。例如"干脆利落"。也引伸为身心软弱。例如"脆弱"。

胳

胳　胳

小篆　　楷书

【原文】

胳,亦下也。从肉,各声。

【译文】

胳,腋下。从肉,各声。

【按语】

“胳”是形声字。小篆从肉(月),各声。隶变以后楷书写成“胳”。

“胳”的原义是腋窝、夹肢窝,读作 gā。例如“胳肢窝”。

“胳”还读作 gē,表示胳膊。如俗语“胳膊拧不过大腿”。

“胳”又读作 gé,在方言中,指在别人身上抓挠,使发痒。如:“看我不胳肢你个小妮子!”

胄

胄　胄　胄

金文　　小篆　　楷书

【原文】

胄,胤也。从肉,由声。

【译文】

胄,后代子孙。从肉,由声。

【按语】

“胄”是形声字。金文下部为目,目之上是一顶帽子(古代武士所戴的头盔),上端还有装饰品。小篆则变为从肉(月)、由声的形声字。隶变以后楷书写成

"胄"。

"胄"的原义是头盔。例如《左传·僖公三十三年》："三十三年春,秦师过周北门,左右免胄而下。"还指有血缘关系的帝王或者贵族的后代。例如《三国志·蜀书·诸葛亮传》："将军既帝室之胄,信义著于四海,总揽英雄,思贤如渴。"其中的"帝室之胄"就是指帝王的后代。

脊

脊　　脊

小篆　　楷书

【原文】

脊,背吕也。从𡳿,从肉。

【译文】

脊,背脊。由𡳿、由肉会意。

【按语】

"脊"是象形兼会意字。小篆上面似脊柱,两边是肋条分布,下面从月(肉),表示人或者脊椎动物背部的脊柱。隶变以后楷书写成"脊"。

"脊"的原义是脊骨。例如"脊椎骨""脊柱"。因为脊骨突出于脊背,所以物体中间高起的部分往往亦称"脊"。例如"屋脊""山脊"。

腋

夾　　夾　　夾　　腋

甲骨文　　金文　　小篆　　楷书

【原文】

无。

【按语】

"腋"是形声字。甲骨文从大（人），下面两点表示腋窝的所在。金文大体相同。小篆整齐化。隶变以后楷书写成"亦"。后由于"亦"为延伸义所专用，遂另造"腋"字，从肉，夜声，夜兼表腋窝之意。

"腋"的原义是胳肢窝、腋窝。如卢谌《答魏子悌》："崇台非一干，珍裘非一腋。"延伸特指狐狸腋下的皮毛。例如"聚沙成塔，集腋成裘"。还延伸指其他生物体上与腋类似的部分。例如"叶腋""腋芽"。

膊

膞　膊

小篆　楷书

【原文】

无。

【按语】

"膊"是形声兼会意字。小篆从肉（月），尃声，尃兼表铺布之意。隶变以后楷书写成"膊"。

"膊"的原义是切成块的肉，读作 pò。例如《淮南子·缪称训》："故同味而嗜厚膊者，必其甘之者也。"

"膊"又读作 bó，指肩以下手腕以上的部分，即胳膊。例如"赤膊上阵"。

胃

𓇋　囻　胃

金文　小篆　楷书

【原文】

胃，谷府也。从肉、囻，象形。

【译文】

胃，消化谷物的脏腑。从肉、，似胃的形状。

【按语】

"胃"是象形兼会意字。金文上部似装有食物的胃，外部的圆圈表示胃囊，"米"字部分表示胃中食物；下部是月（肉），会肉质的胃脏之意。隶变以后楷书写成"胃"。

"胃"的原义是胃脏，是人和动物贮藏和消化食物的器官。例如《史记·扁鹊仓公列传》："君有疾在肠胃间，不治将恐深。""胃口"一词，大都指食欲。也引喻对事物的兴趣或者欲望。

服

朖　艸　肍　服　服

甲骨文　　金文　　小篆　楷书（繁体）楷书

【原文】

服，用也。一曰：车右騑，所以舟旋。从舟，𠬝声。

【译文】

服，使用。另一义说：服是车右边的骖马，是用来向右边周旋的马。从舟，𠬝声。

【按语】

"服"是会意字。甲骨文从人，从手，从凡（盘），会人持盘操办事务之意。小篆继承金文并整齐化。隶变以后楷书写成"𦨶"，俗作"服"。如今规范化，以"服"为正体。

"服"的原义是从事。延伸成做、担任，例如"服务"。又指降服、治服，屈从，敬佩。"服"还指饮用或者吞服药物。例如"口服""服药"等。用作名词，特指衣裳。

膏

甲骨文　　小篆　　楷书

【原文】

膏,肥也。从肉,高声。

【译文】

膏,肥。从肉,高声。

【按语】

"膏"是形声兼会意字。甲骨文从月(肉),高声,高兼表高厚之意。小篆整齐化。隶变以后楷书写成"膏"。

"膏"的原义是脂肪、油脂。人们常以"膏粱"指代名门望族,此处的"膏"其实指的是肥肉、油脂。延伸指浓稠的糊状物。例如"药膏"。油脂有滋润的作用,故也引伸指滋润。例如《诗经·曹风·下泉》:"芃芃(péng)黍苗,阴雨膏之。"进而延伸指肥沃。例如"膏土""膏田"。

人们常说"病入膏肓",以表示病势极重,无法医治。此处的"膏"在古代医学上是指心尖脂肪,而"肓"则指心脏与隔膜之间。

肚

小篆　　楷书

【原文】

无。

【按语】

"肚"是形声字。小篆从肉(月),土声。隶变以后楷书写成"肚"。

"肚"的原义是腹部,读作 dù。例如"肚兜""人心隔肚皮"。延伸指内心。如成语"小肚鸡肠""心知肚明"。

"肚"又读作 dǔ,指动物的胃。例如"猪肚"。

腥

甲骨文	金文	小篆	楷书

【原文】

腥,星见食豕,令肉中生小息肉也。从肉,从星,星亦声。

【译文】

腥,食用的猪肉中似星(或者米粒)的东西,会让猪肉中生长出小息肉。由肉、星会意,星也表声。

【按语】

"腥"原本是会意字。甲骨文上为自(鼻),下为鱼,会鼻子闻到了鱼腥气之意。小篆变成从鱼、生声的形声字。隶变以后楷书写成"腥"。

"腥"的原义是病猪肉中似星或者米粒的息肉。延伸指腥臭气。例如"遍地腥风""血腥"。

肯

金文	小篆	楷书

【原文】

肯,骨间肉,肎肎著(着)也。从肉,从冎省。

【译文】

肯,骨头之间的肉,紧紧地附着在骨头上。由肉、由冎省会意。

【按语】

"肯"是会意字。小篆从肉(月),从冎省冂,表示紧附在骨节间的筋肉。隶变以后楷书写成"肯"。

"肯"的原义是附着在骨节间的筋肉。例如《庄子·养生主》:"技经肯綮之未尝,而况大軱(大骨头)乎?"其中"肯綮"指的就是骨肉相连的地方。由紧附着借指赞同、许可。例如《战国策·赵策》:"太后不肯,大臣强谏。"也引伸指愿意、心甘情愿。例如《诗经·魏风·硕鼠》:"三岁贯汝,莫我肯顾。"

肝

肝　肝

小篆　楷书

【原文】

肝,木藏也。从肉,干声。

【译文】

肝,属木的脏器。从肉,干声。

【按语】

"肝"是形声字。小篆从肉(月),干声。隶变以后楷书写成"肝"。

"肝"的原义是肝脏。肝、胆连用,用以引喻真挚的心意。例如《史记·淮阴侯列传》:"臣愿披腹心,输肝胆,效愚计,恐足下不能用也。"

肠

腸　腸　肠

小篆　楷书(繁体)　楷书

【原文】

腸,大小腸也。从肉,昜声。

【译文】

腸,大小肠。从肉,昜声。

【按语】

"肠"是形声字。小篆从肉(月),昜声。隶变以后楷书写成"腸"。汉字简化之后写成"肠"。

"肠"的原义是人或者动物内脏之一,呈长管形,主管消化和吸收养分。延伸指内心、情怀。如白居易《长恨歌》:"行宫见月伤心色,夜雨闻铃肠断声。"

股

股　股

小篆　　楷书

【原文】

股,髀也。从肉,殳声。

【译文】

股,大腿。从肉,殳声。

【按语】

"股"是形声字。小篆从肉(月),殳声。隶变以后楷书写成"股"。

"股"的原义是大腿。例如《战国策·秦策》:"读书欲睡,引锥刺其股。"大腿是身体的一部分,故也引伸指事物的一部分。例如"股份"。

"股"用作量词,指长条状的事物。例如"一股绳子"。还可以指抽象的条状之物。例如"一股烟""一股势力"等。

肢

肢 肢

小篆　楷书

【原文】

肢，体四肢也。从肉，支声。

【译文】

肢，人体的四肢。从肉，支声。

【按语】

"肢"是形声字。小篆从肉(月)，支声。隶变以后楷书写成"肢"。

"肢"的原义是人的手、脚、胳膊、腿的统称，即四肢。例如"肢体"。又特指人的腰部。如萧纶《车中见美人》："关情出眉眼，软媚著腰肢。"

肺

肺 肺

小篆　楷书

【原文】

肺，金藏也。从肉，市声。

【译文】

肺，属金的脏器。从肉，市声。

【按语】

"肺"是形声字。小篆从肉(月)，市声。隶变以后楷书写成"肺"。

"肺"的原义是人和某些高等动物的呼吸器官。引喻内心。例如"肺腑之言"，就是出于内心真诚的话。

肤

膚　臚　膚　肤

金文　　小篆　　楷书（繁体）　楷书

【原文】

膚，皮也。从肉，盧声。

【译文】

膚，人体的表皮。从肉，盧声。

【按语】

"肤"是形声字。金文从肉（月），盧声。小篆从月（肉），盧声。隶变以后楷书写成"膚"。汉字简化之后写成"肤"。

"肤"的原义是人体的表皮。例如《诗经·卫风·硕人》："手如柔荑，肤如凝脂。"延伸指浅薄。如张衡《东京赋》："如客所谓末学肤受，贵耳而贱目者也。"此处的"肤受"谓做学问浅尝辄止，不求根本，于是仅得皮毛。

豚

㒸　豕　豚　豚

甲骨文　　金文　　小篆　　楷书

【原文】

豚，小豕也。从象省，象形。从又持肉，以给祠祀。凡豚之属皆从豚。

【译文】

豚，小猪。从象省，象似猪的形状。由"又"（手）持握着"肉"会意，表示供给祭祀之用。凡是豚的部属全部从豚。

【按语】

"豚"是会意字。甲骨文似一头猪，腹部还有肉（月）。金文中多了一只手，会用手捉猪之意。小篆基本上与金文相同。隶变以后楷书写成"豚"。

"豚"的原义是小猪。例如《论语·阳货》："阳货欲见孔子,孔子不见,归孔子豚。"泛指猪。如陆游《游山西村》："莫笑农家腊酒浑,丰年留客足鸡豚。"

旧时还用"豚儿"作谦辞,在客人面前称呼自己的儿子。如蒲松龄《聊斋志异·青凤》："俄少年自外入。叟曰:'此豚儿也。'"

胎

胎　胎
小篆　楷书

【原文】

胎,妇孕三月也。从肉,台声。

【译文】

胎,妇女怀孕三个月。从肉,台声。

【按语】

"胎"是会意兼形声字。小篆从月(肉),从台(怀胎),台兼表声。隶变以后楷书写成"胎"。

"胎"的原义是妇女怀孕三个月。泛指未生的幼体、胚胎。例如《礼记·月令》:"毋杀孩虫、胎夭、飞鸟。"

胚胎是生命的起源,故"胎"又泛指事物的根源、起因。例如《汉书·枚乘传》:"福生有基,祸生有胎。"

"胎"作量词时,用于怀孕或者生育的次数。例如"头胎""双胞胎"。

脏

臓　臟　脏
小篆　楷书(繁体)　楷书

【原文】

无。

【按语】

"脏"是会意兼形声字。楷书繁体写成"臟",从肉(月)从藏会意,藏兼表声。汉字简化后写成"脏"。

"脏"的原义是身体内部器官的总称。例如《红楼梦》第三十回:"我的五脏全部碎了,你还只是哭。"其中的"五脏"是指心、肝、脾、肺、肾。

肾

腎   腎   肾

小篆   楷书(繁体)   楷书

【原文】

腎,水藏也。从肉,臤声。

【译文】

腎,属水的脏器,从肉,臤声。

【按语】

"肾"是形声字。小篆从肉(月),臤声。隶变以后楷书写成"腎"。汉字简化之后写成"肾"。

"肾"的原义是肾脏,是位于脊椎动物体腔内脊柱近旁的一对内脏器官,用来排出尿液、尿酸和其他代谢的排泄物。例如《素问·六节藏象论》:"肾者,主蛰封藏之本,精之处也。"

胚

胚   胚   胚

小篆   楷书(繁体)   楷书

【原文】

肧,妇孕一个月也。从肉,不声。

【译文】

肧,妇女怀孕一月。从肉,不声。

【按语】

"胚"是会意兼形声字。小篆从月（肉），从不（胚芽），不兼表声。隶变以后楷书写成"肧"；异体作"胚"，改为从丕。如今规范化，以"胚"为正体。

"胚"的原义是妇女怀孕一个月。泛指初期发育的幼体。例如"胚芽""胚胎"。

腻

腻　腻

小篆　　楷书

【原文】

腻,上肥也。从肉,贰声。

【译文】

腻,身体表面的油腻。从肉,贰声。

【按语】

"腻"是形声字。小篆从肉（月），贰声。隶变以后楷书写成"腻"。

"腻"的原义是食物的油脂过多。例如"油腻"。延伸指脂粉油腻。如杜牧《阿房宫赋》："渭流涨腻,弃脂水也。"

油脂光滑细致,故延伸指润泽、光滑、细腻。如杜甫《丽人行》："肌理细腻骨肉匀。"食物油脂过多,就会腻烦,故也引伸指厌烦。例如"腻了"。还延伸出积污垢、油垢之意。如杜甫《北征》："见爷背面啼,垢腻脚不袜。"

肥

小篆　　楷书

【原文】

肥，多肉也。从肉，从卩。

【译文】

肥，肥胖多肉。由肉、由卩会意。

【按语】

"肥"是会意字。小篆从肉，从卩（一个跪坐的人），会人肌肉丰满之意。隶变以后楷书写成"肥"。

"肥"的原义是人胖、脂肪多。例如"脑满肠肥"。泛指肥美。如张志和《渔歌子》："西塞山前白鹭飞，桃花流水鳜鱼肥。"

"肥"还延伸指土地肥沃。如贾谊《过秦论》："不爱珍器重宝肥饶之地，以致天下之士。"由肥胖也引伸指衣裳、鞋袜宽大。例如"这条裤子太肥了"。

腕

小篆　　楷书

【原文】

无。

【按语】

"腕"是形声兼会意字。楷书写成"腕"，从肉（月），宛声，宛兼表宛曲之意。

"腕"的原义是人的手掌与前臂之间相连接的可以活动的部分。例如"手腕儿"。又指脚与小腿之间相互连接的可以活动的部分。例如"脚腕儿"。后引喻手段、伎俩。如张雨《次韵晋卿翰林赠陈秉彝》:"何功使愿果,尽力输老腕。"

臀

小篆　　楷书

【原文】

屁,髀也。从尸下丌居几。

【译文】

屁,屁股。由"尸"下"丌"倚靠着"几"会意。

【按语】

"臀"是会意字。小篆从尸(坐着的人),从丌(底座),从几,会人靠坐的基础之意,用来指臀部。隶变以后楷书写成"屁"。由于"屁"作了偏旁,便在"殿"的基础上另加义符"肉"(月)来表示屁股之义,写成"臀",从肉(月)从殿会意,殿兼表声。

"臀"的原义是屁股。例如《国语·周语下》:"且吾闻成公之生也,其母梦神规其臀以墨……故名之曰黑臀。"延伸指器物的底部。例如《周礼·考工记》:"其臀(底深)一寸,其实一豆。"

臂

小篆　　楷书

【原文】

臂,手上也。从肉,辟声。

【译文】

臂,手腕上部(一直到肩的部分)。从肉,辟声。

【按语】

"臂"是形声字。小篆从肉(月),辟声。隶变以后楷书写成"臂"。

"臂"的原义是手臂、胳膊。例如《荀子·劝学》:"登高而招,臂非加长也,而见者远。"又由于臂是人体的重要部位,故常用"左膀右臂"来引喻得力的助手。延伸指某些动物的前肢。例如《庄子·人间世》:"汝不知夫螳螂乎,怒其臂以当车辙,不知其不胜任也。"

毛 部

毛

金文　小篆　楷书

【原文】

毛,眉发之属及兽毛也。象形。凡毛之属皆从毛。

【译文】

毛,眉毛须发之类以及禽兽的毛。似毛之形。凡是毛的部属全部从毛。

【按语】

"毛"是象形字。金文就似一撮兽毛之形。小篆线条化、整齐化。隶变以后楷书写成"毛"。

"毛"的原义是毛发。例如《左传·僖公十四年》:"皮之不存,毛将焉附?""毛"又通"芼",指草木、五谷。例如《列子·汤问》:"以残年余力,曾不能毁山之一毛,其如土石何?"

毯

小篆　楷书

【原文】

无。

【按语】

"毯"是后起字,为形声字。楷书写成"毯",从毛(表示与毛发有关),炎声。

"毯"的原义是厚实有毛绒、供坐卧的成片织品。例如"毛毯""毯子"。

毫

毫　　毫

小篆　　楷书

【原文】

无。

【按语】

"毫"是形声字。楷书写成"毫",从毛,高省声,是"豪"的分化字。

"毫"的原义是细而尖的毛。例如"九牛一毫"。泛指细毛。例如《孟子·梁惠王上》:"明足以察秋毫之末,而不见舆薪。"特指毛笔、毛笔头。例如"挥毫泼墨""毫管"。

"毫"用作副词,指数量极少,表示一点儿也不、完全不。例如"毫不客气""毫不利己"。用作量词,表示较小的量。也可以表示长度。例如"差之毫厘,谬以千里"。用作数词,与某一物理量的单位连用,表示该量的千分之一。例如"毫米""毫升"。

斗 部

斗

甲骨文　金文　小篆　楷书

【原文】

斗，十升也。象形，有柄。凡斗之属皆从斗。

【译文】

斗，容积是十升。象形，有把柄。凡是斗的部属全部从斗。

【按语】

"斗"是象形字。甲骨文似斗之形。金文与甲骨文大体相同。小篆线条化，变得看不出原形了。隶变以后楷书写成"斗"。

"斗"读作dǒu，"斗"的原义是古代的一种盛酒器。如李白《行路难》："金樽清酒斗十千。"后延伸指形如斗状的器物。例如"烟斗""漏斗"。斗能盛东西，故延伸成量具。例如《晋书·陶潜传》："吾不能为五斗米折腰。"

"斗"用作形容词，指微小、狭小。也引喻事物的微小。例如"斗筲之器"。又引喻事物之大，例如"斗碗""斗大"。

"斗"还是"鬥"和"鬦"的简化字，意思是对打，读作dòu。例如"坐山观虎斗"。延伸指竞争、比赛。例如"斗智斗勇"。

料

料　料　料

金文　小篆　楷书

【原文】

料，量也。从斗，米在其中。读若辽。

【译文】

料，称量（其多少）。从斗，由"米"在"斗"中会意。音读似"辽"字。

【按语】

　　"料"是会意字。金文从斗,从米,会用斗量米之意。小篆继承金文而来。隶变以后楷书写成"料"。

　　"料"的原义是用斗量米。延伸成估量、预料。例如《史记·项羽本纪》:"料大王士卒足以当项王乎?"也引伸指安排、料理。例如"料度机宜"指料理事务。

　　"料"用作名词,表示物料、材料等。例如"料子服"。还可以表示供人畜食用或者为植物提供营养的物品。例如"草料""马料"。

斟

篆   斟

小篆　　楷书

【原文】

　　斟,勺也。从斗,甚声。

【译文】

　　斟,用勺子舀取。从斗,甚声。

【按语】

　　"斟"是形声字。小篆从斗(表示与器皿有关),甚声。隶变以后楷书写成"斟"。

　　"斟"的原义是(用勺子)舀取。如顾况《游子吟》:"太行何艰哉,北斗不可斟。"延伸指往杯子里倒酒或者茶。如李白《悲歌行》:"主人有酒且莫斟,听我一曲悲来吟。"斟多斟少全在自己把握分寸,故又引喻反复考虑商量。例如《国语·周语上》:"耆艾(老人们)修(修改)之,而后王斟酌焉。"

斜

篆   斜

小篆　　楷书

说文解字

《说文解字》原文释义

图文珍藏版

【原文】

斜,杼也。从斗,余声。

【译文】

斜,舀出。从斗,余声。

【按语】

"斜"是形声字。小篆从斗(表示与器皿有关),余声。隶变以后楷书写成"斜"。

"斜"的原义是用斗倒出。例如"斜酒"即舀酒、倒酒之意。延伸指不正,跟平面或者直线既不平行也不垂直的。如孟浩然《过故人庄》:"绿树村边合,青山郭外斜。"

"斜"用作名词,指巷。如古乐府《长安有狭斜行》:"长安有狭斜,狭斜不容车。"

牛(牛)部

牛

甲骨文　　金文　　小篆　　楷书

【原文】

牛,大牲也。牛,件也;件,事理也。象角头三、封、尾之形。凡牛之属皆从牛。

【译文】

牛,大的牲畜。似两角和头三样东西,似肩甲隆起的地方和尾巴的形状。大凡牛的部属全部从牛。

【按语】

"牛"是象形字。甲骨文似正面看的牛头之形。金文大概相同。小篆整齐化。隶变以后楷书写作"牛"。

"牛"的原义是家畜之一的牛。例如《敕勒歌》:"风吹草低见牛羊。"

"牛"也是星宿名。如王勃《滕王阁序》:"物华天宝,龙光射斗牛之墟。"此处的

"斗牛"即指二十八宿中的斗宿和牛宿。

　　"牛"还可以用来引喻人脾气固执、性格执拗。例如"牛心左性""牛脾气"。又引喻人有本领。如："真牛！再难的事，他全部能办成"。还延伸指吹嘘、说大话。例如"吹牛"。

牝

甲骨文　　小篆　　楷书

【原文】

牝，畜母也。从牛，匕声。《易》曰：'畜牝牛，吉。'

【译文】

牝，雌性的兽类。从牛，匕声。《易经》说："畜养母牛，吉利。"

【按语】

"牝"是会意兼形声字。甲骨文从牛，从匕（雌性标志），会雌性鸟兽之意，匕兼表声。小篆整齐化，并把牛移到左边。隶变以后楷书写成"牝"。

"牝"的原义是雌性鸟兽，与"牡"相对。例如《尚书·牧誓》："牝鸡之晨，惟家之索。"泛指阴性的事物。例如《老子》六十一章："天下之牝，天下之交也，牝常以静胜牡。"

牡

甲骨文　　金文　　小篆　　楷书

【原文】

牡，畜父也。从牛，土声。

【译文】

牡,雄性的兽类。从牛,土声。

【按语】

"牡"是会意兼形声字。甲骨文和金文左边是"牛",右边是"士"(雄性动物的生殖器),会雄性动物之意。小篆整齐化,但"士"讹为"土",土表声。隶变以后楷书写成"牡"。

"牡"的原义是雄性的鸟兽。例如《诗经·小雅·车攻》:"田车既好,四牡孔阜。"泛指雄性。枚乘《七发》:"将为太子驯骐骥之马,驾飞铃之舆,乘牡骏之乘。"

"牡"作假借字,用在"牡丹""牡蛎"中。如周敦颐《爱莲说》:"牡丹,花之富贵者也。"

牺

犧　犧　牺

小篆　　楷书(繁体)　　楷书

【原文】

犧,宗庙之牲也。从牛,羲声。

【译文】

犧,供宗庙祭祀用的牲畜。从牛,羲声。

【按语】

"牺"是会意兼形声字。小篆从牛从羲会意,羲兼表声。隶变以后楷书写成"犧"。汉字简化后写成"牺"。

"牺"的原义是古时候宗庙祭祀用的毛色纯而不杂的牲畜。古代宗庙祭祀所用牲畜,色纯为牺,体全为牲。例如《左传·庄公十年》:"牺牲玉帛,弗敢加也,必以信。"延伸指为正义献出生命。例如"为国牺牲"。也指放弃或者损失些利益。例如"只是在钱财上做些牺牲"。

牲

甲骨文　　金文　　小篆　　楷书

【原文】

牲,牛完全。从牛,生声。

【译文】

牲,指供祭祀用的完整的牛。从牛,生声。

【按语】

"牲"是形声字。甲骨文左边为一只捆绑的羊,右边从生。金文从牛,从生。隶变以后楷书写作"牲"。

"牲"的原义是指祭祀用的牛、羊、猪。也有"六牲"之谓,即牛、羊、豕(猪)、马、犬、鸡。尔后泛指牛、马、驴、骡等较有力量的家畜,统称为"牲口"。例如《周礼·庖人》:"始养之曰畜,将用之曰牲,是牲者,祭祀之牛也。"

牟

金文　　小篆　　楷书

【原文】

牟,牛鸣也。从牛,象其声气从口出。

【译文】

牟,牛叫的声音。从牛,(厶)似那声气从口里出来的样子。

1049

【按语】

"牟"是指事字。金文从牛,上部似牛鸣的声气从口里出来之形,表示牛叫声。小篆整齐化。隶变以后楷书写成"牟"。

"牟"的原义是牛叫声。如柳宗元《牛赋》中有"牟然而鸣"之句,就是描摹牛叫。此义尔后写成"哞"。

"牟"尔后借用以表示贪取。例如"牟利""牟取"。

"牟"当作地名使用时,大都应读为 mù。如山东牟平县。

<h1 align="center">物</h1>

甲骨文　　小篆　　楷书

【原文】

物,万物也。牛为大物;天地之数,起于牵牛。故从牛,勿声。

【译文】

物,万物。牛是万物中的大物;天地间的事数,兴起于牵牛而耕。所以物从牛,勿声。

【按语】

"物"是会意兼形声字。小篆从牛从勿(色彩)会意,勿兼表声。隶变以后楷书写成"物"。

"物"的原义是杂色牛。延伸指牲畜的种类、品级。进而延伸指杂色旗、杂色帛。

"物"由各种形色延伸指所有客观存在的东西。例如"暴殄天物""身外之物"。

"物"也引伸指具体的物品、产品。例如"物美价廉""物归原主"。

"物"也引伸指自己以外的事、物等社会、自然环境。例如"物我两忘""超然物外""物是人非"。

"物"还特指人或者众人。例如"尤物",指的就是非常美丽的女子。

牵

小篆　　楷书（繁体）　　楷书

【原文】

牵，引前也。从牛，象引牛之縻也。玄声。

【译文】

牵，牵引向前。从牛，冂似牵引牛的绳索。玄表声。

【按语】

"牵"是会意兼形声字。小篆从牛，从玄（绳），从冂（表前引之象），会手拉缰绳向前引牛之意，玄兼表声。隶变以后楷书写成"牵"。汉字简化之后写成"牵"。

"牵"的原义是拉引向前。例如"牵一发而动全身"。

由牵拉延伸指连带、关涉。如张衡《西京赋》："夫人在阳则舒，在阴则惨，此牵乎天者也。"

受牵则不自由，故也引伸指带累、被拖住。进而延伸指挂念、缠绕。例如"魂牵梦萦""牵挂"。

"牵强"，表示生拉硬扯地联系在一起。例如"牵强附会"。

特

牸　　特

小篆　　楷书

【原文】

特，朴特，牛父也。从牛，寺声。

【译文】

特，没有阉割的牛，就是牛父。从牛，寺声。

【按语】

"特"是形声字。小篆从牛,寺声。隶变以后楷书写成"特"。

"特"的原义是公牛。

"特"延伸指杰出的、超出一般的、不平常的。例如"特立独行"。

"特"虚化为副词,表示专门、着意地。例如"特此""特意"。也表示尤其、极。例如"人缘特好""特认真""天气特热"。

"特"又表示单独。例如《史记·留侯世家》:"张良多病,未尝特将也。"意思是,张良因为身体不好,所以没有单独带兵打仗。

犀

金文　　小篆　　楷书

【原文】

犀,南徼外牛。一角在鼻,一角在顶,似豕。从牛,尾声。

【译文】

犀,南方远境外出产的牛。一只角在鼻子上,一只角在额顶上,头似猪。从牛,尾声。

【按语】

"犀"是形声字。金文从牛,尾声。小篆整齐化。隶变以后楷书写成"犀"。

"犀"的原义是犀牛。又指犀牛皮。例如"犀帖"指薄犀皮制的帷幔。还指犀牛角及其所制的器件。例如"心有灵犀"。

头顶骨隆起如犀角,脚掌上有龟背纹,称为"犀顶龟纹",是所谓的贵人之相。

犀牛皮坚硬,角锐利,故延伸指文辞尖锐。例如"谈锋犀利"。

"犀"也引伸指强、强大。如强兵称为"犀兵""犀军",强劲的弓弩称为"犀弩"。

手 部

手

金文　小篆　楷书

【原文】

手,拳也。象形。凡手之属皆从手。

【译文】

手,握拳的部分。象形。凡是手的部属全部从手。

【按语】

"手"是象形字。金文似五指伸开的手掌之形。小篆整齐化。隶变以后楷书写成"手"。做偏旁在字左时写成"扌"。

"手"的原义是手掌,即人体上肢腕以下能拿东西的部分。例如《诗经·邶风·击鼓》:"执子之手,与子偕老。"人做事用手,所以"手"也指擅长某种技能或者做某种事的人。例如"多面手""神枪手""高手"。也引伸为技艺、本领、手段。例如"眼高手低""心狠手辣"。

"手"用作形容词,指亲自(写的)。例如"手稿""手迹"。

"手"用作量词,指经手的次数。例如"一手货""二手车"。

拳

小篆　楷书

【原文】

拳,手也。从手,夯声。

【译文】

拳,(屈指卷握的)手。从手,夯声。

【按语】

"拳"是会意兼形声字。小篆从手,从夯(表蜷曲),会屈指握拳之意,夯兼表声。隶变以后楷书写成"拳"。

"拳"的原义是紧握的手、拳头。例如"赤手空拳""摩拳擦掌"。延伸成中国武术中徒手技法的总称,即拳术。例如"太极拳""拳击"。

"拳"作量词时,用于拿拳头打人的动作。例如《水浒传》第三十九回:"你便在我脸上打一百拳也不妨!"

掌

𦠿　　掌

小篆　　楷书

【原文】

掌,手中也。从手,尚声。

【译文】

掌,手心。从手,尚声。

【按语】

"掌"是形声字。小篆从手,尚声。隶变以后楷书写成"掌"。

"掌"的原义是手心、手掌。傅玄《短歌行》:"昔君视我,如掌中珠。"也指脚的底部。《孟子·告子上》:"二者不可得兼,舍鱼而取熊掌者也。"进而延伸指掌状物。例如"仙人掌"。手掌可以握持东西,故也引伸指主管、负责。例如"掌管""掌门人"。

摹

小篆　　楷书

【原文】

摹，规也。从手，莫声。

【译文】

摹，有法度。从手，莫声。

【按语】

"摹"是形声字。小篆从手，莫声。隶变以后楷书写成"摹"。

"摹"的原义是临摹，照着样子描画、写字。如韩愈《毛颖传》："上见其发秃，又所摹画不能称上意。"延伸指描写、描述。如江淹《恨赋》："谁能摹暂离之状，写永诀之情乎？"进而延伸指模仿、效法。例如"摹习"。

摩

小篆　　楷书

【原文】

摩，研也。从手，麻声。

【译文】

摩，摩擦。从手，麻声。

【按语】

"摩"是形声字。小篆从手，麻声。隶变以后楷书写成"摩"。

"摩"的原义是摩擦，读作 mó。例如《易·系辞》："是故刚柔相摩，八卦相荡。"

延伸指接触、迫近。如曹植《野田黄雀行》："飞飞摩苍天，来下谢少年。"也引伸指抚摩。如蔡文姬《悲愤诗》之一："号泣手抚摩，当发复回疑。"也引伸指研究、切磋。如黄宗羲《柳敬亭传》："敬亭退而凝神定气，简练揣摩。"

"摩"读作 mā 时，用在"摩挲"中，表示轻按着来回移动。

拿

| 小篆 | 楷书（繁体） | 楷书 |

【原文】

挐，持也。从手，如声。

【译文】

挐，持握。从手，如声。

【按语】

"拿"是会意兼形声字。小篆从手，如声，如兼表牵引之意。俗作"拿"，从手，从合，会握持之意。如今规范化，表示执持之意全部写成"拿"。

"拿"的原义是用手握持、执持。延伸指捉拿、擒获。如俗语"狗拿耗子闲操心"。也引伸指强力攻取、攻占。例如"拿下城池"。也引伸指矜持、摆架子。例如"拿腔作势"。

"拿"用于抽象意义，指把握。例如"十拿九稳"。

"拿"用作介词，等同于"把""用"。例如"拿事实说话""拿你没办法"。

掰

| 小篆 | 楷书 |

【原文】

无。

【按语】

"掰"是新造字,为会意字。楷书写成"掰",从双手,从分,会用两手把东西分开之意。

"掰"的原义指用手把东西分开或者折断。例如"掰玉米""掰开"。延伸指扳。例如"掰着手指数"。又指分析、说。例如"掰扯"。方言中指(友谊、感情)破裂。例如"掰脸""闹掰了"。

拜

甲骨文	金文	小篆	楷书

【原文】

拜,首[手]至地也。

【译文】

拜,两手至地。

【按语】

"拜"是会意字。甲骨文似双手捧禾麦奉献给神祖之形,会向神祖拜祭祈祷之意。金文继承甲骨文。小篆线条化、整齐化。隶变以后楷书写成"拜"。

"拜"的原义是拔起禾麦奉献给神祖。延伸成一种表示敬意的礼节。例如"叩拜"。也引伸指见面行礼表示祝贺。例如"拜寿""拜年"。进而延伸成拜访、谒见。

例如《论衡·知实》:"孔子时其亡也而往拜之。"还表示授予官职。例如《三国志·蜀书·诸葛亮传》:"拜亮为丞相。"

"拜"作敬辞时,用于人事往来。例如"拜读大作""拜托"。

攀

小篆　楷书

【原文】

无。

【按语】

"攀"是会意兼形声字。小篆从手,从樊,樊兼表声。隶变以后楷书写成"攀"。

"攀"的原义是攀引。延伸指挽、拉。如如王粲《七哀诗》:"亲戚对我悲,朋友相追攀。"也引伸指牵连、牵涉。例如《三国演义》第二十三回:"此人曾攀下王子服等四人,我已拿下廷尉。"

"攀"也引伸指依附地位高的人。如成语"攀龙附凤"。也引伸指追赶。如杜甫《戏为六绝句》:"窃攀屈宋宜方驾,恐与齐梁作后尘。"

斤 部

甲骨文　　　金文　　　小篆　　　楷书

【原文】

斤,斫木也。象形。凡斤之属皆从斤。

【译文】

斤,砍削木头的横刃小斧。象形。凡是斤的部属全部从斤。

【按语】

"斤"是象形字,甲骨文似一把刃朝左的斧子。金文是一把宽刃大斧。小篆继承金文而来,并整齐化,但很难看出这是一把斧子了。隶变以后楷书写成“斤”。

“斤”的原义是指砍伐树木的斧头。例如《左传·哀公二十五年》:“皆执利兵,无者执斤。”

尔后“斤”被借来表示重量单位。旧制一斤等于十六两。例如“半斤八两”。

斧

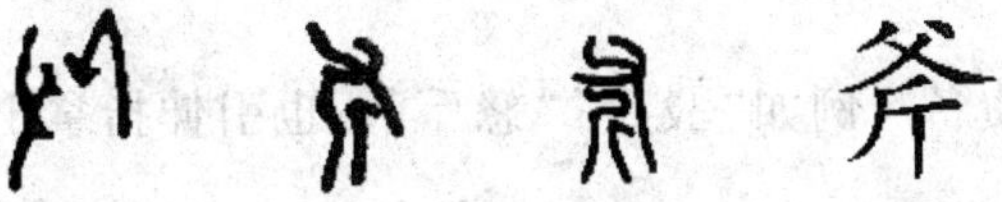

甲骨文　　金文　　小篆　　楷书

【原文】

斧,斫也。从斤,父声。

【译文】

斧,砍东西用的纵刃大斧。从斤,父声。

【按语】

“斧”是形声字。甲骨文从斤(斧头),父声。金文变化不大。小篆变为上声下形的形声字。隶变以后楷书写成“斧”。

“斧”的原义是斧头。作动词,指用斧头砍。如曹操《苦寒行》:“担囊行取薪,斧冰持作糜。”由砍去多余之处延伸出修饰、指导、删改之意。例如“斧正”,就是请人修改文章之意,作敬辞。

斥

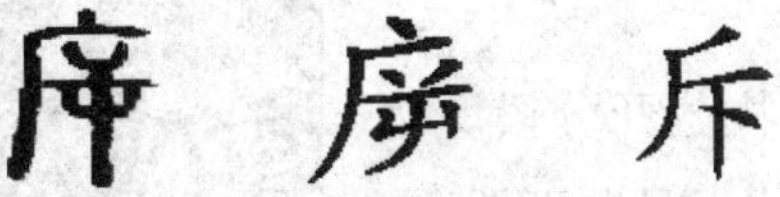

小篆　　楷书(繁体)　　楷书

【原文】

㡿,却屋也。从广,屰声。

【译文】

庌,把房屋向外拓展拓大。从广,屰声。

【按语】

"庌"是会意兼形声字。小篆从广（表示与房屋有关），从屰（不顺），会把房屋向外扩展之意，屰兼表声。隶变以后楷书写成"庌"。汉字简化之后写成"庌"。

"庌"的原义是把房屋向外拓展扩大。如陆游《严州重修南山报恩光孝寺记》："广灵庵，庆历中始庌大之为广灵寺。"泛指开拓。如桓宽《盐铁论》："蒙恬征胡，庌地千里。"

由排斥延伸成责备。例如"驳斥""怒斥"。也引伸指拿出（钱）、支付。例如"斥资"。

断

甲骨文　　金文　　小篆　　楷书（繁体）　　楷书

【原文】

斷，截也。从斤，从㡭。

【译文】

斷，截开分段。由斤、由㡭会意。

【按语】

"断"是会意字。金文似用刀断丝之形。隶变以后楷书写成"斷"。汉字简化之后写成"断"。

"断"的原义是把事物截开分段。例如《古诗为焦仲卿妻作》："三日断五匹，大人故嫌迟。"泛指断开、隔绝。如曹操《短歌行》："忧从中来，不可断绝。"也引伸指判定、裁决。如苏轼《石钟山记》："事不目见耳闻,而臆断其有无,可乎?"用作副词,表示绝对、一定,决然,常用与否定式。如李商隐《无题》:"曾是寂寥金烬暗,断无消息石榴红。"

新

国学经典文库

说文解字

《说文解字》原文释义

图文珍藏版

【原文】

无。

【按语】

"新"是会意字。甲骨文右侧是一把斧头,左侧是一棵树,会以斧砍柴之意。金文与甲骨文相似。小篆整齐化。隶变以后楷书写成"新"。

"新"的原义是柴火。延伸指更新,使变新。例如《尚书·胤征》:"旧染污俗,咸与唯新。"用作名词,指新的人或者事物。例如《论语·学而》:"温故而知新,可以为师矣。"还表示清洁、清新。如王维《送元二使安西》:"渭城朝雨浥轻尘,客舍青青柳色新。"也引伸指没有用过的。如汉代《古艳歌》:"衣不如新,人不如故。"还可以指新近、刚刚。例如《战国策·赵策》:"赵太后新用事,秦急攻之。"

斯

小篆　楷书

【原文】

斯,析也。从斤,其声。《诗》曰:'斧以斯之。'

【译文】

斯,劈开。从斤,其声。《诗经》说:"用斧头把它劈开。"

【按语】

"斯"是形声字。小篆从斤(表示与斧斤劈开有关),其声。隶变以后楷书写成

"斯"。

"斯"的原义是劈、砍。例如《诗经·陈风·墓门》："墓门有棘,斧以斯之。"延伸指扯裂、撕开,此义后写成"撕"。

"斯"用作代词,表指示,等同于"此"。如杜甫《梦李白二首》："冠盖满京华,斯人独憔悴。"

"斯"用作连词,表示继承上文,得出结论,等同于"则""就"。例如《淮南子·本经训》："人之性,心有忧丧则悲,悲则哀,哀斯愤,愤斯怒,怒斯动。"

所

所　所　所

金文　小篆　楷书

【原文】

所,伐木声也。从斤,户声。

【译文】

所,砍伐树林的声音。从斤,户声。

【按语】

"所"是会意字。金文左侧是一扇门,右侧是一把斧头,会以斧破门之意。小篆的形体基本上同于金文。隶变以后楷书写成"所"。

"所"的原义是指砍树的声音。后世原义消亡,而借指处所。如袁枚《祭妹文》："当时虽觭梦幻想,宁知此为归骨所耶?"又特指机关或者特种用途的处所。例如"事务所"。

"所"用作量词,表示处、座。如班固《西全部赋》："离宫别馆,三十六所。"用作代词,表示……的人、……的事物、……的地方。例如《论语·子路》："君子于其所不知,盖阙如也。"

爪 部

爪

甲骨文　　金文　　小篆　　楷书

【原文】

爪，丮也。覆手曰爪。象形。凡爪之属皆从爪。

【译文】

爪，用爪抓持。一说：覆着手叫爪。象形。凡是爪的部属全部从爪。

【按语】

"爪"是象形字。甲骨文似一只朝下伸出的爪。金文似指尖朝上的手的形状。小篆由甲骨文演变而来，似鸟的脚趾和脚掌全部向下的形状。隶变以后楷书写成"爪"。

"爪"读作 zhǎo 时，原义是手爪。也指鸟兽的脚趾。如苏轼《和子由渑池怀旧》："泥上偶然留指爪，鸿飞那复计东西。"用作动词，指抓挠。如柳宗元《种树郭橐驼传》："甚者爪其肤以验其生枯，摇其本以观其疏密。"此义后用"抓"来表示。

爬

爬　爬

小篆　　楷书

【原文】

无。

【按语】

"爬"是会意兼形声字。楷书写成"爬"，从爪，从巴（蛇），会爪子似蛇行一样搔抓之意,巴兼表声。

"爬"的原义是搔抓。如白居易《自咏老身示诸家属》:"支分闲事了,爬背向阳眠。"引申为似虫、蛇、龟一样伏地用手脚向前移动。例如"爬虫"。也引伸指攀登。例如"爬上高枝儿"。

妥

| 甲骨文 | 金文 | 小篆 | 楷书 |

【原文】

无。

【按语】

"妥"是会意字。甲骨文右为跪着的女子,左为一只正伸向她的手。金文与甲骨文大体相同。小篆中,手移到了女子的头上,突出制服之意。隶变以后楷书写成"妥"。

"妥"的原义是制服女奴以求安,表示安稳、安定。如杜甫《故司徒李公光弼》:"拥兵镇河汴,千里初妥贴。"延伸成妥贴、适当。如梅尧臣《次韵和长吉上人淮甸相遇》:"文字皆妥贴,业术无倾敧。"

奚

| 甲骨文 | 金文 | 小篆 | 楷书 |

【原文】

奚,大腹也。从大,𢇍(系)省声。

【译文】

奚,大肚子。从大,𢇍(系)省声。

【按语】

"奚"是会意字。甲骨文左上方是手，抓着绳索，绳索下系着一个人，会捉来一个奴隶之意。金文基本没变化。小篆已经不太似捉住一个人的样子了。隶变以后楷书写成"奚"。

"奚"的原义是奴隶。例如《周礼·天官·冢宰》中的"奚三百人"，就是有奴隶三百人的意思。泛指奴仆。例如《新唐书·李贺传》中提到的"小奚奴"就是指奴仆。

"奚"在古籍中多用假借义，即作疑问代词，等同于"何""什么"。例如《庄子·逍遥游》："彼且奚适也?"意思是，它将到什么地方去呢?

比 部

比

甲骨文　金文　小篆　楷书

【原文】

比，密也。二人为从，反从为比。凡比之属皆从比。

【译文】

比，亲密。两个"人"字相随为"从"，把"从"字反过来就成了"比"。凡是比的部属全部从比。

【按语】

"比"是会意字。甲骨文字形似两人步调一致，比肩而行。金文和小篆全部是两个人靠在一块儿的形象，与"从"字同形，只是方向相反。隶变以后楷书写成"比"。

"比"的原义是靠近、并列或者挨着。延伸指比较。如屈原《涉江》:"与天地兮比寿。"又延伸成勾结。例如《论语·为政》:"君子周而不比,小人比而不周。"还延伸成引喻,是古代赋诗作文的一种常用的修辞手法。如孔颖达《毛诗正义》:"赋、比、兴者,例如《诗》文之异辞耳。"

毙

小篆　　楷书(繁体)　　楷书

【原文】

无。

【按语】

"毙"是会意兼形声字。小篆从犬,从敝(破败),会犬倒扑之意。隶变以后楷书写成"獘",异体作"斃"。汉字简化之后写成"毙"。

"毙"的原义是扑倒、倒下去。例如《左传·哀公二年》:"郑人击简子,中肩,毙于车中。"延伸指垮台、失败。例如"多行不义必自毙"。也引伸为死。例如《聊斋志异·促织》:"及扑入手,已股落腹裂,斯须就毙。"

瓦 部

瓦

小篆　　楷书

【原文】

瓦,土器已烧之总名。象形。凡瓦之属皆从瓦。

【译文】

瓦,用泥土制作的、已通过烧制的器皿的总称。象形。凡是瓦的部属全部从瓦。

【按语】

"瓦"是象形字。小篆似屋上屋瓦相扣之形,表示瓦片。隶变以后楷书写成"瓦"。

"瓦"的原义是瓦器。延伸成房顶上的"瓦"。如杜牧《阿房宫赋》:"瓦缝参差,多于周身之帛缕。"泛指用土烧制而成的陶器。如屈原《楚辞·卜居》:"黄钟毁弃,瓦釜雷鸣。"

瓮

瓮　甕　甕　瓮

小篆　楷书(繁体)　楷书(繁体)　楷书

【原文】

甕,罂也。从瓦,雍声。

【译文】

甕,罂类陶器。从瓦,雍声。

【按语】

"瓮"是形声字。小篆从瓦,公声。隶变以后楷书写成"瓮"。现在又用作"罋"和"甕"的简化字。

"瓮"的原义是陶制的盛东西的器具,小口、大腹。延伸形容重浊的声气。例如"瓮声瓮气"。

"瓮"用作"甕"的简化字时,指汲水的瓶子。例如《庄子·天地》:"凿隧而入井,抱瓮而出灌。"

国学经典文库

说文解字

《说文解字》原文释义

图文珍藏版

瓶

金文　　　小篆　　　楷书（繁体）　楷书

【原文】

无。

【按语】

"瓶"是形声字。金文和小篆全部从缶（瓦器），并声。隶变以后楷书写成"缾"，异体写成"瓶"。如今规范化，以为"瓶"为正体。

"瓶"的原义是古代用以汲水的比缶小的容器，也用以盛酒食。例如《左传·襄公十七年》："饮马于重丘，毁其瓶。"泛指腹大、颈长、小口的容器。如白居易《琵琶行》："银瓶乍破水浆迸，铁骑突出刀枪鸣。"用作量词，指盛酒、水等的瓶子。例如"一瓶醋""两瓶墨水"。

韦 部

韦

甲骨文　金文　　小篆　　楷书（繁体）　楷书

【原文】

无。

【按语】

"韦"是会意字。甲骨文从囗（城），从两足，也有三足的。金文大体相同，小篆整齐化。隶变以后楷书写成"韋"。汉字简化之后写成"韦"。

"韦"的原义是环绕。皮革柔韧可来回环绕，故后专借用来表示熟皮革，即去毛加工过的兽皮。例如"韦革"。延伸指皮革制品。例如"韦编三绝",说的是孔子晚年喜读《周易》,常常翻阅,使穿连《周易》竹简的皮条断了数次。后用来形容读书勤奋。

韩

韓　韓　韩

【原文】

无。

【按语】

"韩"是形声兼会意字。小篆从韦（表示围绕）,倝声,倝兼表围绕的木棍之意。隶变以后楷书写成"韓"。汉字简化之后写成"韩"。

"韩"的原义是水井周围的栏圈。后借用作周代分封的诸侯国名,春秋时为晋所灭,故地在今山西省韩城县。也指战国七雄之一,后为秦所灭,故地在今山西省东部和河南省西北部。

韧

靭　韌　韧

小篆　　楷书（繁体）　楷书

【原文】

韌,柔而固也。从韦,刃声。

【译文】

韧,柔软而坚固。从韦,刃声。

【按语】

"韧"是形声字。小篆从韦,刃声。隶变以后楷书写成"韌"。汉字简化之后写成"韧"。

"韧"的原义是柔软而坚固,结实不易断。例如"柔韧""坚韧"。

王 部

王

甲骨文　　金文　　小篆　　楷书

【原文】

王,天下所归往也。董仲舒曰:'古之造文者,三画而连其中谓之王。三者,天、地、人也,而参通之者王也。'孔子曰:'一贯三为王。'凡王之属皆从王。

【译文】

王,天下归趋向往的对象。董仲舒说:"古代创造文字,三画而又用竖线连接其中,叫王。三横画,代表天道、地道、人道,而能同时通达它的,就是王。"孔子说:"用一贯三就是王。"凡是王的部属全部从王。

【按语】

"王"是象形字。甲骨文似斧钺之形,下端是刃。金文基本上和甲骨文相同,不过下端刃部更为厚重。小篆的形体由金文演变而来。隶变以后楷书写成"王"。

"王"读作 wáng 时,原义是大斧。大斧象征着威权,掌握这个威权的是国家的最高统治者,故最高统治者就称为"王"。秦始皇开始自称"皇帝",秦汉以后的帝王也改称"皇帝",而"王"则成为封爵的最高一级。例如"藩王""亲王"。

"王"读作 wàng 时,用为动词,表示称王,统治天下。例如《商君书·更法》:"三代不同礼而王。"

玉

甲骨文　　金文　　小篆　　楷书

【原文】

玉,石之美。似三玉之连。丨,其贯也。凡玉之属皆从玉。

【译文】

玉,美好的石头。似三块玉的连接。中间的丨,是那穿玉的绳索。凡是玉的部属全部从玉。

【按语】

"玉"是象形字。甲骨文似用一根绳子串吊着三块玉石。金文和小篆全部很似"王"字,但实际上不一样。隶变以后楷书写成"玉"。

"玉"的原义是温润而有光泽的美石。例如《诗经·秦风·小戎》:"言念君子,温其如玉。"古人往往用"玉"来形容美好的、珍贵的、洁白的东西。例如《诗经·召南·野有死麕》:"白茅纯束,有女如玉。"后用做一种雅称或者敬辞。如曹植《七启》:"将敬涤耳,以听玉音。"

玫

小篆　　楷书

【原文】

玫,火齐,玫瑰也。一曰:石之美者。从玉,文声。

【译文】

玫,用火炼成的珠子,就是玫瑰。另一义说:玫是一种美石的名称。从玉,文声。

国学经典文库

说文解字

《说文解字》原文释义

图文珍藏版

【按语】

"玫"是形声字。小篆从玉，文声。隶变以后楷书写成"玫"。

"玫瑰"，原义是一种美石名，即火齐珠。例如《史记·司马相如列传》："其石则赤玉玫瑰，琳珉昆吾。"又指珍珠。例如《太平广记·宝三》："蛇珠千枚，不及一玫瑰。"从唐代起，又用作植物名，是蔷薇属的一种植物，花单生，为紫红色或者白色，气味芳香，可供观赏。

班

班　班　班
金文　小篆　楷书

【原文】

班，分瑞玉也。从珏，从刀。

【译文】

班，把瑞玉中分为二。由珏、刀会意。

【按语】

"班"是会意字。金文似刀分玉石为两半之形。小篆的形体与金文基本相同。隶变以后楷书写作"班"。

"班"的原义就是分剖瑞玉。用作名词，指分开人群而形成的组织。例如"培训班""戏班"。"班"还有返回的意思。例如"班师回朝"。

"班"作量词时，一种用于人群。例如《儒林外史》第三十二回："忙出来吩咐雇了两班脚子。"另一种用于定时开行的交通运输工具。例如"航班""末班车"。按规定一天之内工作的一段时间也可叫"班"。例如"早班""晚班"。

环

璟　璟　環　环

金文　　小篆　　楷书（繁体）　楷书

【原文】

環，璧也。肉好若一谓之环。

【译文】

環，玉璧类。边宽与璧孔的直径相等，就叫作環。

【按语】

"环"是形声字，金文从玉，睘声。小篆继承金文。隶变以后楷书写成"環"。汉字简化之后写作"环"。

"环"的原义是孔的直径和周边的宽度相等的圆形玉璧。例如《礼记·经解》："行步则有环珮之声，升车则有鸾和之音。"泛指圆圈形的东西。如曹植《美女篇》："攘袖见素手，皓腕约金环。"也引伸指互相关联的事物中的一个。例如"环环相扣""环节"。

"环"用作动词，指环绕、围绕。例如《史记·廉颇蔺相如列传》："秦王方环柱走，卒惶急。"也引伸指循环。例如《梁书·武帝纪下》："朕思利兆民，惟日不足，气似环回。"

玩

玩　玩

小篆　　楷书

【原文】

玩，弄也。从玉，元声。朊，玩或者，从貝。

【译文】

玩,持玉反复观赏。从玉,元声。貦,玩的或者体,从贝。

【按语】

"玩"是形声字。小篆从玉,元声,表示把玩观赏美玉。隶变以后楷书写成"玩";又作"貦",从贝。如今规范化,以"玩"为正体。

"玩"的原义是以手玩弄。泛指玩弄、戏弄。例如"玩物丧志"。延伸成观赏、欣赏。例如《楚辞·九章·思美人》:"惜吾不及古人兮,吾谁与玩此芳草。"

"玩"用作名词,指供玩赏的东西。例如《国语·楚语》:"若夫白珩,先王之玩也,何宝焉?"也引伸指轻慢、轻视。例如"玩忽职守""玩世不恭"。

玻

玻　玻

小篆　　楷书

【原文】

无。

【按语】

"玻"是后起字,为形声字。楷书写成"玻",从玉,皮声。

"玻"的原义是水晶。现在指一种人工制造的质地硬而脆的透明物体,即玻璃。如梁同书《古窑器考》:"明三宝太监出西洋,携烧玻璃人来中国,故中国玻璃顿贱。"还指某些似玻璃的透明塑料。例如"玻璃丝"。

瑰

瑰　瑰

小篆　　楷书

【原文】

瑰,玫瑰。从玉,鬼声。一曰:圜好。

【译文】

瑰,玫瑰。从玉,鬼声。一说:珠子圆好叫作瑰。

【按语】

瑰是形声字。小篆从玉,鬼声。隶变以后楷书写成"瑰"。

"瑰"的原义是一种次于玉的美石。例如《诗经·秦风·渭阳》:"何以赠之,琼瑰玉佩。"用作形容词,表示美好。如傅毅《舞赋》:"轶态横出,瑰姿谲起。"也引伸指奇特、杰出。如王安石《游褒禅山记》:"而世之奇伟、瑰怪、非常之观常在于险远,而人之所罕至焉。"

"玫瑰",原义是美石名。唐代起又用作植物名。

珠

珠　珠

小篆　　楷书

【原文】

珠,蚌之阴精。从玉,朱声。《春秋国语》曰:'珠以御火灾'是也。

【译文】

珠,蚌壳里头的水精。从玉,朱声。《春秋国语》说:"珠足以用来抵御火灾。"说的就是这个意思。

【按语】

"珠"是形声字。小篆从玉,朱声。隶变以后楷书写成"珠"。

"珠"的原义是蛤蚌因沙粒窜入壳内受到刺激而分泌并形成的圆形固体颗粒,为乳白色或者略带黄色,有光泽。延伸指似珠子的东西。如白居易《暮江吟》:"可怜九月初三夜,露似珍珠月似弓。"用作形容词,形容事物的华美、光泽。例如"珠光宝气"。

珍

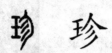

小篆　　楷书

【原文】

珍,宝也。从玉,㐱声。

【译文】

珍,(玉石之类的)宝物。从玉,㐱声。

【按语】

"珍"是形声字。小篆从玉,㐱声。隶变以后楷书写成"珍"。

"珍"的原义是珠玉等宝物。例如《楚辞·招魂》:"室中之观,多珍怪些。"延伸指精美的食品。例如《古诗为焦仲卿妻作》:"杂彩三百匹,交广市鲑珍。"也引伸指珍贵的、宝贵的。如贾谊《过秦论》:"不爱珍器重宝肥饶之地,以致天下之士。"

"珍"用作动词,指珍爱、珍视。例如"珍重"。

球

球

小篆　　楷书

【原文】

球,玉声也。从玉,求声。

【译文】

球,玉石撞击之声。从玉,求声。

【按语】

"珠"是形声字。小篆从玉,求声。隶变以后楷书写成"球"。

"球"的原义是美玉。例如《尚书·禹贡》:"(雍州)厥贡惟球琳琅玕。"孔传:"球、琳,皆玉名。""球"又通"毬",是古代的一种游戏用具。今泛指某些圆球形的体育用品。例如"篮球""足球""网球"。泛指球形或者接近球形的物体。例如"气球""棉球"。也指星球。例如"地球""月球"。

璃

璃　璃

小篆　　　楷书

【原文】

无。

【按语】

"璃"是形声字。楷书写成"璃",从玉,离声。

"玻璃",原义是指一种色泽光洁如玉的石珠,后指人工烧制成的釉料的玻璃层。如韩愈《游青龙寺赠崔大补阙》:"二三道士席其间,灵液屡进玻璃碗。"尔后又指一种脆硬透明的多用作建筑、装饰的材料。例如"玻璃窗"。进而延伸指似玻璃一样透明的塑料。例如"玻璃纸""有机玻璃"。

琐

瑣　瑣　琐

小篆　　楷书(繁体)　楷书

【原文】

瑣,玉声也。从玉,肖声。

【译文】

瑣,玉声。从玉,貨声。

【按语】

"琐"是会意兼形声字。小篆从玉从貨会意,貨兼表声。隶变以后楷书写成"瑣"。汉字简化之后写成"琐"。

"琐"的原义是连环玉佩相击发出的细碎声音。如杜牧《送刘三复郎中赴阙》:"玉珂声琐琐,锦帐梦悠悠。"泛指细碎、细小。例如"繁琐"。又形容卑微、平庸。例如"猥琐"。

琉

珋　珋　琉

小篆　楷书(繁体)　楷书

【原文】

珋,石之有光,璧珋也,出西胡中。从玉,丣声。

【译文】

珋,有光的石头,就是璧珋。出产在西域之中。从玉,丣声。

【按语】

"琉"是形声字。小篆从玉,丣声。隶变以后楷书写成"珋",异体作"瑠""琉"。如今规范化,以"琉"为正体。

"琉璃",原义是一种色泽光润的矿石。例如《古诗为焦仲卿妻作》:"移我琉璃榻,出置前窗下。"

玖

玖　玖

小篆　楷书

【原文】

玖,石之次玉黑色者。从玉,久声。

【译文】

玖,次于玉的黑色美石。从玉,久声。

【按语】

"玖"是形声字。小篆从玉,久声。隶变以后楷书写成"玖"。

"玖"的原义是比玉稍次的黑色美石。例如《诗经·卫风·木瓜》:"投我以木李,报之以琼玖。匪报也,永以为好也!"

琅

瑯　琅

小篆　　楷书

【原文】

琅,琅玕,似珠者。从玉,良声。

【译文】

琅,琅玕,似圆珠的玉石。从玉,良声。

【按语】

"琅"是形声字。小篆从玉,良声。隶变以后楷书写成"琅"。

"琅玕",原义是形状似珠的美玉。如张衡《四愁诗》:"美人赠我金琅玕,何以报之双玉盘。"也指传说中的玉树。如李东阳《灵寿杖歌》:"梯悬磴绝跬步不可上,谁来青壁红琅玕。""琅"又引喻美好的东西。例如"琳琅满目"。

"琅"用作象声词,形容清朗、响亮的声音。如同恕《良夜》:"琅然一曲发清商,门外跧跄舞山鬼。"

琴

篆 琴

小篆　　　楷书

【原文】

琴,禁也。神农所作。洞越。练朱五弦,周加二弦。象形。凡珡之属皆从珡。

【译文】

琴,用来禁止淫邪,端正人心。是神农制作的乐器。(底板)有通达的出音孔。朱红色的熟绢丝制成五根弦,周朝又增加了两根弦。似琴的形象。凡是珡的部属全部从珡。

【按语】

"琴"是象形字。小篆的字形似这种乐器的侧面图形,两个"王"是王琴柱,弧形部分为琴身。隶变以后楷书写成"琴"。

"琴"的原义是中国古代一种弹拨弦乐器。例如《诗经·周南·关雎》:"窈窕淑女,琴瑟友之。"尔后泛指某些乐器。例如"口琴""手风琴"。

瑟

瑟

小篆　　　楷书

【原文】

瑟,庖牺所作弦乐也。从珡,必声。

【译文】

瑟,庖牺氏制作的有弦的乐器。从珡,必声。

【按语】

"瑟"是形声字。小篆从珡(琴),必声。隶变以后楷书写成"瑟"。

"瑟"的原义是古代的一种拨弦乐器,形似古琴,每弦一柱。例如《史记·廉颇蔺相如列传》:"寡人窃闻赵王好音,请奏瑟。"

"瑟"延伸指寒凉抖动的样子。如白居易《琵琶行》:"枫叶荻花秋瑟瑟。"也引伸指碧绿。如白居易《暮江吟》:"一道残阳铺水中,半江瑟瑟半江红。"

理

理　理

小篆　　楷书

【原文】

理,治玉也。从玉,里声。

【译文】

理,治理玉石。从玉,里声。

【按语】

"理"是形声字。小篆从玉,里声。隶变以后楷书写成"理"。

"理"的原义是加工雕琢玉石。例如《韩非子·和氏》:"王乃使玉人理其璞而得宝焉。"引申指整理。例如《木兰诗》:"当窗理云鬓,对镜贴花黄。""理云鬓"就是整理头发。用于抽象意义,指治理、管理。如王安石《答司马谏议书》:"为天下理财,不为征利。"

"理"用作名词,指物质组织的纹理、条纹。例如"肌理"。由条理延伸指道理、义理。例如"理当如此"。还指对别人的言语、行动表示态度、意见。例如"置之不理"。

玛

瑪　瑪　玛

小篆　　楷书(繁体)　楷书

国学经典文库

说文解字

《说文解字》原文释义

图文珍藏版

【原文】

无。

【按语】

"玛"是后起字，为形声字。楷书繁体写成"瑪"，从玉，馬声。汉字简化之后写成"玛"。

"玛瑙"，原义是一种次于玉的矿物，成分主要是二氧化硅，常杂有蛋白石并有各种色彩，质地坚硬、耐磨。如庾信《杨柳歌》："衔云酒杯赤玛瑙，煦日食螺紫琉璃。"

斑

辬　辬　斑

小篆　　楷书（繁体）　楷书

【原文】

辬，驳文也。从文，辡声。

【译文】

辬，驳杂的花纹。从文，辡声。

【按语】

"斑"是会意字。小篆写成"辬"，从文，从辡(biàn，两相交)，会色彩驳杂之意，辡兼表声。隶变以后楷书写成"辬"；俗作"斑"，从文，从珏，会玉石上的驳纹之意。如今规范化，以"斑"为正体。

"斑"的原义是杂色的花纹、斑点。如宋之问《晚泊湘江》："唯余望乡泪，更染竹成斑。"延伸指色彩驳杂的、灿烂多彩的。如王嘉《拾遗记·岱舆山》："玉梁之侧，有斑斓自然云霞龙凤之状。"其中"斑斓"即是指色彩错杂灿烂。也引伸指毛色花白。如陆游

《书愤》:"塞上长城空自许,镜中衰鬓已先斑。"

瑕

小篆　　　楷书

【原文】

瑕,玉小赤也。从玉,叚声。

【译文】

瑕,玉石上有赤色的小点。从玉,叚声。

【按语】

"瑕"是形声字。小篆从玉,叚声。隶变以后楷书写成"瑕"。

"瑕"的原义是玉上的斑点。例如《礼记·聘义》:"瑕不掩瑜,瑜不掩瑕。"又特指红色的云气。例如《文选》:"吸清云之流瑕兮,饮若木之露英。"引喻人或者事物显露出来的缺陷、缺点或者小毛病。例如"纯洁无暇""瑕疵"。

瑜

小篆　　　楷书

【原文】

瑜,瑾瑜,美玉也。从玉,俞声。

【译文】

瑜,瑾瑜,美玉。从玉,俞声。

【按语】

"瑜"是形声字。小篆从玉,俞声。隶变以后楷书写成"瑜"。

"瑜"的原义是美玉。例如《礼记·玉藻》:"世子佩瑜玉而綦织绶。"意思是,世子佩戴美玉，使用青黑色丝带。延伸指玉的光彩、光辉。例如"瑕瑜互见"。进而延伸指美好。

"瑜伽"，是梵语的音译。指印度教的一种修行方法，意为"结合"。

瑞

瑞　瑞

小篆　楷书

【原文】

瑞，以玉为信也。从玉，耑声。

【译文】

瑞，用玉制成的信物。从玉，耑声。

【按语】

"瑞"是形声兼会意字。小篆从玉，耑声，耑兼表端倪之意。隶变以后楷书写成"瑞"。

"瑞"的原义是玉制的符信，作凭证用。例如《左传·哀公十四年》："司马请瑞焉，以命其徒攻桓氏。"杜预注："瑞，符节，以发兵。"延伸指吉祥的事物。例如《论衡·指瑞》："世间谓之圣王之瑞，为圣母来矣。"也引伸指吉祥的、吉利的。民谚有"瑞雪兆丰年"一说。

璧

璧　璧　璧

金文　小篆　楷书

【原文】

璧，瑞玉圜也。从玉，辟声。

【译文】

璧，用作印信凭证、平圆而正中有孔的玉。

【按语】

"璧"是形声字。金文从玉,辟声。小篆字形变化不大,只是愈加整齐。隶变以后楷书写成"璧"。

"璧"的原义是古代一种玉器,圆形扁平,中间有孔。例如《周礼·大宗伯》:"以苍璧礼天。"泛指美玉。例如"白璧无瑕"。又用作辞谢礼品或者归还借物时的敬辞。例如《二十年目睹之怪现状》第四十一回:"家母寿日,承赐厚礼,概不敢当,明日当即璧还。"

戈 部

戈

甲骨文　　金文　　小篆　　楷书

【原文】

戈,平头戟也。从弋,一横之。象形。凡戈之属皆从戈。

【译文】

戈,没有向上尖刃部分的戟类兵器。由弋、由"一"横贯在"弋"上会意。似戈的形状。凡是戈的部属全部从戈。

【按语】

"戈"是象形字。甲骨文和金文全部似戈之形。小篆字形发生了变化,不大看得出戈的样子了。隶变以后楷书写成"戈"。

"戈"的原义是古代一种长柄横刃的兵器。如戚继光《马上作》:"一年三百六十日,多是横戈马上行。"

"戈"泛指兵器。例如《三国演义》第四

十五回："左右军士,皆全装贯带,持戈执戟而立。"

"戈"由兵器也引伸指战争。例如"大动干戈""化干戈为玉帛"。

戊

甲骨文　　金文　　小篆　　楷书

【原文】

戊,中宫也。似六甲五龙相拘绞也。戊承丁,似人胁。凡戊之属皆从戊。

【译文】

戊,定位在中央。(戊字的五画)似六甲中的(黄、白、墨、青、赤)五龙相互拘结在一起。戊承继丁,似人的胸胁。凡是戊的部属全部从戊。

【按语】

"戊"是象形字。甲骨文似一把长柄宽刃的大斧,刃部朝左,形似弯月。金文更似一把大斧之形。小篆已经看不出斧头的模样了。隶变以后楷书写成"戊"。

"戊"的原义是指似板斧一样的古代武器。此义今天写成"钺"。

到了后世,"戊"字的原义消失了,被假借为天干的第五位,即甲、乙、丙、丁、戊。也常用为序数"第五"的代称。

戌

甲骨文　　金文　　小篆　　楷书

【原文】

戌,灭也。九月,阳气微,万物毕成,阳下入地也。五行,土生于戊,盛于戌。从戊含一。凡戌之属皆从戌。

【译文】

戌,消灭。代表九月,这时阳气微弱,万物全部已成熟,阳气向下进入地中。金、木、水、火、土五种物质,土产生在位于中央的戌方位,在戌月即九月气势最旺盛。由"戊"含着"一"会意。凡是戌的部属全部从戌。

【按语】

"戌"是象形字。甲骨文上部朝左的部分是宽刃平口的斧头,下部是一条长柄。金文线条化,小篆整齐化。隶变以后楷书写成"戌"。

"戌"的原义是一种兵器。

后世常用的是它的假借义,即代表地支的第十一位,也是一日内的十二时辰之一。"戌时"等同于现在晚上的七时至九时。

戍

甲骨文　　金文　　小篆　　楷书

【原文】

戍,守边也。从人,持戈。

【译文】

戍,防守边疆。由"人"持握着"戈"会意。

【按语】

"戍"是会意字。甲骨文左下部是个人,右上方是戈,用人在戈旁会守卫之意。金文、小篆整齐化、线条化。隶变以后楷书写成"戍"。

"戍"的原义是保卫。如陆游《十一月四日风雨大作》:"僵卧孤村不自哀,尚思为国戍轮台。"

戎

戋 戎 戒 戎

甲骨文　金文　小篆　楷书

【原文】

戎,兵也。从戈,从甲。

【译文】

戎,兵器。由戈、甲会意。

【按语】

"戎"是象形字。甲骨文中间左边为十,表示盾牌;右边为戈。金文大体相同。小篆把"十"讹变为"甲"。隶变以后楷书写成"戎"。

"戎"的原义是兵器。例如《诗经·大雅·抑》:"修尔车马,弓矢戎兵。"

由兵器延伸成军事、军队。例如"投笔从戎""戎马"。

我

扌 找 我 我

甲骨文　金文　小篆　楷书

【原文】

我,施身自谓也。或者说:我,顷顿也。从戈,从手。手,或者说古垂字。一曰:古杀字。凡我之属皆从我。

【译文】

我,用在自己身上,自己称自己。另一义说:我,倾斜。由戈、由手会意。手,有人说是古"垂"字。另一义说:手是古"杀"字。凡是我的部属全部从我。

【按语】

"我"是象形字。甲骨文上部是三锋的戈,有一个长柄。金文线条化了,但仍与甲骨文相似。小篆已经看不出兵器的形象了。隶变以后楷书写成"我"。

"我"的原义是兵器。

在先秦时期的古代汉语中，"我"已经假借为第一人称代词，有时也指我方、我国。例如《左传·庄公十年》："十年春，齐师伐我。"

"我"更多地作为自称之词。如李白《将进酒》："天生我材必有用，千金散尽还复来。"

成

| 甲骨文 | 金文 | 小篆 | 楷书 |

【原文】

成，就也。从戊，丁声。

【译文】

成，成熟。从戊，丁声。

【按语】

"成"原本是会意字。甲骨文左下角似一块木状物，右边是一把长柄板斧，用以斧劈物会斩物为誓以定盟之意。金文大体相同。小篆讹变成从戊、丁声的形声字。隶变以后楷书写成"成"。

"成"的原义是成盟、和解。例如《左传·成公十一年》："秦晋为成。"延伸成完成、成功。例如《三国志·蜀书·诸葛亮传》："成败之机，在于今日。"也引伸指成为、变为。例如《礼记·学记》："玉不琢，不成器。"

"成"还延伸成成全、促成。例如"成人之美"。也引伸为成果、成就。例如"一事无成"。

"成"也引伸为旧有的、已定的、现成的。例如"成规""成见""成药"。

"成"还可以指达到一个完整的数量单位。例如"成天""成年累月"。人们也把十分之一叫作"成"。例如"一成""三成"。

戴

戴 戴

小篆　　楷书

【原文】

无。

【按语】

"戴"是形声字。小篆从異，㦹(戈)声。隶变以后楷书写成"戴"。

"戴"的原义是以头顶物。如宋濂《送东阳马生序》："同舍生皆被绮绣，戴朱缨宝饰之帽。"泛指头顶着。例如"披星戴月"。

"戴"延伸指尊敬、感激。例如《国语·周语上》："庶民不忍，欣戴武王。"

戒

戒 戒 戒 戒

甲骨文　金文　小篆　楷书

【原文】

戒，警也。从廾持戈，以戒不虞。

【译文】

戒，警戒。由"廾"（双手）握持着"戈"来表示警戒不能预料之事。

【按语】

"戒"是会意字。甲骨文似双手紧握戈之形。金文的形体与甲骨文相似。小篆继承金文而来。隶变以后楷书写成"戒"。

"戒"的原义是防备、警惕。例如"戒骄戒躁""戒备"。延伸成防止、小心。例如《论语·季氏》："少之时，血气未定，戒之在色。"

"戒"也引伸指更为严格的禁止。如佛教有"五戒""十戒"等戒律。

"戒"由戒备又可以延伸成警告、告诫,用于比较客气的说法,以提醒别人小心,有教育、约束的意思。此义后写成"诫"。

戚

戚　　戚

小篆　　楷书

【原文】

戚,戉也。从戉,未声。

【译文】

戚,钺一类的斧头。从戉,未声。

【按语】

　　"戚"是形声字。小篆从戉(斧子),未声。隶变以后楷书写成"戚"。

　　"戚"的原义是指古代的一种兵器,形状似斧。如陶渊明《读山海经》:"刑天舞干戚,猛志固常在。"

　　"戚"延伸指忧愁、悲伤。如李清照《声声慢》:"冷冷清清,凄凄惨惨戚戚。"

　　"戚"用作名词,指亲属、亲戚。例如《吕氏春秋》:"何谓六戚?父母兄弟妻子。"

戮

戮　　戮

小篆　　楷书

【原文】

戮,杀也。从戈,翏声。

【译文】

戮,杀。从戈,翏声。

【按语】

"戮"是会意字。小篆从戈,翏声。隶变以后楷书写成"戮"。

"戮"的原义是杀,处以死刑。例如《荀子·王制》:"折愿禁悍,防淫除邪,戮之以五刑。"

"戮"特指陈尸示众。例如"戮尸枭首"意思就是斩杀死者的尸体,并砍下他的头颅。

"戮力",表示并力、合力。例如《国语·齐语》:"与诸侯戮力同心。"

戏

骰	戲	戲	戏
金文	小篆	楷书（繁体）	楷书

【原文】

戲,三军之偏也。一曰:兵也。从戈,虘声。

【译文】

戲,三军的偏师。另一义:兵器。从戈,虘声。

【按语】

"戏"是会意兼形声字。金文从戈,会手持兵器,在鼓声中比武角力之意。隶变以后楷书写成"戲"。汉字简化之后写成"戏"。

"戏"的原义是比武角力。例如《晋书·礼下》:"成帝咸和中,诏内外诸军戏兵于南郊之场,故其地因名斗场。"由此延伸成游戏、戏耍。例如"儿戏""嬉戏"。

"戏"也引伸为开玩笑、耍笑捉弄。例如《论语·阳货》:"前言戏之耳。"

"戏"还延伸指戏剧,也指杂技。例如"京戏""皮影戏""马戏"。

截

戳	截
小篆	楷书

【原文】

无。

【按语】

"截"是会意兼形声字。小篆从戈,从雀,由"戈"断"雀"首会意,雀兼表声。隶变以后楷书写成"截"。

"截"的原义是割断、切断。例如"把木条截成两段"。延伸指半路阻拦。如李华《吊古战场文》:"径截辎重,横攻士卒。"

"截"延伸指到一定期限中止、了结。例如《老残游记》第十三回:"钱给了不要紧,该多少我明儿还你就截了。"进一步延伸指界限分明、清楚。例如"直截了当"。

"截"作量词,用于某些细长的东西被截断的部分。例如"半截砖""一截木头"。

或

甲骨文　　金文　　小篆　　楷书

【原文】

或,邦也。从口,从戈,以守一。一,地也。域,或者又从土。

【译文】

或者,邦国。由口、由用"戈"来把守"一"会意。一,表示地域。域,或者的或者体,从土。

【按语】

"或"是会意字。甲骨文从口(城),从戈,会用武器守卫地域之意。金文线条化、繁杂化。隶变以后楷书写成"或"。

"或"的原义是国家。尔后假借为不定代词,表示有的(人、事、物等)。如司马迁《报任安书》:"或重于泰山,或者轻如鸿毛。"意思是,有的比泰山还重,有的比鸿毛还轻。尔后由于"或"被一借不还,所以当国家讲的"或",就在外围加了个"囗",写成"國"(国)。

"或"用作副词,表示估计,等同于"也许""或许"。

武

甲骨文　金文　小篆　楷书

【原文】

武,楚庄王曰:'夫武,定功戢兵。故止戈为武。'

【译文】

武,楚庄王说:"武力,确定战功,止息战争。所以'止''戈'二字会合成'武'字。"

【按语】

"武"是会意字。甲骨文从戈(武器),从止(脚),会拿着武器去征伐之意。金文与甲骨文基本相同。隶变以后楷书写成"武"。

"武"的原义是征伐,与"文"相对。例如《尚书·武成》:"偃武修文。"意思就是,停止军事活动,搞好文化方面的事情。由征战延伸成勇猛。例如"孔武有力"就是勇猛有力气。

行军打仗,出征的部队必定要迈着整齐的步伐,所以"武"还延伸指脚步。如屈原《离骚》:"继前王之踵武。"意思是跟上前王的脚步。

战

甲骨文　金文　楷书(繁体)　楷书

【原文】

戰,斗也。从戈,單声。

【译文】

戦，战斗。从戈，單声。

【按语】

"战"是会意兼形声字。金文从戈，从兽，表示用戈搏击野兽。小篆线条化、规范化。隶变后楷书写成"戦"。汉字简化之后写成"战"。

"战"的原义是作战、战斗。例如"不战而退"。泛指搏斗、争斗，争胜负、比高低。例如"论战""争战"。

争斗扩大到一定程度就成了战争，所以"战"也引伸指战争。例如"百战不殆"。

"战"也引伸指恐惧、发抖。例如"战战兢兢"。

戳

戳　戳

小篆　　楷书

【原文】

无。

【按语】

"戳"是形声字。楷书写成"戳"，从戈，翟声。

"戳"的原义是用锐器的尖端刺击。例如《今古奇观》第四十卷："众强盗拚命死战，戳伤了几个庄客。"

"戳"延伸成用指头指点。例如《红楼梦》第二十五回："彩霞咬着牙，向他头上戳一指头。"

盖图章时要用力戳，故"戳"也引伸指图章。例如"邮戳"。

犬 部

犬

甲骨文　　金文　　小篆　　楷书

【原文】

犬,狗之有县蹏者也。象形。孔子曰:'视犬之字如画狗也。'凡犬之属皆从犬。

【译文】

犬,狗中有悬空而不着地的蹄趾的一种。象形。孔子说:"看犬字似画狗的样子。"凡是犬的部属全部从犬。

【按语】

"犬"是象形字。甲骨文和金文全部是一条竖立的狗的形状。小篆线条化,但已经看不出狗的样子了。隶变以后楷书写成"犬"。

"犬"的原义是狗。如陶渊明《桃花源记》:"阡陌交通,鸡犬相闻。"延伸成对自己儿子的谦称。如古人常对人称自己的儿子为"犬子"。

"犬"又用作对人的蔑称。例如《三国演义》第七十三回:"吾虎女安肯嫁犬子乎!"

狀

小篆　　楷书(繁体)　　楷书

【原文】

狀,犬形也。从犬,爿声。

【译文】

狀，狗的形状。从犬，爿声。

【按语】

"狀"是形声字。小篆从犬，爿声。隶变以后楷书写成"狀"。汉字简化之后写成"状"。

"狀"的原义是狗的形态。延伸指形态、样子。例如《史记·孔子世家》："孔子状类阳虎。"

"狀"又特指事情表现出来的情形、情况。如范仲淹的《岳阳楼记》："予观夫巴陵胜状，在洞庭一湖。"

"狀"用作动词，指形容、描述。如刘勰《文心雕龙》："灼灼状桃花之鲜，依依尽杨柳之貌。"

"狀"也指古代的一种文体，为向上陈述事件或者记载事迹的文书。如柳宗元《段太尉逸事状》："敢以状私于执事。"

"狀"也引伸指委任、褒奖等的文件、凭证。例如"委任状""军令状"。

吠

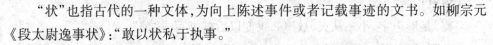

小篆　　　楷书

【原文】

吠，犬鸣也。从犬、口。

【译文】

吠，狗叫。由犬、口会意。

【按语】

"吠"是会意字。小篆从犬，从口，会狗叫之意。隶变以后楷书写成"吠"。"吠"的原义是狗叫。

"吠"泛指鸟叫蛙鸣。如李峤《汴州司马唐授衣请预斋会表》:"败宫之犬,有义于喧卢吠鹊。"

獒

獒 小篆　獒 楷书

【原文】

獒,犬如人心可使者。从犬,敖声。《春秋左氏传》曰:'公嗾夫獒。'

【译文】

獒,一种可以尽如人意地使唤的狗。从犬,敖声。《春秋左氏传》说:"晋灵公唆使那猛狗。"

【按语】

"獒"是形声字,小篆从犬,敖声。隶变以后楷书写成"獒"。

"獒"的原义是一种凶猛善斗的狗,身体硕大,尾巴粗长,四肢健壮,勇猛强悍,善于搏斗,可做猎狗。如舒元舆《坊州按狱》:"攫搏如猛虎,吞噬若狂獒。"

现在指西藏的一种大个良种犬。例如"藏獒"。

默

默 小篆　默 楷书

【原文】

默,犬暂逐人也。从犬,黑声。读若墨。

【译文】

默,狗偷偷地追逐人。从犬,黑声。读音似"墨"字。

【按语】

"默"是形声字。小篆从犬,黑声,表示犬不出声而袭击人。隶变以后楷书写成

"默"。

　　"默"的原义是犬不出声而突袭人。例如"默然不语"就是静默而不作声。延伸指暗中,不明白地表现出来。例如"潜移默化""默契"。进而延伸指幽静。例如《楚辞·惜贤》:"默顺风以偃仰兮,尚由由而进之。"王逸注:"言己欲寂默不语,以顺风俗,随众俛仰而不敢毁誉,然尚犹豫不肯进也。"

　　"默"用作动词,指默写。例如"默生字"。又指冒、涌。例如《水浒传》第八十九回:"宋江听罢愕然,默上心来。"

猷

| 甲骨文 | 金文 | 小篆 | 楷书（繁体） | 楷书 |

【原文】

无。

【按语】

　　"猷"是形声字。甲骨文从犬,酋声。金文大概相同。小篆只是把偏旁位置调换,其义不变。隶变以后楷书写成"猷",异体作"猷"。现在二字表意有分工。

　　"猷"的原义是谋略、计划。例如《尚书·君陈》:"尔有嘉谋嘉猷,则入告尔后于内。"引申指功业、功绩。例如"猷绩"。也引伸指道、法则。例如《诗经·小雅·巧言》:"秩秩大猷,圣人莫"。

献

| 甲骨文 | 金文 | 小篆 | 楷书（繁体） | 楷书 |

【原文】

　　獻,宗庙犬名羹獻。犬肥者以獻之。从犬,鬳声。

【译文】

獻,宗庙祭祀所用的狗叫作"羹獻"。狗肥大的用作敬獻的礼品。从犬,鬳声。

【按语】

"献"是会意字。甲骨文从鬲(烹煮食物的器皿),从犬,会以犬牲献祭之意。金文另加声符"虍",小篆线条化、整齐化。隶变以后楷书写成"獻"。汉字简化之后写成"献"。

"献"的原义是献祭神主的犬牲。例如《礼记·曲礼》:"凡祭宗庙之礼……羊曰柔毛,鸡曰翰音,犬曰羹献。"泛指向神祖奉上祭牲。例如《诗经·豳风·七月》:"四之日其蚤(早),献羔祭韭。"

由敬献祭品延伸成恭敬而庄重地送上、进献。例如《史记·项羽本纪》:"谨使臣良奉白璧一双,再拜献大王足下。"此处的"献"就是指进献。还特指主人向宾客敬酒。例如《诗经·小雅·楚茨》:"为宾为客,献酬交错。"

木 部

木

| 甲骨文 | 金文 | 小篆 | 楷书 |

【原文】

木,冒也。冒地而生。东方之行。从屮,下似其根。凡木之属皆从木。

【译文】

木,冒覆。冒覆土地而生长。代表东方。上从屮,下面似它的根。凡是木的部属全部从木。

【按语】

"木"是象形字。甲骨文和金文全部似一棵树的形状:上边是伸展的树枝,下面是树根。小篆整齐化。隶变以后楷书写成"木"。

"木"的原义是树木。如杜甫《登高》:"无边落木萧萧下,不尽长江滚滚来。"延伸成木本植物的通称。如周敦颐《爱莲说》:"水陆草木之花,可爱者甚蕃。"

"木"也引伸为木材、木制品。例如《荀子·劝学》:"故木受绳则直,金就砺则利。"

木质实在,敲起来声音很钝,所以"木"也引伸指头脑呆笨、不灵便。例如"木头人"。

"木"还延伸成麻木、痴呆、发愣。例如《聊斋志异·促织》:"但儿神志痴木,奄奄思睡。"

末

米　末　末

金文　小篆　楷书

【原文】

末,木上曰末。从木,一在其上。

【译文】

末,树梢叫末。从木;一,标志在树木顶上。

【按语】

"末"是指事字。金文在"木"的上面加了一个小横作为指事符号,表示这个字指的是树梢。小篆把表示指事的符号延长了。隶变以后楷书写成"末"。

"末"的原义是树梢。例如《左传·昭公十一年》:"末大必折。"延伸指不重要的东西。如成语"舍本逐末",就是丢掉主要的,追逐次要的。

"末"泛指物体的尖端。例如《孟子·梁惠王》:"明足以察秋毫之末,而不见舆薪。"

"末"还延伸指尽头、最后。如杜甫《天末怀李白》:"凉风起天末,君子意如何。"

采

甲骨文　金文　小篆　楷书

【原文】

采，捋取也。从木，从爪。

【译文】

采，摘取。由木、由爪会意。

【按语】

"采"是会意字。甲骨文上部是一只手，下部是一棵树，表示手在树上表示采摘。金文形体基本上与甲骨文相似。小篆的字形线条化了。隶变以后楷书写成"采"。

"采"的原义是采摘。如陶渊明《饮酒》："采菊东篱下，悠然见南山。"延伸成搜集。中国古代称民歌为"风"，人们把搜集民间歌谣叫作"采风"。

"采"又可以延伸成选取。例如《史记·秦始皇本纪》："采上古帝位号，号曰'皇帝'。"

"采"还可延伸成风度、神采。如李白《白马篇》："酒后竞风采，三杯弄宝刀。"

杂

雜　雜　杂

小篆　楷书（繁体）　楷书

【原文】

襍,五彩相会。从衣,集声。

【译文】

襍,各种彩色,相互配合来制作衣服。从衣,集声。

【按语】

"杂"是会意兼形声字。小篆从衣,从集,会聚集各种衣料颜色相配合之意,集兼表声。隶变后楷书写成"襍"。汉字简化之后写成"杂"。

"襍""杂"的原义是各种颜色相混合。例如《周礼·考工记》:"画绘之事,杂五色。"

延伸成混杂、不纯。如陶渊明《桃花源记》:"夹岸数百步,中无杂树。"

"杂"也引伸为众多、紊乱、繁琐、细碎。例如"杂错""庞杂"。

棠

棠棠 棠

小篆　　楷书

【原文】

棠,牡曰棠,牝曰杜。从木,尚声。

【译文】

棠,公的叫棠,母的叫杜。从木,尚声。

【按语】

"棠"是形声字。小篆从木,尚声。隶变以后楷书写成"棠"。

"棠"的原义是棠梨,为蔷薇科植物。如李洞《绣岭宫词》:"春日迟迟春草绿,野棠开尽飘香玉。"

"棠"还是齐国的一个地名,指积谷之处。当初孟轲劝请齐王发放棠邑的粮食赈济饥民,就称为"发棠之请"。尔后泛指请示赈济。

杀

殺　殺　杀

小篆　楷书（繁体）　楷书

【原文】

殺，戮也。从殳，杀声。凡殺之属皆从殺。

【译文】

殺，杀戮。从殳，杀声。凡是殺的部属全部从殺。

【按语】

"杀"是象形字。甲骨文和金文全部似击杀后陈列在那里的野兽之形。小篆讹变，另加义符"殳"（手持槌）。隶变以后楷书写成"杀"和"殺"。如今规范化，以"杀"为正体。

"杀"的原义就是杀死。例如《史记·秦始皇本纪》："杀之，五十万。"由杀死延伸成战斗。例如《三国演义》第四十一回："杀退众军将。"

"杀"还可以延伸成衰败。如黄巢《不第后赋菊》："待到秋来九月八，我花开后百花杀。"进而延伸指损坏、败坏、伤害。例如"肃杀""折杀"。

杳

杳　杳　杳

甲骨文　小篆　楷书

【原文】

杳,冥也。从日在木下。

【译文】

杳,幽暗。由"日"在"木"下会意。

【按语】

"杳"是会意字。甲骨文的上部是树木,根部是日,会太阳已经落下去,天色昏暗之意。小篆的字形与甲骨文基本一样。隶变以后楷书写成"杳"。

"杳"的原义是昏暗。例如《管子·内业》:"杳乎如入于渊。"

由幽暗延伸成极远。如宋玉《对楚王问》:"翱翔乎杳冥之上。"

由极远也引伸为寻不到踪影。如林景熙《仙坛寺西林》:"古坛仙鹤杳,野鹿自成群。"

枉

枉　枉

小篆　楷书

【原文】

枉,邪曲也。从木,王声。

【译文】

枉,斜曲。从木,王声。

【按语】

"枉"是形声字。小篆从木,王声。隶变以后楷书写成"枉"。

"枉"的原义是弯曲、不正。如成语"矫枉过正",是指把弯的东西扳正,结果又歪到了另一边。引喻纠正错误超过了应有的限度。

"枉"延伸指邪曲、不正直。例如《论语·颜渊》:"举直错诸枉,能使枉者直。"意思是,把正直的人提拔出来,使其位于邪恶的人之上,能够使邪恶的人变得正直。

"枉"也引伸指使受冤屈。例如"冤枉"。

"枉"用作谦辞,表示使对方受屈、屈尊。如诸葛亮《出师表》:"先帝不以臣卑鄙,猥自枉屈,三顾臣于草庐之中。"

"枉"用作副词,表示徒然、白白地。如李白《清平调》:"一枝红艳露凝香,云雨巫山枉断肠。"

条

偹　條　条

小篆　　楷书(繁体)　楷书

【原文】

條,小枝也。从木,攸声。

【译文】

條,小的树枝。从木,攸声。

【按语】

"条"是形声兼会意字。小篆从木,攸声,攸兼表长之意,表示树木的细小枝条。隶变以后楷书写成"條"。汉字简化之后写成"条"。

"条"的原义是细小的枝条。如吴均《与朱元思书》:"疏条交映,在昼犹昏。"泛指长条形的物体。例如"布条""条幅""条凳"。

"条"也引伸为条款、项目。例如"条例""条约"。还延伸成秩序、条理。如成语"有条不紊""井井有条"。

"条"作量词时,用于长条形的东西。例如"一条长街""一条大河"。

果

果　果　果　果

甲骨文　金文　小篆　楷书

【原文】

果,木实也。从木,似果形,在木之上。

【译文】

果,树木的果实。从木,(⊗)似果的形状,在"木"的上面。

【按语】

"果"是象形字。甲骨文下部是树(木),树梢上结满了果实。金文进一步形式化。小篆直接从金文简化而来。隶变以后楷书写成"果"。

"果"的原义是植物的果实。例如《管子·四时》:"九暑乃至,时雨乃降,五谷百果乃登。"

"果"又表示事物的结局。例如"前因后果",其中的"果"就是指结局。

"果"由结出果实延伸指实现、成为现实。例如《论语·子路》:"言必信,行必果。"

"果"还延伸指果断、果敢。例如"果直""果断"。

桀

甲骨文　金文　小篆　楷书

【原文】

桀,磔也。从舛在木上也。凡桀之属皆从桀。

【译文】

桀,分张肢体。由"舛"在"木"上会意。凡是桀的部属全部从桀。

【按语】

"桀"是会意字。甲骨文从人,从木,会人两足登在树上之意。金文画出了双脚,以突出登之意。小篆整齐化。隶变以后楷书写成"桀"。

"桀"的原义是(两脚分开)站在树上。

"桀"用作名词,指木桩。例如《诗经·王风·君子于役》:"鸡栖于桀,日之夕矣。"

国学经典文库

说文解字

《说文解字》原文释义

图文珍藏版

1107

"桀"也引伸指凶悍、横暴。例如"桀骜不逊"。

"桀"特指夏朝的最后一个君主,相传是个暴君。例如"桀纣",指夏桀和商纣,是历史上有名的两个暴君。

析

甲骨文　　金文　　小篆　　楷书

【原文】

析,破木也。一曰:折也。从木,从斤。

【译文】

析,劈开木头。另一义说:析是断折。由木、斤会意。

【按语】

"析"是会意字。甲骨文左边是一棵树,右边是一把长柄斧头,会用斧砍树之意。金文右边的斧形线条化了。小篆进一步线条化。隶变以后楷书写成"析"。

"析"的原义是劈木头。例如《诗经·齐风·南山》:"析薪如之何?匪斧不克。"延伸成剖开。例如《淮南子·俶真训》:"剖贤人之心,析才士之胫。"

"析"又指解释、分析,用于抽象的事理。如陶渊明《移居》:"奇文共欣赏,疑义相与析。"意思是,共同欣赏奇文,一起剖析疑难文义。

杭

小篆　　楷书

【原文】

杭,渡也。从木,亢声。

【译文】

杭，渡。从木，亢声。

【按语】

"杭"是形声字。小篆从木，亢声。隶变以后楷书写成"杭"。

"杭"的原义是渡。例如《诗经·卫风·河广》："谁谓河广，一苇杭之。"

"杭"用作名词，指方舟、船。例如《楚辞·九章·惜诵》："昔余梦登天兮，魂中道而无杭。"这里的"杭"取的就是原义。

"杭"延伸指航行。如何景明《进舟赋》："惩往途而省究兮，吾庶以慎吾杭。"

"杭"用作地名，是浙江省杭州市的简称。例如"杭纱"指杭州产的细纱布。

林

甲骨文　　　　金文　　　　小篆　　　　楷书

【原文】

林，平土有丛木曰林。从二木。凡林之属皆从林。

【译文】

林，平地上有丛聚的树木叫林。由两个"木"字会意。凡是林的部属全部从林。

【按语】

"林"是会意字。甲骨文似两棵树。金文的形体和甲骨文基本一样。小篆整齐化。隶变以后楷书写成"林"。

"林"的原义是成片的树木。如陶渊明《桃花源记》："忽逢桃花林，夹岸数百步。"延伸指林业。如常说的"农、林、牧、渔"就是这种用法。

"林"又泛指野外或者退隐的地方。例如"林下人"。

"林"尔后引喻同类的人或者事物聚集在一起。如成语"林林总总"形容多得成群。"林林"形容众多的样子，"总总"形容众多而杂乱的样子。

柏

金文　小篆　楷书

【原文】

柏,鞠也。从木,白声。

【译文】

柏,鞠树,从木,白声。

【按语】

"柏"是形声字。金文从木,白声。小篆规范化。隶变以后楷书写成"柏"。

"柏"的原义是柏树,是一种常绿树,可供观赏和材用,分布于欧、亚和北美暖温带、亚热带地区。例如《论语·子罕》:"岁寒,然后知松柏之后凋也。"

在汉代,御史府中要列植柏树,所以人们就把"柏台"作为御史台的别称。

村

小篆　楷书(繁体)　楷书

【原文】

邨,地名。从邑,屯声。

【译文】

邨,地名。从邑,屯声。

【按语】

"村"是会意兼形声字。小篆从邑(右阝)从屯(聚集)会意,屯兼表声。隶变以后楷书写成"邨",俗写成"村"。如今规范化,以"村"为正体。

"村"的原义是村庄。如陆游《十一月四日风雨大作》中有"僵卧孤村不自哀"

之句,其中的"孤村"指的就是荒僻的小村庄。泛指聚居的地方。例如"度假村""奥运村"。

　　乡村之人比不得城里人生活优越、见多识广,所以延伸成粗鄙、土气。例如"村姑",就是形容打扮土气的女子。乡村之人比较淳朴,所以还延伸指朴实。

　　"村"也引伸指粗野、恶劣。如苏轼在《答王巩》中有"连车载酒来,不饮外酒嫌其村"之句,其中的"村"指的就是酒质恶劣。

相

相　相　粗　相

甲骨文　金文　小篆　楷书

【原文】

　　相,省视也。从目,从木。《易》曰:'地可观者,莫可观于木。'《诗》曰:'相鼠有皮。'

【译文】

　　相,察看。由目、木会意。《易经》说:"地上可观的东西,没有什么比树木更可观了。"《诗经》说:"察看那老鼠,一定有皮。"

【按语】

　　"相"是会意字。甲骨文从木,从目,会用目来看树木之意。金文大体相同。小篆直接从甲骨文、金文演变而来。隶变以后楷书写成"相"。

　　"相"的原义是细看、观察。例如《左传·隐公十一年》:"相时而动。"延伸成相面。

　　"相"用作名词,指相貌。例如"相由心生"。

　　"相"也引伸指互相。例如《左传·隐公元年》:"不及黄泉无相见也。"

　　"相"还延伸指辅助。例如《论语·宪问》:"管仲相桓公。"辅助国君的人就可以称作"相"。

杞

甲骨文　　金文　　小篆　　楷书

【原文】

杞，枸杞也。从木，己声。

【译文】

杞，枸杞。从木，己声。

【按语】

"杞"是形声字。甲骨文从木，己声。金文改为左"己"右"木"。小篆的结构位置固定了下来，并规范化。隶变以后楷书写成"杞"。

"杞"的原义是枸杞。枸杞是一种落叶小灌木，茄科，全身是宝，果实、根皮（地骨皮）皆可入药。浆果呈卵圆形，红色。例如《诗经·小雅·南山有台》："南山有杞。"就是说那南山上有枸杞树。

"杞"不光指有价值的树木，也指那些如荆棘一样的灌木丛。如杜甫《兵车行》："千村万落生荆杞。"

有一个著名的典故叫"杞人忧天"，此处的"杞"指的是杞国。

松

松　松　松

金文　　小篆　　楷书

【原文】

松，木也。从木，公声。

【译文】

松，树木名。从木，公声。

【按语】

"松"是形声字。金文从木,公声。小篆把金文中偏旁的位置调换。隶变以后楷书写成"松"。

"松"的原义是松树。古籍中,常见"松乔"一词,是指古代传说中的仙人赤松子和王乔。后世大全部借"松乔"指那些隐遁或者长寿之人。例如《旧唐书·魏徵传》:"可以养松乔之寿"。

"松"用作"鬆"的简化字时,指头发散乱。延伸成疏散不紧。例如"松散""松脆"。用作动词,指使松散、放开。例如"松绑""松开"。不紧则宽松,因此也引伸指不严格、不紧张。例如"轻松""放松"。

"松"用作名词,特指瘦肉做的绒毛状食品。例如"肉松""鱼松"等。

构

说文解字

《说文解字》原文释义

图文珍藏版

美 美 冓 冓 構 构

甲骨文　金文　小篆　楷书　楷书(繁体)　楷书

【原文】

構,盖也。从木,冓声。杜林以为椽桷字。

【译文】

構,架屋。从木,冓声。杜林用它作为"椽桷"的"桷"字。

【按语】

"构"是会意兼形声字。甲骨文似木材叠架之状。金文和小篆全部是从甲骨文演变而来。隶变后楷书写成"構"。汉字简化之后写成"构"。

"构"的原义是把木材交叉架起盖屋子。例如《韩非子·五蠹》:"有圣人作,构木为巢以避群害。"意思是,上古人架木为巢以避免群兽侵害。

"构"延伸指造成、结成。例如《史记·张仪列传》:"楚尝与秦构难,战于汉中。"意思是,楚国曾与秦国结下仇怨,两国在汉中交战。

"构"也引伸指设计陷害、捏造诬陷。例如"构陷"。

"构"由相交延伸成连结、联合。例如《战国策·秦策》:"秦楚之构而不离。"意思是秦国和楚国联合起来互不背离。

彬

份　份　彬

小篆　　楷书（繁体）　楷书

【原文】

份，文质备也。从人，分声。《论语》曰：'文质份份。'

【译文】

份，文采和实质兼备。从人，分声。《论语》说："文采和质地，那么齐备。"

【按语】

"彬"是会意兼形声字。小篆从人，从分，会文质相半分备之意，分兼表声。隶变以后楷书写作"彬"和"份"。如今规范化，以"彬"为正体。"份"则另表他义。

"彬"的原义是文质兼备的样子。如成语"文质彬彬"。

"彬"延伸指富有文采的。如陆机《文赋》："颂优游以彬蔚，论精微而朗畅。"现在多用来形容人文雅有礼的样子。例如"彬彬有礼"。

权

权　权

小篆　　楷书

【原文】

权，枝也。从木，叉声。

【译文】

权，树干的分枝。从木，叉声。

【按语】

"权"是形声兼会意字。小篆从木，叉声，叉兼表叉开之意。隶变以后楷书写成"权"。

"杈"的原义是树干的分枝或者树枝的分岔。例如"树杈"。泛指植物的分枝。例如"打棉花杈"。

"杈"也引伸指叉状用具。如孟元老《东京梦华录·御街》:"坊巷御街……自政和间官司禁止,各安立黑漆杈子,路心又安朱漆杈子两行,中心御道,不得人马行往。"其中的"杈子"是置于官府宦宅前用以阻拦人马通行的交叉木架。

梗

【原文】

梗,山枌榆。有束,荚可为芜夷者。从木,更声。

【译文】

梗,山枌榆树。有刺,荚果可做芜夷酱。从木,更声。

【按语】

"梗"是形声字。小篆从木,更声。隶变以后楷书写成"梗"。

"梗"的原义是刺榆,是榆树的一种。延伸泛指有刺的草木。如张衡《西京赋》:"凡草木刺人,自关而东,或者谓之梗。"

"梗"又专指草本植物的枝茎。例如"桔梗"。

"梗"由植物的枝干主体延伸表示大略的情况。例如"梗概"。

植物的枝干坚硬挺直,故也引伸指挺直、坚挺、直着。例如"梗着脖子"。进而延伸指耿直、刚正。例如《北史·汝阴王天赐传》附修义:"子文全部,性梗直,仕周,为右侍上士。"

枝干难动,故也引伸指阻塞、阻碍。例如"从中作梗",便是指在事情进行中设置障碍,故意为难。

枫

枫 枫 枫

小篆　　楷书（繁体）　楷书

【原文】

楓,木也。厚叶,弱枝,善摇。一名欇。从木,風声。

【译文】

楓,树木名。厚叶,弱枝,善于摇动。一名欇树。从木,風声。

【按语】

"枫"是形声兼会意字。小篆从木,風声,風兼表摇动之意。隶变以后楷书写成"楓"。汉字简化之后写成"枫"。

"枫"的原义是树名,即枫香树,也叫红枫或者丹枫。如张继《枫桥夜泊》:"月落乌啼霜满天,江枫渔火对愁眠。"

枫树的叶子在秋季呈现出红色。如杜牧《山行》一诗中有"停车坐爱枫林晚,霜叶红于二月花",即道明了枫叶这一显著特点。

桎

桎 桎

小篆　　　楷书

【原文】

桎,足械也。从木,至声。

【译文】

桎,束缚脚的刑具。从木,至声。

【按语】

"桎"是形声字。小篆从木,至声。隶变以后楷书写成"桎"。

"桎"的原义是脚镣。例如《周礼·秋官·掌囚》:"中罪桎梏。"郑玄注:"在手曰梏,在足曰桎。"意思是,锁在手上的手铐叫作"梏",锁在脚上的脚镣叫作"桎"。古代"桎""梏"常常连用,泛指刑具。例如《后汉书·钟离意传》:"意遂于道解徒桎梏。"意思是,钟离意于是在路上解下了囚徒的刑具。

因为桎梏是锁住人的刑具,所以后世把束缚、约束人的思想自由也称为"桎梏"。

枚

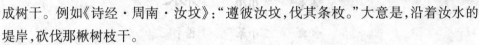

甲骨文　　金文　　小篆　　楷书

【原文】

枚,干也,可为杖。从木,从攴。《诗》曰:'施于条枚。'

【译文】

枚,树干,可以用作手杖。由木、攴会意。《诗经》说:"蜿蜒在树枝和树干上。"

【按语】

"枚"是会意字。甲骨文似手执工具扑打树木。金文左边为树木,右边表示手执一把大砍刀向树干砍去。小篆右边变为"攴",但意义不变。隶变以后楷书写成"枚"。

"枚"的原义是砍树干。尔后才延伸成树干。例如《诗经·周南·汝坟》:"遵彼汝坟,伐其条枚。"大意是,沿着汝水的堤岸,砍伐那楸树枝干。

古人常用树条作马鞭子,因此,"枚"也引伸为马鞭子。例如《左传·襄公十八年》:"以枚数阖。"意思就是用马鞭子指点着数门扇。

树干为木,所以也引伸为木片。古代行军时,战士口中经常会横衔一个小木片,为的是不让士兵发出声音,所以描写行军有"衔枚疾走"的说法。

现在"枚"还可以作为量词。

梅

金文　小篆　楷书

【原文】

梅,枏也。可食。从木,每声。

【译文】

梅,楠木。可食。从木,每声。

【按语】

"梅"是会意兼形声字。金文从木从甘会意。"楳"是"某"的分化字,"梅"是"楳"的借用字。如今规范化,以"梅"为正体。

许慎所说的"枏"是"楠"的异体字,是一种常绿的乔木,也名"梅",但不能食。成语"梅妻鹤子"中的"梅"指的就是这种树。

梅树的果实,称酸果,即酸梅子。成语"望梅止渴""青梅竹马"中的"梅"全部是指这种酸果。梅树的花称为"梅花",古代又称"报春花",冬春之交,耐寒而放。

"梅雨",指初夏江淮流域持续较长的阴雨天气,因正值梅子黄熟而得名。这一时节多称"梅雨时节"。

棘

金文　小篆　楷书

【原文】

棘,小枣丛生者。从并束。

【译文】

棘,丛生的、低小的酸枣树。由两个"束"字并列会意。

【按语】

"棘"是象形字。金文是两株长着刺的酸枣树。小篆在金文的基础上线条化了。隶变以后楷书写成"棘"。

"棘"的原义是酸枣树。例如《诗经·邶风·凯风》:"凯(大)风自南,吹彼棘薪。"意思是,大风从南方吹来,吹到枣树上的枝条。酸枣树有刺,故也引伸指刺、扎。例如"棘手"就是指事情难办。

"棘"泛指多刺的灌木。如成语"披荆斩棘"。

楚

甲骨文	金文	小篆	楷书

【原文】

楚,丛木。一名荆也。从林,疋声。

【译文】

楚,丛生的树木。另一名称是荆树。从林,疋声。

【按语】

"楚"是会意兼形声字。甲骨文左右是两个木,中间有足(脚)。金文的形体和甲骨文一样,小篆只是调动了位置,其义不变。隶变以后楷书写成"楚"。

"楚"的原义是开发山林。延伸指古代的刑杖,或者学校扑责学生的小杖。例如《礼记·学记》:"夏、楚二物,收其威也。"意思是,夏、楚两物用来警惕、鞭策学生,以收到整肃威仪的效果。

"楚"作动词,指用刑杖打。例如"捶楚",是古代的一种刑罚。凡挨打就有痛苦,所以也引伸为痛苦。例如"苦楚""酸楚"等。

"楚"也引伸指清晰、整齐。如成语"衣冠楚楚"。

"楚"又指楚国、楚地,大概在湖南、湖北一带,特别是湖北。

橘

橘 橘

小篆　　楷书

【原文】

橘,果。出江南。从木,矞声。

【译文】

橘,果木名。出产于江南地区。从木,矞声。

【按语】

"橘"是形声兼会意字。小篆从木(表示与树有关),矞声,矞兼表刺之意。隶变以后楷书写作"橘"。

"橘"的原义是橘树。是一种常绿乔木,果实称橘子,多汁,味酸甜,可食。种子、树叶、果皮均可入药。

橘多栽培于丘陵、低山、江河湖泊沿岸或者平原,在我国主要分布于江苏、安徽、浙江、江西等南方大部分地区。在北方也有种植,不过称为"枳",而非"橘"。例如《晏子春秋·杂下十》:"橘生淮南则为橘,生于淮北则为枳,叶徒相似,其实味不同。"成语"逾淮之橘"即来源于此。

李

李 李 李

甲骨文　小篆　　楷书

【原文】

李,果也。从木,子声。

【译文】

李,果木名。从木,子声。

【按语】

"李"是形声字。小篆从木,子声。隶变以后楷书写成"李"。

"李"的原义是树名,即李子树,又指李树的果实。如成语"投桃报李"中的"李"指的就是李树的果实。又指李花。例如《诗经·召南·何彼襛矣》:"华如桃李。"

"李"常与"桃"连用或者对用。意思有两种:一种是取自桃李的植物义,例如"桃李不言,下自成蹊";一种是指培养的后辈或者所教的学生,例如"门墙桃李""桃李满天下"等。也常与"瓜"连用。例如"瓜田李下"。

"李"又作姓氏。

桃

桃　桃

小篆　楷书

【原文】

桃,果也。从木,兆声。

【译文】

桃,果木名。从木,兆声。

【按语】

"桃"是形声字。小篆从木,兆声。隶变以后楷书写成"桃"。

"桃"的原义是树名,即桃树。例如《诗经》中有"桃之夭夭,灼灼其华"之句。古人在赞美、祝贺婚姻时常说"既和周公之礼,又符桃夭之诗"即典出于此。又指桃子。传说桃子是仙家的果实,吃了可以长寿,被认为是福寿吉祥的象征,故桃又有"仙桃""寿果"的美称。

也指桃树开的花。例如"桃花运",多引喻指男子得到女子的特别爱恋。

"桃"还特指桃符,辟邪用。如王安石《元日》:"千门万户曈曈日,总把新桃换旧符。"

桂

桂 桂

小篆 楷书

【原文】

桂，江南木，百药之长。从木，圭声。

【译文】

桂，江南出产的树木，是百药之长。从木，圭声。

【按语】

"桂"是形声字。小篆从木，圭声。隶变以后楷书写成"桂"。

"桂"的原义是肉桂。常绿乔木，花黄色，果实黑色，树皮可做健胃剂，又可调味。也指木樨，通称桂花。如张九龄《感遇》其一："兰叶春葳蕤，桂华秋皎洁。"

桂花每年八月盛开，因此又称八月为"桂月"，此月是赏桂的最佳时期。

桂花树是崇高、贞洁、荣誉、友好和吉祥的象征，凡仕途得志、飞黄腾达者均谓之"折桂"，也有"蟾宫折桂"之说。"桂冠"，是用桂树叶编的帽子，现指竞赛中的冠军。

杨

楊 楊 杨

小篆 楷书（繁体） 楷书

【原文】

楊，木也。从木，易声。

【译文】

楊,树木名。从木,易声。

【按语】

"杨"是形声字。小篆从木,易声。隶变以后楷书写成"楊"。汉字简化之后写成"杨"。

"杨"的原义是树名,即杨树。古人多以"杨""柳"合称。如成语"百步穿杨",讲的是春秋时,楚国射手养由基与潘虎比试箭法,结果养由基技高一筹,不仅能射中百步之外杨柳叶的中心,而且能按次序射中,潘虎只能甘拜下风。形容箭法或者枪法十分高明。

古代诗文中常有"杨花"一词,但指的并不是杨树的花,而多指柳絮。

梭

梭 梭

小篆　　楷书

【原文】

梭,木也。从木,夋声。

【译文】

梭,木制工具。从木,夋声。

【按语】

"梭"是形声字。小篆从木,夋声。隶变以后楷书写成"夋"。

"梭"的原义是一种树。

"梭"借用作"杼",表示梭子,指旧时织布机上用来引导纬线的工具,中间粗,两头尖,形状类似枣核。如白居易《朱陈村》:"机梭声札札,牛驴走纷纷。"

"梭"用作动词,指穿梭,引喻往来频繁,运行快速。如鲍照《代堂上歌行》:"晖晖朱颜酡,纷纷织女梭。"

"梭"用作量词,指织布梭往复的次数。现在也指夹住子弹装入步枪弹仓用的器具。例如"三梭子弹"。

梧

梧 梧

小篆　楷书

【原文】

梧,梧桐也。从木,吾声。一名櫬。

【译文】

梧,梧桐树。从木,吾声。又叫櫬树。

【按语】

"梧"是形声字。小篆从木,吾声。隶变以后楷书写成"梧"。

"梧"的原义是树名,即梧桐。梧桐高大挺拔,是树中之王。相传梧桐能知时知令,象征着高洁美好的品格,只有凤凰才敢栖止其上。如邵博《见闻录》:"梧桐百鸟不敢栖,止避凤凰也。"因此,古代有"栽桐引凤"之说。

梧桐还是忠贞爱情的象征。传说梧是雄树,桐是雌树,梧桐同长同老,同生同死。

诗人也多取梧桐离情别恨的寓意。如白居易《长恨歌》:"春风桃李花开日,秋雨梧桐叶落时。"

梢

梢 梢

小篆　楷书

【原文】

梢,木也。从木,肖声。

【译文】

梢,树木名。从木,肖声。

【按语】

"梢"是会意兼形声字。小篆从木(表示与树有关)从肖会意,肖兼表声。隶变以后楷书写成"梢"。

"梢"的原义是树尖或者树枝的末端。例如"树梢"。泛指末端。例如"喜上眉梢""辫梢"等。也指古代奏乐时拿的竿子。例如《汉书·礼乐志》:"饰玉梢以舞歌,体招摇若永望。"

"梢"又特指舵尾或者船夫。例如《广韵》:"梢,船舵尾也。"例如"梢公",是对船家的尊称;"梢婆",指艄公的妻子。此义后作"艄",意为船舵尾。

根

小篆　　楷书

【原文】

根,木株也。从木,艮声。

【译文】

根,树兜。从木,艮声。

【按语】

"根"是形声字。小篆从木,艮声。隶变以后楷书写成"根"。

"根"的原义是树木长在地下的部分,即植物之根。用作动词,指植根。也引伸指彻底清除。例如"根除"。

根的位置在下,故也引伸指物体的基部。如成语"根深蒂固"。延伸指事物的本源。如成语"不根之谈",指没有根据的言论。

"根"作量词时,用于条状物。例如"一根绳子""一根筋"。

佛家说"六根清静",此处的"根"是指能产生感觉和善恶观念的机体或者精神力量。眼、耳、鼻、舌、身、意为"六根"。"六根清静"引喻没有任何欲念。

楼

楼 楼 楼

小篆　　楷书(繁体)　楷书

【原文】

楼,重屋也。从木,娄声。

【译文】

楼,两层及两层以上的房屋。从木,娄声。

【按语】

"楼"是会意兼形声字。小篆从本从娄会意,娄兼表声。隶变以后楷书写成"楼"。汉字简化后写成"楼"。

"楼"的原义是两层或者两层以上的屋子。延伸指楼房的一层。如王之涣《登鹳雀楼》:"欲穷千里目,更上一层楼。"还泛指似楼一样的建筑结构。例如"楼车"(战车)、"楼船"。

成语"空中楼阁",说的是有一位财主到朋友家做客,看到主人家的楼很有气势,于是招来工匠,要求他们给自己也造一座。但是,愚蠢的财主却要求工匠省掉第一、二层楼,只造第三层,即他心中的"空中楼阁",结果引来了人们的嘲笑。现在常用来讽刺那种不切合实际的空想,或者引喻脱离实际的理论、计划等。

株

株 株

小篆　　　楷书

【原文】

株,木根也。从木,朱声。

【译文】

株,树根。从木,朱声。

【按语】

"株"是会意兼形声字。小篆从木(表示与树有关)从朱会意,朱兼表声。隶变以后楷书写成"株"。

"株"的原义是露出地面的树根部,即树桩、树干。如成语"守株待兔"中的"株"就是指树桩。延伸指整个的植物体。例如"植株"。泛指草木、植物。如汉焦赣《易林·观之巽》:"泽涸无鱼,山童无株。"意思是说,干涸的湖泽没有鱼,秃山上没有植被。

"株"用作动词,指牵连。例如"株连""株累"。

"株"用作量词,表示树木的根数。例如《三国志·蜀书·诸葛亮传》:"成全部有桑八百株。"

枝

说文解字

《说文解字》原文释义

图文珍藏版

小篆　　楷书

【原文】

枝,木别生条也。从木,支声。

【译文】

枝,树木主干分生的枝条。从木,支声。

【按语】

"枝"是会意兼形声字。小篆从木从支会意,支兼表声。隶变以后楷书写成"枝"。

"枝"的原义是树木主干上旁生的枝条。如辛弃疾《西江月·夜行黄沙道中》:"明月别枝惊鹊,清风半夜鸣蝉。"

在古代,"枝"还可以指嫡长子以外的宗族子孙。例如《左传·庄公六年》记载:"《诗》云:'本枝百世。'"

"枝"用作动词,指生出枝条。如周敦颐《爱莲说》:"中通外直,不蔓不枝,香远益清。"

"枝"用作量词,指带枝的花朵或者条状物。

栋

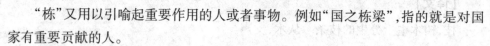

小篆　　楷书（繁体）　楷书

【原文】

棟,极也。从木,東声。

【译文】

棟,屋子最中最高的地方。从木,東声。

【按语】

"栋"是形声字。小篆从木,東声。隶变以后楷书写成"棟"。汉字简化之后写成"栋"。

"栋"的原义是屋的正梁,即屋顶最高处的水平木梁,支承着椽子的上端。如成语"雕梁画栋"。

"栋"尔后泛指房屋。如成语"汗牛充栋",形容藏书非常多。此处的"栋"就是屋子、房屋。

"栋"又用以引喻起重要作用的人或者事物。例如"国之栋梁",指的就是对国家有重要贡献的人。

"栋"用作量词,指房屋。例如"一栋房子"。

楫

小篆　　　楷书

【原文】

楫,舟櫂也。从木,咠声。

【译文】

楫,船桨。从木,咠声。

【按语】

"楫"是形声字。小篆从木,咠声。隶变以后楷书写成"楫"。

"楫"的原义是短的船桨。例如《韵会》:"棹,短曰楫,长曰棹。"尔后泛指船桨。例如"盐梅舟楫",意思是盐和梅调和,舟和楫配合。引喻辅佐的贤臣。

"楫"也引伸指船。

"楫"用作动词,指划水。如费信《星槎胜览》:"一手附舟傍,一手楫水而至岸也。"意思是一只手扶在船沿上,一只手划水,这样到达岸边。

柱

柱

小篆　　楷书

【原文】

柱,楹也。从木,主声。

【译文】

柱,屋柱。从木,主声。

【按语】

"柱"是形声兼会意字。小篆从木,主声。隶变以后楷书写成"柱"。

"柱"的原义是支撑房屋的柱子。但成语"中流砥柱"中的"砥柱"是河南一座山的名字,而不是指柱子。延伸指似柱子的东西。

"柱"特指琴瑟上紧弦的柱子。例如"胶柱鼓瑟"。

"柱"也引喻担当国家重任的人。例如"国之柱石"。

"柱"用作动词,表示支撑,此义如今用"拄"来表示。

杼

小篆　楷书

【原文】

杼,机之持纬者。从木,予声。

【译文】

杼,织布机上夹持纬纱的构件。从木,予声。

【按语】

"杼"是会意兼形声字。小篆从木从予会意,予兼表声。隶变以后楷书写成"杼"。

"杼"的原义是古代织布机上持纬的梭子。如成语"断杼择邻",出自汉代刘向的《列女传·母仪传》,说的是孟子的母亲把刚刚织好的布剪断,以此为喻,来告诫孟子不要荒废学业。"机杼"还用来引喻诗文的构思和布局。例如"独出机杼"。

"杼"又指薄,削薄、减削。例如《周礼·考工记·轮人》:"凡为轮,行泽者欲杼,行山者欲侔。"大意是,制轮根据不同的地形而用不同的方法,在水中行走的则削薄边缘,行走于山地的则轮子牙厚要上下相等。

杖

甲骨文　小篆　楷书

【原文】

杖,持也。从木,丈声。

【译文】

杖,持握的木棍。从木,丈声。

【按语】

"杖"是会意兼形声字。小篆从木(表示与树有关)从丈会意,丈兼表声。隶变以后楷书写成"杖"。

"杖"的原义是手杖。泛指棍、棒。如古代刑法中的"杖责"就是用棍打。又特指拐杖。如王维《辋川闲居赠裴秀才迪》:"倚杖柴门外,临风听暮蝉。"

"杖"用作动词,指拄杖而行。例如《汉书·苏武传》:"杖汉节牧羊。"延伸指拿、持。例如《汉书·韩信传》:"杖剑从之。"

由扶杖而行延伸指依靠,此义后写成"仗"。

械

小篆　　楷书

【原文】

械,桎梏也。从木,戒声。一曰:器之总名。一曰:(持)[治]也。一曰:有盛为械,无盛为器。

【译文】

械,木制的束缚手脚的刑具。从木,戒声。一说:械是器物的总称。一说:械是治理。一说:有盛物的构件叫械,没有盛物的构件叫器。

【按语】

"械"是形声兼会意字。小篆从木,戒声,戒兼表手持兵器之意。隶变以后楷书写成"械"。

"械"的原义是枷、镣铐一类的刑具。如方苞《左忠毅公逸事》:"因摸地上刑械作投击势。"又特指武器。例如"枪械""械斗"。

"械"用作动词,指用枷、镣铐等刑具拘系、枷住、拘束。如陆游《秋夕大风松声甚壮戏作短歌》:"人生不自怜,坐受外物械。"

枯

枯 枯

小篆　楷书

【原文】

枯，槀也。从木，古声。《夏书》曰：'唯箘辂枯。'木名也。

【译文】

枯，枯槀。从木，古声。《夏书》说："菌竹、辂竹和枯木。"（枯），树木名。

【按语】

"枯"是形声兼会意字。小篆从木（表示与草木有关），古声，古兼表死去之意。隶变以后楷书写成"枯"。

"枯"的原义是草木失去水分而萎缩变干。如白居易《赋得古原草送别》："离离原上草，一岁一枯荣。"

"枯"泛指（物体、井、河等）没有水分或者水分很少。例如"干枯"。又引喻人体干瘦、干瘪。例如"形容枯槀"指人很干瘦。

"枯"还指古代的酷刑，即弃市暴尸。例如《荀子·天地》："捶笞膑脚，斩断枯磔。"

槀

槀 槁

小篆　楷书

【原文】

槀，木枯也。从木，高声。

【译文】

槀，树木干枯。从木，高声。

【按语】

"槁"是形声字。小篆从木,高声。隶变以后楷书写成"槁"。

"槁"的原义是树木干枯。例如《荀子·劝学》:"虽有槁暴,不复挺者,𫐓使之然也。"意思是,即使再干枯了,(木材)也不会再挺直,是因为经过烤弯加工,使它变成这样。

"槁"泛指干枯。例如《孟子·公孙丑上》:"其子趋而往视之,苗则槁矣。"意思是,他儿子跑到田边一看,田里的苗全部枯死了。

"槁"也引伸指干瘪、瘦,常与"枯"连用。例如"槁木死灰",形容心情极端消沉。

树

樹　樹　树

小篆　　楷书(繁体)　楷书

【原文】

樹,生植之统名。从木,尌声。

【译文】

樹,生物中直立的东西的总称。从木,尌声。

【按语】

"树"是会意兼形声字。小篆从木(表示与草木有关)从尌会意,尌兼表声。隶变以后楷书写作"樹"。汉字简化之后写成"树"。

"树"的原义是木本植物的总称。延伸指种植、培育。例如《管子·权修》:"一年之计,莫如树谷;十年之计,莫如树木;终身之计,莫如树人。"意思就是:做一年的打算,没有赶得上种植庄稼的;做十年的打算,没有赶得上栽种树木的;做一生的打算,没有比得上培养人才的。

"树"用作抽象意义,指建立。例如《左传·成公二年》:"四王之王也,树德而济同欲焉。""树德"即建立功德。

"树"用作量词,等同于"棵"。如岑参《白雪歌送五判官归京》:"千树万树梨花开。"

朴

朴 樸 朴

小篆　　楷书（繁体）　楷书

【原文】

樸,木素也。从木,菐声。

【译文】

樸,未经加工的木材。从木,菐声。

【按语】

"朴"是形声字。小篆原本是两个字:一个从木,卜声,原义是树皮;另一个从木,菐声,本义为未经加工的木材。隶变以后楷书分别写成"朴"和"樸"。如今规范化,以"朴"为正体。

"朴"用作"樸"的简化字时,原义是未加工的木材。

"朴"延伸指未经雕琢的、真性的。如成语"返朴归真"。还延伸指质朴、厚道、纯真。例如"朴讷诚笃",指为人朴实敦厚,不善言辞。

"朴"又特指没有晾干的鼠肉。

"朴"用作姓时,念 piáo。

栏

櫺 欄 栏

小篆　　楷书（繁体）　楷书

【原文】

无。

【按语】

"栏"是后起字,为会意兼形声字。楷书繁体写成"欄",从木从闌会意,闌兼表声。汉字简化之后写成"栏"。

"栏"的原义是栏杆。例如"凭栏远眺""井栏"。栅栏有护围的作用,故延伸指饲养牲畜的圈。例如"栏厩"。

"栏"也引伸指纸或者织物上分格或者区分项目的格子。例如"备注栏""地址栏"。也引伸指报刊杂志上用线条或者空白分开的部分,也指按内容分的版面。例如"广告栏""专栏"等。

"栏"还延伸指专供张贴布告、报纸等用的地方。例如"宣传栏""布告栏"。

极

極　極　极

小篆　　楷书（繁体）　　楷书

【原文】

極,驴上负也。从木,亟声。读若急。

【译文】

極,驴背上负载物的木架。从木,亟声。音读似"急"字。

【按语】

"极"是会意兼形声字。小篆从木,亟声。隶变以后楷书写成"極"。汉字简化之后写成"极"。

"极"的原义是房屋的正梁、檩子。例如《后汉书·蔡茂传》中有"极上有三穗禾"之句,其中的"极"指的就是房梁。

脊檩在房屋的最高处,故延伸指最高点、顶点、尽头。例如"登峰造极"。由最高也引伸指帝王之位。如南朝鲍照《〈河清颂〉序》:"圣上天飞践极,迄兹二十有四载。""践极"就是登上王位。也引伸指遥远。

"极"用作动词,指达到顶点、最高限度。如成语"物极必反""否极泰来"。也引伸指穷尽、竭尽。例如"极目远眺"。

"极"用作副词,等同于"很""非常"。

格

甲骨文　　金文　　小篆　　楷书

【原文】

格,木长貌。从木,各声。

【译文】

格,树木(枝条)长的样子。从木,各声。

【按语】

"格"是会意兼形声字。甲骨文似一只脚(倒着的"止")进门的形状。金文另加义符"木"。小篆从木从各会意,各兼表声。隶变以后楷书写成"格"。

"格"的原义是树木的长枝条。由枝条之间交错延伸指木栅栏。如杜甫《潼关吏》:"连云列战格,飞鸟不能逾。"也引伸指横栏、方框。例如"方格"。进而延伸指标准、规则、尺度。如成语"不拘一格",就是不局限于一种规格或者标准。也引伸指风仪、品质。例如"格调"。

"格"由枝条交错延伸指相抵触。例如"格格不入"。

"格"也引伸指推究。如成语"格物致知",即穷究事物原理,从而获得知识。也引伸指击打、追杀。例如"格杀勿论""格斗"。

椅

椅　椅

小篆　　楷书

【原文】

椅，梓也。从木，奇声。

【译文】

椅，梓树（一类）。从木，奇声。

【按语】

"椅"是形声字。小篆从木，奇声。隶变以后楷书写成"椅"。

"椅"的原义是树木名，即山桐子，读作 yī。

大约在宋代时，"椅"替代"倚"表示椅子。古代人全部是席地而坐，没有椅子。椅源于魏晋和隋朝，初名胡床或者马扎。直至唐明宗时才形成有靠背的椅子。宋代出现交椅，是至高无上的权力的象征。成语"正襟危坐"就是源于历代皇帝在交椅上的坐姿。

唐代以前的"椅"字还作车旁讲，即车的围栏，作用是让人在乘车时有所依靠。尔后的椅子，其形式是在四足支撑的平台上安装围栏，大概是受车旁围栏的启发。

桌

桌　桌

小篆　　楷书

【原文】

无。

【按语】

"桌"是会意兼形声字。最初借"卓"来表示，后另加义符"木"写成"桌"，卓表声。

"桌"的原义是桌子。传说很久以前，普通人家没有桌子，吃饭时就把木头或者石板摆在外面地上当作桌子。后因八仙到来，才不在地上吃饭，而用上了桌子。这就是"八仙桌"的由来。

"桌"用作量词,指以桌数论的酒筵、饭菜、人数等。

柬

金文　　小篆　　楷书

【原文】

柬,分别简之也。从束,从八。八,分别也。

【译文】

柬,分开捆缚的东西来选择。由束、八会意。八,是分别的意思。

【按语】

"柬"是会意字。金文从束(表一捆竹简),从八(分别),会打开一捆竹简从中挑选之意。隶变以后楷书写成"柬"。

"柬"的原义是挑选,从事物中分别出好坏。例如《荀子·修身》:"安燕而血气不惰,柬理也。"此义尔后写成"拣"。

由于所捆缚的是竹简,故延伸用作信札、名片、帖子的总称。例如"请柬"。

柔

小篆　　楷书

【原文】

柔,木曲直也。从木,矛声。

【译文】

柔,树木可曲可直。从木,矛声。

【按语】

"柔"是会意兼形声字。小篆从木,从矛,矛柄要求有韧性、柔软,故用以会木质柔软之意,矛兼表声。隶变以后楷书写成"柔"。

"柔"的原义是木质柔软。例如《诗经·小雅·小弁》:"荏染柔木,君子树之。"

"柔"泛指柔弱、柔软。如李清照《点绛唇》:"寂寞深闺,柔肠一寸愁千缕。"进而延伸指温柔。如曹植《洛神赋》:"柔情绰态,媚于语言。"

"柔"用作动词,指安抚、平息。例如《诗经·周颂·时迈》:"怀柔百神,及河乔岳。"

棋

棋　棊　棋

小篆　楷书〔繁体〕　楷书

【原文】

棊,博棊。从木,其声。

【译文】

棊,博弈的棋子。从木,其声。

【按语】

"棋"是形声字。小篆从木,其声。隶变以后楷书写成"棊";异体作"碁",从石,其声;俗作"棋"。如今规范化,以"棋"为正体。

"棋"的原义是古代一种娱乐用具。如赵师秀《约客》:"有约不来过夜半,闲敲棋子落灯花。"

"棋"延伸指博弈(下棋)用的棋子。例如"星罗棋布""落棋不悔"。

"棋"用作动词,指下棋。

机

机 機 机

小篆　　楷书（繁体）　　楷书

【原文】

无。

【按语】

"机"是会意兼形声字。小篆从木从幾（精微）会意，幾兼表声。隶变以后楷书写成"機"。汉字简化之后写成"机"。

"机"的原义是树名，即桤木树。例如《山海经·北山经》："单狐之山，多机木。"

作"機"的简化字时，指古代弓弩上用来发射箭的装置。例如《后汉书·张衡传》："如有地动，尊则振龙，机发吐丸。"

"机"延伸指事物变化的枢纽或者关键。例如《韩非子·八说》："任人以事，存亡治乱之机也。"

发射弓弩要掌握时机，故也引伸指恰巧的时候、时期。例如"机不可失，时不再来"。

"机"也引伸指念头、心思。例如"神机妙算""机关算尽"。

如今"机"泛指机器。例如"计算机"。

棉

棉 棉

小篆　　楷书

【原文】

无。

【按语】

"棉"是形声兼会意字。楷书写成"棉",从木,绵省声,绵兼表如绵之意。"棉"是"绵"的换旁分化字。

"棉"的原义是木棉。如刘克庄《潮惠道中》:"几树半天红似染,居人云是木棉花。"

"棉"又指棉花。还可指棉花纤维。例如"棉絮""棉被"。

"棉"又指似棉花的絮状物。例如"石棉"。

桑

| 甲骨文 | 小篆 | 楷书 |

【原文】

桑,蚕所食叶木。从叒、木。

【译文】

桑,蚕儿所吃的桑叶树。由叒、木会意。

【按语】

"桑"是象形字。甲骨文上部为树冠,长着桑叶;下部是树根。小篆上部的树枝和桑叶线条化为三个"又"。隶变以后楷书写成"桑"。

"桑"的原义是养蚕的桑树。例如《诗经·豳风·七月》:"遵彼微行,爱求柔桑。"

"桑"用作动词,指采桑或者种桑养蚕。如孟浩然《过故人庄》:"开轩面场圃,把酒话桑麻。"

荣

荣

金文　　　小篆　　　楷书（繁体）　楷书

【原文】

榮,桐木也。从木,熒省声。一曰:屋栭之两头起者为荣。

【译文】

榮,(白)桐树。从木,熒省声。另一义说:屋檐两头翘起的地方叫荣。

【按语】

"荣"是象形字。金文似两棵交相怒放的花草。小篆线条化,多了"木"字,上部变成了两个"火"字。隶变以后楷书写成"榮"。汉字简化之后写成"荣"。

"荣"的原义是指草木开花。例如《尔雅·释草》:"木谓之华,草谓之荣。"

"荣"延伸成繁荣茂盛。如陶渊明《归去来兮辞》:"木欣欣以向荣。"

"荣"也引伸为光荣。例如"荣耀""荣誉"。

梁

梁

金文　　　小篆　　　楷书

【原文】

梁,水桥也。从木,从水,刅声。

【译文】

梁,跨水的桥梁。由木、由水会意,表示用木跨水,刅表声。

【按语】

"梁"是形声兼会意字。金文从水,刅声。小篆另加义符"木",表示在水上架木成桥。隶变后楷书写成"梁"。

"梁"的原义是桥梁。如李陵《与苏武诗》:"携手上河梁,游子暮何之?"

房梁凌空架在墙上,类似于桥梁,故延伸指房梁。例如《乐府诗集·十五从军征》:"兔从狗窦入,雉从梁上飞。"

"梁"也引伸指山谷之间的延绵高地。例如"山梁"。

"梁"还指身体或者物体上居中拱起或者成弧形的部分。例如"脊梁""车梁""横梁"。

栽

栽 栽

小篆　楷书

【原文】

无。

【按语】

"栽"是形声字。小篆从木,𢦏(𢦏)声。隶变以后楷书写成"栽"。

"栽"的原义是筑墙时在两侧树起的立板。例如《左传·庄公二十九年》:"火见而致用,水昏正而栽,日至而毕。"

"栽"泛指种植。如刘禹锡《玄全部观桃花》:"玄全部观里桃千树,尽是刘郎去后栽。"

"栽"也引伸指硬给安上。例如"栽赃陷害"。

"栽"用在口语中,表示跌倒,引喻受挫。例如"栽跟头""栽他手里"。

植

植 植

小篆　楷书

【原文】

植,户植也。从木,直声。

【译文】

植,门(从外关闭时)用以落锁的中立直木。从木,直声。

【按语】

"植"是形声兼会意字。小篆从木,直声,直兼表直立之意。隶变以后楷书写成"植"。

"植"的原义是从外闭门后用以加锁的中立直木。例如《墨子·非儒》:"季孙与邑人争门关,决植。"

"植"延伸指竖立、直立。如陶渊明《归去来兮辞》:"怀良辰以孤往,或者植杖而耘耔。"

"植"也引伸指栽种。例如"植树种草"。

"植"用作名词,指植物、生物的一大类。例如"植株""动植物"。

"植"还特指把肢体器官或者组织的一部分补在另一有缺损的肢体部分上,使有缺损的肢体部分逐渐长好,恢复正常功能。例如"断肢再植""移植"。

横

横　　横

小篆　　楷书

【原文】

横,阑木也。从木,黄声。

【译文】

横,栏门的木。从木,黄声。

【按语】

"横"是形声字。小篆从木,黄声。隶变以后楷书写成"横"。

"横"的原义是门前木栅栏。例如《子夜歌》:"摛门不安横,无复相关意。"栏杆是与地面平行的,故延伸指与水平面平行的。例如"横梁""横空"。

"横"也指与物体长的方向垂直的。例如"人行横道""横跨"。

"横"也引伸指宽阔、广远。如范仲淹《岳阳楼记》:"浩浩荡荡,横无际涯。"

"横"由横着延伸指粗暴、不讲理,读作 hèng。

模

小篆　　楷书

【原文】

模,法也。从木,莫声。

【译文】

模,法式。从木,莫声。

【按语】

"模"是形声字。小篆从木,莫声。隶变以后楷书写成"模"。

"模"的原义是铸造器物的模子、型范,读作 mú。例如"模具""字模"。延伸指形状、样子。例如"模样俊俏"。

"模"读作 mó 时,泛指楷式、榜样。例如"劳模"。

"模"用作动词,指效法、仿照。例如"模仿"。

"模"又特指模特儿,是法语的音译兼意译。例如"男模""名模"。

杯

小篆　　楷书

【原文】

无。

【按语】

"杯"是形声字。小篆从木,否声。隶变以后楷书"杯"。

"杯"的原义是盛羹或者注酒的小型器皿。例如《大戴礼记·曾子事父母》:"执觞觚杯豆而不醉,和歌而不哀。"

"杯"泛指盛液体的小型器皿。如王翰《凉州词》:"葡萄美酒夜光杯,欲饮琵琶马上催。"

"杯"也引伸指似杯的东西,杯状的锦标。例如"奖杯""世界杯"。

"杯"作量词时,用于杯子。如王维《送元二使安西》:"劝君更尽一杯酒,西出阳关无故人。"

杰

小篆　　楷书（繁体）　　楷书

【原文】

无。

【按语】

"杰"是会意兼形声字。小篆从人,桀声。隶变以后楷书写成"傑"。汉字简化之后写成"杰"。

"杰"的原义是高出的、突出的、特出的。例如《三国志·蜀书·诸葛亮传》:

"雄姿杰出。"

"杰"延伸成才智出众的人。例如《汉书·高祖纪》:"子房、萧何、韩信,三者皆人杰也。"

案

案 案
小篆　　楷书

【原文】

无。

【按语】

"案"是形声字。小篆从木,安声。隶变以后楷书写成"案"。

"案"的原义是上食物时用的有足木盘。如鲍照《拟行路难》:"对案不能食,拔剑击柱长叹息。"后延伸指长方形条桌。例如"几案"。也引伸指架起来替代桌子的长木板。例如"肉案""案板"。

官府的文书放在奏案上,故延伸指处理公事或者记录事件的材料、文书等。如刘禹锡《陋室铭》:"无丝竹之乱耳,无案牍之劳形。"

"案"特指案件和涉及法律、政治的事件。例如"破案""立案"。也引伸指提出计划、办法、建议的文件。例如"草案""方案"。

架

 架
小篆　　楷书

【原文】

无。

【按语】

"架"是后起字,为形声兼会意字。楷书写成"架",从木,加声,加兼表相加之意。

"架"的原义为搭设、支撑。例如杜牧《阿房宫赋》:"架梁之椽,多于机上之工女。"由此延伸成扶持、支撑。例如"架不住了""架住宝刀"。

摔跤时,相斗的两人相互用胳膊和手支撑对方,由此延伸成争斗。例如"打架"。

由搭建延伸成搁置或者支持东西的用具。例如"书架""葡萄架"。

"架"用作量词。例如"一架飞机""五架照相机"。

柴

小篆　　楷书

【原文】

柴,小木散材。从木,此声。

【译文】

柴,小的木头,不中用的木材。从木,此声。

【按语】

"柴"是形声字。小篆从木,此声。隶变以后楷书写成"柴"。

"柴"的原义为捆束的细木小柴。例如《礼记·月令》:"大者可析谓之薪,小者合束谓之柴。"

"柴"泛指木柴。例如"劈柴"。

森

甲骨文　　小篆　　楷书

【原文】

森,木多貌。从林,从木。读若曾参之参。

【译文】

森,树木众多的样子。由林、由木会意。音读似"曾参"的"参"字。

【按语】

"森"是会意字。甲骨文就是一排三棵树的样子,会树木丛生成为森林之意。小篆字形规范化。隶变以后楷书写成"森"。

"森"的原义是树木丛生。例如《清稗类钞·冯婉贞》:"去村四里有森林,阴翳蔽日,伏焉。"由繁密延伸指森严、严整。如杜甫《李潮八分小篆歌》:"况潮小篆逼秦相,快剑长戟森相向。"

"森"也延伸成阴沉、幽暗。例如"阴森森"。

枕

小篆　　楷书

【原文】

枕,卧所荐首者。从木,尤声。

【译文】

枕,睡卧时用来垫着脑袋的用具。从木,尤声。

【按语】

"枕"是会意兼形声字。小篆从木,尤声,尤兼表似人担担子的情状之意。隶变以后楷书写成"枕"。

"枕"的原义为枕头。如成语"高枕无忧",意思是垫高了枕头睡觉,没有忧没有虑。

"枕"延伸成似枕头一样横垫在下面的东西。如铺铁轨用的"枕木"。

"枕"还延伸成靠近。例如《汉书·严助传》:"会稽东接于海,南近诸越,北枕大江。"

柳

| 甲骨文 | 金文 | 小篆 | 楷书 |

【原文】

无。

【按语】

"柳"是形声字。甲骨文从木,卯声。金文大概相同,但木移至左边。小篆整齐化。隶变以后楷书写成"柳"。

"柳"的原义是指一种柳属的落叶乔木或者灌木,枝细长下垂,叶狭长。如陆游《游山西村》:"山重水复疑无路,柳暗花明又一村。"

垂柳纤细柔软,多用以形容女子的腰肢。如马子严《海棠春》:"柳腰暗怯花风弱。"

柳叶细长,与人的眉毛形似,故多用来形容女子的眉。例如"柳叶弯眉"。又引喻美女,多指歌姬、娼妓。例如"烟柳之地""寻花问柳"。

柳是二十八宿之一,南方朱雀七宿的第三宿,有八星颗,称为"柳星"。

柿

柿 柿 柿

小篆　　楷书（繁体）　楷书

【原文】

柿,赤实果。从木,𣎵声。

【译文】

柿,赤心果。从木,𣎵声。

【按语】

"柿"是形声字。小篆从木,𣎵声。隶变以后楷书写成"柿",俗作"柿"。现在规范化,以"柿"为正体。

"柿"的原义是柿树,属落叶乔木。叶子为椭圆形或者倒卵形,背面有绒毛,花黄白色。结出的浆果为扁圆形或者圆锥形,呈橙黄色或者红色,可以吃。

"柿"又指这种植物的果实。例如"柿饼"。

梨

梨 梨

小篆　　　楷书

【原文】

无。

【按语】

"梨"是形声字。小篆从木,利声。隶变以后楷书写成"梨"。现在规范化,以"梨"为正体。

"梨"的原义为木名,属落叶乔木,叶子卵形,花多白色,果子多汁,可食。例如"梨枣"。其果实也称梨。例如"梨果"。

其花称为梨花，纯白色。如岑参《白雪歌送武判官归京》："忽如一夜春风来，千树万树梨花开。"

标

標　標　标

小篆　楷书（繁体）　楷书

【原文】

標，木杪末也。从木，㶾声。

【译文】

標，树梢。从木，㶾声。

【按语】

"标"是形声字。小篆从木，票声。隶变以后楷书写成"標"。汉字简化后写成"标"。

"标"的原义为树梢。例如《管子·霸言》："大本而小标，全近而攻远。"

"标"泛指柱、竿。例如《旧唐书·崔彦昭传》："但立直标，终无曲影。"

由末梢延伸指事物非根本性的方面，表面。例如"治标不治本"。也延伸指显扬。例如"标榜""标新立异"。

"标"用作名词，指表明特征的记号。例如"标志""标记"。

后转指发给竞赛优胜者的奖品。例如"锦标""夺标"。

核

楜　核

小篆　楷书

【原文】

无。

【按语】

"核"是形声字。小篆从木,亥声。隶变以后楷书写成"核"。

"核"的原义为果实中坚硬并包含果仁的部分,读作 hé。例如"桃核"。延伸指有核的果品。例如《太平广记·昆虫二》:"门启,华堂复阁甚奇秀,馆中有樽酒盘核。"

果核在果实中间,故延伸指物体中心像核的部分,中心。例如"核心人物"。

"核"借指核实、检验。例如《后汉书·张衡传》:"遂乃研核阴阳,妙尽璇机之正,作浑天仪。"

"核"特指原子核的简称。例如"核弹"。

"核"读作 hú,多用于口语,指果核或者似核的东西。例如"桃核儿""梨核儿"。

栾

金文　　　小篆　　　楷书(繁体)　　楷书

【原文】

欒,木,似栏。从木,䜌声。《礼》:天子树松,诸侯柏,大夫栾,士杨。

【译文】

欒,树木名。似木兰树。从木,䜌声。《周礼》规定:天子坟上种植松树,诸侯种植柏树,大夫种植栾树,士人种植杨树。

【按语】

"栾"是会意兼形声字。金文借"䜌"(表弯曲)来表示。小篆另加义符"木",会圆曲的树之意,䜌兼表声。隶变以后楷书写成"欒"。汉字简化后写成"栾"。

栾树也叫栾华、灯笼树。是一种落叶乔木,羽状复叶,花色淡黄,结蒴果,呈长椭圆形。种子圆形黑色,叶子含鞣质,可制栲胶。花可提黄色染料,又可入药。

"栾"又指拱,就是建筑物立柱和横梁之间成弓形的承重结构。如张衡《西京赋》:"结重栾以相承。"

料　杆

【原文】

无。

【按语】

"杆"是形声字。楷书写成"杆",从木,干声。

"杆"的原义是一种木名,即檀木,也指柘树,读作 gān。

"杆"延伸指细长的木头或者类似的东西。例如"旗杆""电线杆"。

"杆"读作 gǎn 时,指器物上似棍子的细长部分,即杆子。例如"笔杆""秤杆"。

"杆"作量词时,用于有杆的器物。例如"一杆枪""一杆秤"。

榴

榴　榴

【原文】

无。

【按语】

"榴"是形声字,楷书写成"榴",从木,留声。

"榴"的原义是一种树木的名称,即石榴树,属于落叶灌木,开红花,果实球状,内有很多种子。

"榴莲",属木棉科热带落叶乔木,叶片长圆,顶端较尖,聚伞花序,花色淡黄,果实有足球大小。

"榴弹",指依靠爆炸产生的碎片、冲击波来杀伤或者摧毁目标的炮弹。

樱

櫻　　　櫻　　　樱

小篆　　楷书（繁体）　楷书

【原文】

无。

【按语】

"樱"是形声字。小篆从木,婴声。隶变以后楷书写成"櫻"。汉字简化后写成"樱"。

"樱"原义指樱桃树,也指樱桃花。如王安石《雨中》:"尚疑樱欲吐,已怪菊成漂。"

"樱"又特指樱花。但是"樱花"和"樱桃花"并不是同一种植物,只是同属于蔷薇科落叶乔木。樱花树是属于观赏性的,颜色种类多样,花也比较大。

橡

檈　　　橡

小篆　　　楷书

【原文】

无。

【按语】

"橡"是形声字。小篆从木,兼声。隶变以后楷书写成"样"。后由于"样"为假借义所专用,便另造"橡"表橡实之义,从木,象声。

"橡"的原义为栎树的果实,即橡实,俗称橡子。又指橡胶树,是一种常绿乔木。

"橡"也指橡胶。"橡胶"一词,来源于印第安语,意为"流泪的树"。橡胶的主要制作原料是天然橡胶。其弹性好,有绝缘性,不透水,不透气,在工业上和生活中应用广泛。

杜

甲骨文　　金文　　小篆　　楷书

【原文】

杜,甘棠也。从木,土声。

【译文】

杜,甘棠。从木,土声。

【按语】

"杜"是形声字。甲骨文从木,土声。金文线条化。小篆整齐化。隶变以后楷书写成"杜"。

"杜"的原义为杜树。是一种落叶乔木,果实圆而小,味涩,可食,俗称"杜梨"。

"杜"用作动词,指关门、封闭。例如《史记·李斯列传》:"杜私门,蚕食诸侯,使秦成帝业。"延伸指杜绝、制止。例如"防微杜渐"指在坏思想、坏事或者错误刚冒头时就加以制止,不让它继续发展下去。

材

小篆　　楷书

【原文】

材,木梃也。从木,才声。

【译文】

材,树干。从木,才声。

【按语】

"材"是形声字。小篆从木,才声。隶变以后楷书写成"材"。

"材"的原义为木材、木料。例如《庄子·人间世》:"自吾执斧斤以随夫子,未尝见材如此其美也。"泛指原料。例如《左传·隐公五年》:"其材足以备器用。"

"材"延伸指资料。例如"教材""素材"。又指人的体貌。例如"身材"。

"材"通"才",指资质、才能。例如《尚书·咸有一德》:"任官惟材,左右惟其人。"

杠

金文　小篆　楷书

【原文】

杠,床前横木也。从木,工声。

【译文】

杠,床前横木。从木,工声。

【按语】

"杠"是形声字。金文和小篆从木,工声。隶变以后楷书写成"杠"。

"杠"的原义为床前横木,读作 gāng。例如《急就章》:"妻妇聘嫁赍媵僮,奴婢私隶枕床杠。"

"杠"泛指竹木竿、杆、柱。例如《仪礼·士丧礼》:"竹杠长三尺,置于宇西阶上。"

"杠"读作 gàng 时,指抬重物的粗棍。例如"木杠""杠杆"。

"杠"用作动词,指把不通的文字、错字或者多余的字用直线划去或者标出。

如:"他把作文中的许多词句都杠掉了。"

"杠"进而延伸指专横自是,好与人争。例如"好抬杠"。

柄

甲骨文　　　小篆　　　楷书

【原文】

柄,柯也。从木,丙声。

【译文】

柄,斧头的把。从木,丙声。

【按语】

"柄"是形声字。甲骨文从木,丙声。小篆字形变化不大,只是把位置做了调整。隶变以后楷书写成"柄"。

"柄"的原义为斧子的把儿。例如"斧柄"。泛指器物的把儿。例如"刀柄"。

"柄"也指植物的花叶或者果实与枝茎相连的部分。例如"花柄""叶柄"。

"柄"用于抽象意义,指权力。如梁启超《谭嗣同传》:"君与康先生捧诏恸哭,而皇上手无寸柄,无所为计。"又引喻言行上被人抓住的缺失、短处。例如"笑柄""把柄"。

"柄"作量词时,用于某些带把儿的东西。例如"一柄大刀"。

桥

橋　橋　桥

小篆　楷书（繁体）　楷书

【原文】

橋，水梁也。从木，喬声。

【译文】

橋，水中桥梁。从木，喬声。

【按语】

"桥"是形声兼会意字。小篆从木，喬声，喬兼表高之意。隶变以后楷书写成"橋"。汉字简化后写成"桥"。

"桥"的原义为架在水上以供通行的建筑物。如刘禹锡《浪淘沙》："洛水桥边春日斜。"

由桥横跨河的两岸延伸成器物上的横杆。如花蕊夫人《宫词》："上得马来才欲走，几回抛鞚抱鞍桥。"

棍

　棍

小篆　楷书

【原文】

无。

【按语】

"棍"是形声字。楷书写成"棍"，从木，昆声。

"棍"的原义为一种树名。借用以表示捆束，读作 hùn。例如《汉书·扬雄传上》："棍申椒与菌桂兮，赴江湖而沤之。"

"棍"读作 gùn,表示棍子。例如"拐棍"。也引喻品行很坏的人。例如"赌棍""恶棍"。

棒

榙 棒

小篆　　　楷书

【原文】

无。

【按语】

"棒"形声字。小篆从木,音声。隶变以后楷书写成"棓",俗作"棒"。现在规范化,以"棒"为正体。

"棒"的原义为棍、杖。例如《魏书·尔朱荣传》:"人马逼战,刀不如棒。"

"棒"特指玉米。例如"狗熊掰棒子"。

"棒"方言指好的、(水平)高的,给人留下良好印象的。例如"学习很棒""字写得棒"。

棚

棚 棚

小篆　　　楷书

【原文】

棚,栈也。从木,朋声。

【译文】

棚,即栈。从木,朋声。

【按语】

"棚"是形声字。小篆从木,朋声。隶变以后楷书写成"棚"。

"棚"的原义为我国的一种传统的楼阁,供远眺、游憩、藏书、供佛等用。例如《隋书·柳彧传》:"高棚跨路,广幕陵云。"

　　尔后延伸指用竹、木搭成的,上面覆盖有草、席等的篷架或者小屋。如蒲松龄《聊斋志异》:"姑妄言之姑听之,豆棚瓜架雨如丝。"

柜

柜　櫃　柜

小篆　楷书(繁体)　楷书

【原文】

櫃,木也。从木,匱声。

【译文】

櫃,一种树名。从木,匱声。

【按语】

　　"柜"是形声字。小篆从木,巨声。隶变以后楷书写成"柜"。现在做了"櫃"的简化字。

　　"柜"的原义为柜柳。此义后写成"榉"。

　　"柜"作"櫃"的简化字时,原义为小匣子。例如《韩非子·外储左上》:"楚人有卖其珠于郑者,为木兰之柜。"延伸成收藏衣物、书籍的家具。例如"衣柜""书柜"。

　　"柜"也延伸指柜台。例如"掌柜的",其实就是指柜台前掌管店铺的人。

枪

槍　槍　枪

小篆　楷书(繁体)　楷书

【原文】

槍,拒也。从木,倉声。一曰:枪,攘也。

【译文】

槍,抵拒(的枪械)。从木,倉声。另一义说:枪是推攘。

【按语】

"枪"是形声字。小篆从木,倉声。隶变以后楷书写成"槍"。汉字简化后写成"枪"。

"枪"的原义为二树的枝条互相抵拒。

"枪"后借指古代的一种刺击兵器,长柄,有尖头。如白居易《琵琶行》:"铁骑突出刀枪鸣。"

现在也指能发射子弹的武器。例如"洋枪""手枪"。

"枪"延伸指形状或者功能似枪的工具。例如"烟枪""焊枪""水枪"。

框

框　框

小篆　　楷书

【原文】

无。

【按语】

"框"是会意兼形声字。楷书写成"框",从木从匚会意,匚兼表声。

"框"的原义为门窗的架子。例如"门框""框架"。泛指四方的周边。例如"镜框"。

"框"又引喻范围和固有的格式。例如"我们应该打破这些框框。"

固有的格局会束缚人,故还延伸成约束、束缚。例如"不要被这些所谓的经验框住了。"

档

檔 檔 档

小篆　楷书（繁体）　楷书

【原文】

无。

【按语】

"档"是后起字，为形声字。楷书繁体写成"檔"，从木，当声。汉字简化后写成"档"。

"档"的原义为器物上用以分格或者支撑的横木条。例如"十三档算盘"。

"档"延伸成存放案卷用的带格子的橱。例如"存档""归档"。进而延伸指存放在橱架上的文件。例如"档案""查档"。不同的文件放在不同的橱架上，故也延伸指物品的等级。例如"高档"。

方言中指时间或者空间上的空隙。例如"空档""缺档"。

"档"还可以作量词，等同于"件""桩""批"。例如"几档子事儿"。

柯

柯 柯 柯

金文　小篆　楷书

【原文】

柯，斧柄也。从木，可声。

【译文】

柯，斧头的把。从木，可声。

【按语】

"柯"是形声兼会意字。金文从木，丂声，丂兼表棍之意。小篆改为可声。隶变以后楷书写成"柯"。

"柯"的原义是柯树。延伸指草木的枝茎。例如《礼记·礼器》："如竹箭之有筠也,如松柏之有心也……故贯四时而不改柯易叶。"

"柯"延伸指斧柄。例如《诗经·豳风·伐柯》："伐柯如何? 匪斧不克。"

桶

桶 桶
小篆 楷书

【原文】

桶,木方,受六升。从木,甬声。

【译文】

桶,木制方形(斛)。容受十六升。从木,甬声。

【按语】

"桶"是会意兼形声字。小篆从木从甬会意,甬兼表声。隶变以后楷书写成"桶"。

"桶"的原义为一种方形的量器。例如《史记·商君书》："为田开阡陌封疆,而赋税平,平斗桶,权衡丈尺。"泛指盛水或者其他东西的圆柱形容器,有提梁。例如"木桶""油桶"。

"桶"用作量词时,是容量单位。例如"一桶水"。

校

校 校
小篆 楷书

【原文】

校,木囚也。从木,交声。

【译文】

校,木制的囚系(人的桎梏)。从木,交声。

【按语】

"校"是形声兼会意字。小篆从木,从交,表示两木相交制作的刑具(即枷),交兼表声。隶变以后楷书写成"校"。

"校"的原义是古代刑具枷,读作jiào。尔后也指木栅栏。例如《汉书·司马相如传》:"天子校猎。"

"校"也延伸成对比、考订。例如"校对"。又延伸成较量、计较、考虑。例如"犯而不校"。

"校"读作xiào时,特指学堂、学校。也是现代军衔的一种级别。例如"上校""中校""大校"。

板

板　板

小篆　　楷书

【原文】

无。

【按语】

"板"是形声字。小篆从木,反声。楷书写成"板"。

"板"的原义为片状的木头。例如《诗经·秦风·小戎》:"在其板屋,乱我心曲。"

"板"特指筑墙用的夹板。例如《史记·黥布列传》:"项王伐齐,身负板筑,以为士卒先。"泛指板状的扁平之物。例如《梦溪笔谈·活板》:"先设一铁板,其上以松脂、蜡和纸灰之类冒之。"

樊

金文　　小篆　　楷书

【原文】

樊，鸷（鷙）不行也。从大，从棥，棥亦声。

【译文】

樊，被絷绊不得外行。由大、棥会意，棥也表声。

【按语】

"樊"是会意兼形声字。金文的上部是在树之间编篱笆之形，下部是一双手。小篆省去了两只手。楷书又在下面加上了"大"字。隶变以后楷书写成"樊"。

"樊"的原义是篱笆。例如《诗经·小雅·青蝇》："营营青蝇，止于樊。"延伸成关鸟的笼子。如陶渊明《归园田居》："久在樊笼里，复得返自然。"

樊篱有限制作用，所以争取思想的解放和精神的自由可以叫作"冲破旧的樊篱"。

染

小篆　　楷书

【原文】

染，以缯染为色。从水，杂声。

【译文】

染,把布帛浸染着色。从水,杂声。

【按语】

"染"是会意字。从九,从木,从水,会反复染几次使布帛着色之意。隶变以后楷书写成"染"。

"染"的原义为使布帛等物着色。例如"染坊""印染"。延伸成沾上。如周敦颐《爱莲说》:"出淤泥而不染。"也延伸指传染、感染。例如"染恙""染疾"。人容易受到环境气氛的影响,故也延伸成熏染、影响。例如"耳濡目染"。

楔

楔 楔

小篆　楷书

【原文】

楔,櫼也。从木,契声。

【译文】

楔,楔子。从木,契声。

【按语】

"楔"是形声兼会意字,小篆从木,契声,契兼表切入之意。隶变以后楷书写成"楔"。

"楔"的原义为楔子、小木橛。例如《淮南子·主术训》:"大者以为舟航柱梁,小者以为楫楔。"

"楔"延伸指楔形物。例如"楔形文字"。

"楔"用作动词,指把楔形物插入或者捶打到物体里面。例如"墙上楔个钉子"。

椿

小篆　　楷书

【原文】

无。

【按语】

"椿"是形声字。小篆从木,春声;或者从熏声。隶变以后楷书写成"椿"。

"椿"的原义为香椿树。也指臭椿。又指古代传说中的一种树,即大椿树。例如《庄子·逍遥游》:"上古有大椿者,以八千岁为秋。"

因椿树长寿,故用以形容高龄。如朱权《削钗记传奇》:"不幸椿庭殒丧,深赖萱堂训诲成人。"

楷

小篆　　楷书

【原文】

无。

【按语】

"楷"是形声字。小篆从木,皆声。隶变以后楷书写成"楷"。

"楷"原义为树名,即楷树,也叫"黄连木",读作 jiē。

"楷"又读作 kǎi,表示法式、典范。例如《礼记·儒行》:"今世行之,后世以为楷。"

"楷"特指可以作为楷模的字,由隶书演变而来,字体方正,结构匀称,笔画平直,后成为汉字的形体之一,宋以后楷书成为专称。例如"小楷""大楷"。

桨

桨 槳 桨

小篆　　楷书（繁体）　　楷书

【原文】

无。

【按语】

"桨"是形声字。楷书繁体写成"槳"，从木，将声。汉字简化后写成"桨"。

"桨"的原义是划船的工具。如刘孝威《采莲曲》："金桨木兰船，戏采江南莲。"

榨

榨 榨

小篆　　楷书

【原文】

无。

【按语】

"榨"是形声兼会意字。楷书写成"榨"，从木，窄声，窄兼表挤压变窄之意。

"榨"的原义为挤压出物体里汁液的器具。例如"酒榨""榨床"。

"榨"用作动词，指用力把物体里的汁液压出来。例如"榨油""榨汁"。延伸成逼取他人的财物。例如"榨取民脂民膏"。

楞

楞
小篆　　楷书

【原文】

无。

【按语】

"楞"是会意字。小篆从木,夌声。隶变以后楷书写成"棱"。在边棱意义上俗作"楞",从四、方、木会意。后又分化出"愣"字,从心,楞省声。

"楞"读作 léng 时,是"棱"的异体字,原义为四方木。泛指棱角、边棱。例如"楞角"。现此义大都写成"棱"。

"楞"用于译音。"楞严",佛经名,阐述心性本体。

"楞"读作 lèng 时,指蛮横、凶狠。例如"楞不讲理"。

"楞"也延伸指鲁莽、冒失。例如"楞子"。

楣

楣
小篆　　楷书

【原文】

楣,秦名屋楢联也。齐谓之檐,楚谓之枂。从木,眉声。

【译文】

楣,秦地叫屋上的楢联(作楣)。齐地叫作檐,楚地叫作枂。从木,眉声。

【按语】

"楣"是形声兼会意字。小篆从木,眉声,眉兼表檐之意。隶变以后楷书写成"楣"。

"楣"的原义为屋檐口椽端的横板。如袁宏道《十景园小集》:"苍藤蔽檐楣,楚楚干云势。"

"楣"也叫门楣，即门框上的横木。如陆游《夏雨叹》："蜗舍入门楣触额，黄泥壁作龟兆坼。"

"楣"也指房屋的横梁，即二梁。如王勃《大观阁序》："盘山越岭，接栋连楣。"

楕

椭　楕　椭

【原文】

楕，车笭中楕楕器也。从木，隋声。

【译文】

楕，车箱木格栏内椭圆而狭长的容器。从木，隋声。

【按语】

"楕"是形声字。小篆从木，隋声。隶变以后楷书写成"楕"。汉字简化后写成"椭"。

"楕"的原义是指古代车里的一种狭长容器。例如《淮南子·修务训》："其方圆锐楕不同，盛水各异。"

"椭"泛指长圆形。例如"椭圆"。

枷

枷　枷

【原文】

枷，柫也。从木，加声。淮南谓之柍。

【译文】

枷，连枷。从木，加声。

【按语】

"枷"是形声字。小篆从木,加声。隶变以后楷书写成"枷"。

"枷"的原义是脱庄稼粒的连枷,是一种农具。另一说认为"枷"的原义是脖子上戴的刑具。这种刑具是旧时一种方形木质项圈,套在脖子上,有时还套住双手,以示惩罚。

"枷""锁"原本两种刑具,可是尔后二者合构成"枷锁"一词,专指枷或者泛指刑具。如《元曲选·燕青博鱼·楔子》:"遇着晁盖哥哥,打开枷锁,救某上山。"

麓

甲骨文　　金文　　小篆　　楷书

【原文】

麓,守山林吏也。从林,鹿声。一曰:林属于山为麓。《春秋传》曰:'沙麓崩。'

【译文】

麓,守山林的小官。从林,鹿声。另一义说:树林连属于山叫麓。《春秋左氏传》说:"沙山山脚崩塌。"

【按语】

"麓"是会意兼形声字。甲骨文是两个"木"字当中有一只鹿在跑。金文的字形已经看不出是鹿了。小篆把甲骨文的"林"字移到"鹿"的头上。隶变以后楷书写成"麓"。

"麓"的原义是鹿奔林中。延伸成山脚下。例如"岳麓书院",这个"岳麓"就是指南岳衡山的山脚下。

攴部

攴

攴 攴 攴 攴
甲骨文　金文　小篆　楷书

【原文】

攴,小击也。从又,卜声。凡攴之属皆从攴。

【译文】

攴,小击。从又,卜声。凡是攴的部属全部从攴。

【按语】

"攴"是会意字。甲骨文、金文、小篆全部似手持棍子或者鞭子的样子,会手拿棍子或者鞭子敲击、扑打东西之意。

"攴"的原义为手持木棍或者鞭子敲击、扑打。"攴"大都不独立成字,尔后加义符"扌",写成"扑"来替代原义。

"攴"是个部首字。作部首时可写成"攴""攵"。凡由"攴"组成的字,大都与扑打或者手持器械劳作有关。例如"敲""政""牧""攻""教"等。

敲

敲 敲
小篆　楷书

【原文】

敲,横摘也。从攴,高声。

【译文】

敲,横击。从攴,高声。

【按语】

"敲"是形声字。小篆从攴,高声。隶变以后楷书写成"敲"。

"敲"的原义为从旁横击。例如"旁敲侧击"。泛指叩击、击打。如赵师秀《约客》:"有约不来过夜半,闲敲棋子落灯花。"

"敲"还可指用威胁、欺诈等手段索取钱财。例如"敲诈""敲竹杠"。

"敲"用作名词,指短杖。如贾谊《过秦论》:"履至尊而制六合,执敲扑而鞭笞天下。"

攵 部

攻

攴   攻   攻

金文   小篆   楷书

【原文】

攻,击也。从攴,工声。

【译文】

攻,攻击。从攴,工声。

【按语】

"攻"是形声字。金文从攴,工声。小篆的写法与金文基本一样。隶变以后楷书写成"攻",改为从攵(反文旁)。

"攻"的原义是攻打。例如《左传·僖公四年》:"以此攻城,何城不克?"

"攻"后延伸成制作、治理、加工。例如"他山之石,可以攻玉。"

牧

甲骨文　　金文　　小篆　　楷书

【原文】

牧,养牛人也。从攴,从牛。《诗》曰:'牧人乃梦。'

【译文】

牧,养牛的人。由攴、牛会意。《诗经》说:"牧人于是做起梦来。"

【按语】

"牧"是会意字。甲骨文似拿着木棍赶牛。金文把"牛"放在了左边。小篆是由金文演变而来。隶变以后楷书写成"牧"。

"牧"的原义是放牧。例如《周礼·牧人》:"掌牧六牲。"

"牧"延伸成统治、主管。如三国时刘备就曾经做过"豫州牧"。

效

甲骨文　　金文　　小篆　　楷书

【原文】

效,像也。从攴,交声。

【译文】

效,效法。从攴,交声。

【按语】

"效"是会意兼形声字。甲骨文左边似一个两腿相交的人,右边是一只持棍的手,好似是在责打那个人。金文大体相同。小篆线条化。隶变以后楷书写成"效"。

国学经典文库

说文解字

《说文解字》原文释义

图文珍藏版

1175

"效"的原义是效法、仿效。如班固《白虎通·三教》:"教者,效也,上为之,下效之。"

"效"延伸指尽力献出(力量或者生命)。例如"效力"。也延伸成效果。例如《商君书·徕民》:"此富强两成之效也。"

救

小篆　　　楷书

【原文】

救,止也。从攴,求声。

【译文】

救,禁止。从攴,求声。

【按语】

"救"是形声字。小篆从攴,求声。隶变以后楷书写成"救"。

"救"的原义为制止、阻止。例如《孟子·离娄下》:"今有同室之人斗者,救之。"

"救"延伸指帮助。如刘基《卖柑者言》:"民困而不知救,吏奸而不知禁。"

"救"也延伸指治疗。例如《吕氏春秋》:"是救病而饮之以堇也,使世益乱。"

教

甲骨文　　金文　　小篆　　楷书

【原文】

教,上所施下所效也。从攴,从孝。凡教之属皆从教。

【译文】

教,在上位的施教,在下位的仿效。由攴、孝会意。凡是教的部属全部从教。

【按语】

"教"是会意字。甲骨文左为子,两个叉表示孩子在学算术,右边是一只手拿了一条教鞭。金文的形体与甲骨文相似。小篆线条化。隶变以后楷书写成"教"。

"教"的原义是教育、指导。例如《礼记·学记》:"教也者,长善而救其失者也。"

古代带有施行教化之意的文告一类的文体也称为"教"。这些教令是为了普及教化、让老百姓接受教育的。如萧统《文选》中有傅亮为南朝宋刘裕所做的《修张良庙教》。

由教育也延伸成使。如白居易的《琵琶行》:"曲罢曾教善才服,妆成每被秋娘妒。"

敝

甲骨文　　　小篆　　　楷书

【原文】

敝,帗也。一曰:败衣。从攴,从㡀,㡀亦声。

【译文】

敝,一幅巾。另一义说:敝是破败的衣服。由攴、由㡀会意,㡀也表声。

【按语】

"敝"是会意字。甲骨文字形似用木棍把布打破的形象。小篆的形体与甲骨文基本相同。隶变后楷书写成"敝"。

"敝"的原义是破旧。例如《史记·魏公子列传》:"侯生摄敝衣冠。"可以延伸成疲惫、衰败。例如《资治通鉴》："曹操之众远来疲敝。"

因为"敝"有破旧义，所以古人对自己或者自己一方也常用"敝"字表示谦称。例如"敝人"。

放

放　　放　　放

金文　　小篆　　楷书

【原文】

放，逐也。从攴，方声。凡放之属皆从放。

【译文】

放，放逐。从攴，方声。凡是放的部属全部从放。

【按语】

"放"是会意兼形声字。金文和小篆从攴（手执刑杖），从方（远方），会驱逐、流放到远方之意，方也表声，隶变以后楷书写成"放"。

"放"的原义为驱逐、流放。例如《史记·屈原贾生列传》："虽放流，眷顾楚国，系心怀王。"延伸成解除约束。例如"刑满释放"。

"放"延伸成从圈栏中释放出来。如李白《梦游天姥吟留别》："且放白鹿山崖间，须行即骑访名山。"进而延伸成放纵、不拘束。例如《孟子·梁惠王上》："苟无恒心，放辟邪侈，无不为己。"

"放"也延伸成发放。例如"放高利贷""开仓放粮"。也延伸成搁置。例如"安放""存放"。

敬

金文　　小篆　　楷书

【原文】

敬，肃也。从攴、苟。

【译文】

敬，严肃。由攴、苟会意。

【按语】

"敬"是会意字。金文似一个人手持棍棒张口吆喝的样子，会牧人吆喝羊群之意。小篆变为从苟，从攴。隶变以后楷书写成"敬"。

"敬"的原义为做事认真、恭敬、端肃。例如《论语·子路篇》："居处恭，执事敬，与人忠。"意思是，在家中规规矩矩，办事认真，待人忠心诚意。

由认真延伸指警惕、戒备、严肃、慎重。例如《诗经·周颂·闵予小子》："维予小子，夙夜敬止。"意思是我早晚都要戒慎啊。也延伸指尊重、尊敬。例如"敬辞"就是表示尊敬的言辞。还延伸指有礼貌地送上。例如"敬酒""敬茶"。

改

甲骨文　　金文　　小篆　　楷书

【原文】

改，更也。从攴、己。

【译文】

改，变更。由攴、己会意。

【按语】

"改"是会意字。甲骨文似一个孩子一只手拿着小鞭子抽打之形。金文与甲骨文基本一样。小篆线条化。隶变以后楷书写成"改"。

"改"的原义为变更。如成语"改弦更张",意思是改换、调整乐器上的弦,使声音和谐。延伸成改革变更。

"改"又特指改正过错。例如"有则改之,无则加勉"。还延伸指修正。例如"改文章""改小一些"。

政

| 甲骨文 | 金文 | 小篆 | 楷书 |

【原文】

政,正也。从攴,从正,正亦声。

【译文】

政,正。由攴、正会意,正也表声。

【按语】

"政"是会意兼形声字。甲骨文、金文和小篆全部从攴,从正,会采取措施使正确之意,正兼表声。隶变以后楷书写成"政"。

"政"的原义为纠正它使变正确。例如《墨子·天志上》:"无从下之政上,必从上之政下。"

"政"泛指匡正、治理。例如《后汉书·桓谭传》:"盖善政者,视俗而施教,察失而立防,威德更兴,文武迭用。"

"政"也延伸指政策、法令。如古人常说的"仁政"。

"政"也指执行国家权力的机关,即政府。例如"拥政爱民"。

"政"还指家庭或者团体生活中的事务或者规则。例如"家政""校政"。

散

散　散　散
金文　小篆　楷书

【原文】

无。

【按语】

"散"是会意字。金文似一只手持酒器之形。小篆把金文酒器的两个柱误为披麻之形,将器体误为一块肉。隶变以后楷书写成"散"。

"散"的原义为分离、分开,读作 sàn。如欧阳修《新五代史·伶官传序》:"未及见贼而士卒离散。"延伸指使分开、分发。例如"散发传单""散播流言"。

由分开延伸指松开、不受约束、不团结,读作 sǎn。例如"一盘散沙""散漫"。

"散"也延伸指洒脱、潇洒。例如《世说新语·贤媛》:"王夫人神情散朗,故有林下风气。"

"散"还可延伸指零碎的、不成整体的。如欧阳修《醉翁亭记》:"已而夕阳在山,人影散乱。"

收

收　收
小篆　楷书

【原文】

收,捕也。从攴,丩声。

【译文】

收,逮捕。从攴,丩声。

【按语】

"收"是会意兼形声字。小篆从攴,从丩,会拘捕犯人之意,丩兼表声。隶变以后楷书写成"收"。

"收"的原义为逮捕、拘押。延伸指把散开的东西聚拢。如贾谊《过秦论》:"收天下之兵,聚之咸阳。"也延伸指取得、占取、获得(利益)。例如"坐收渔利""名利双收"。又指接受、容纳。例如"美不胜收""收礼物"。还可延伸指把属于自己的东西取回、收回。例如"收回""收复"。进而指控制、约束。例如"收心""收敛"。

"收"也延伸成停止、结束。如白居易《琵琶行》:"曲终收拨当心画,四弦一声如裂帛。"

敦

敦　敦　敦

金文　小篆　楷书

【原文】

敦,怒也,诋也。一曰:谁何也。从攴,𦎫声。

【译文】

敦,恼怒;诋毁。另一义说:敦是呵责的意思。从攴,𦎫(chún)声。

【按语】

"敦"是会意字。金文从攴(手持棍,表有所击),从享,会怒呵重责之意。小篆整齐化。隶变以后楷书写成"敦"。

"敦"读作 dūn 时,原义为投掷。延伸指劝导并勉励。例如"敦晓""敦教"。

"敦"借作"惇",表示厚道、诚恳。例如"敦厚"。也延伸指厚实、深厚。例如"敦实的身材"。

"敦"读作 duì 时,指一种古代食器,由青铜制成,盖和器身全部呈半圆球形,各

有三足或者圈足,上下相合即成球形,盖可倒置,流行于战国时期。例如《周礼·天官·玉府》:"若合诸侯,则共珠盘玉敦。"

敞

敞
小篆　　楷书

【原文】

敞,平治高土,可以远望也。从攴,尚声。

【译文】

敞,平整高土,可以登高望远。从攴,尚声。

【按语】

"敞"是形声兼会意字。小篆从攴,从尚,会平治高土筑成平台用以远望之意,尚兼表声。隶变以后楷书写成"敞"。

"敞"的原义为将高起的土地筑成平台用以远望。泛指宽阔、高朗。例如《史记·淮阴侯列传》:"其母死,贫无以葬,然乃行营高敞地。"

"敞"用作动词,指打开、露出。如陶渊明《桃花源诗》:"奇踪隐五百,一朝敞神界。"

致

致
甲骨文　　金文　　小篆　　楷书

【原文】

致,送诣也。从攵,从至。

【译文】

致,送别。由攵、由至会意。

说文解字

《说文解字》原文释义

图文珍藏版

【按语】

"致"是会意字。甲骨文从人，从至，会人送达之意。金文和小篆字形变化不大，只是线条化、整齐化了。隶变以后楷书写成"致"。

"致"的原义为送达、送到。例如《荀子·解蔽》："远方莫不致其珍。"延伸成达到、实现。例如"学以致用"。也延伸成表达。例如"致敬"。也延伸成求取、获得。如袁枚《黄生借书说》："余幼好书，家贫难致。"还可延伸成情趣、兴致。例如"闲情逸致"。也延伸指精密。例如"精致"。

敌

僑　敵　敵　敌

金文　　小篆　　楷书（繁体）　　楷书

【原文】

敵，仇也。从攴，啻声。

【译文】

敵，仇敌。从攴，啻声。

【按语】

"敌"是形声兼会意字。金文从人，啻声。小篆改为从攴（手持杖），啻声。隶变以后楷书写作"敵"。汉字简化后写成"敌"。

"敌"作为本字时，读作 huá，指舔尽。

"敌"作为"敵"的简化字时，读作 dí，指敌人。例如"分清敌我""仇敌"。敌我双方是相对等的，故延伸指对抗、抵抗。例如"所向无敌"。也延伸指等同、不相上下。例如"势均力敌""匹敌"。

敖

敖 敖 敖

金文　　小篆　　楷书

【原文】

敖，出游也。从出，从放。

【译文】

敖，出外遨游。由出、由放会意。

【按语】

"敖"是会意字。金文从攴，从人，从出，会手持防身器物仗剑出游之意。小篆从出，会放浪出游之意。隶变以后楷书写成"敖"。

"敖"的原义为漫游、闲游。例如《诗经·邶风·柏舟》："微我无酒，以敖以游。"

"敖"延伸指戏谑。例如《管子·四称》："昔者，无道之君进其谀优，……诛其良臣，敖其妇女。"

整

整 整

小篆　　楷书

【原文】

整，齐也。从攴，从束，从正，正亦声。

【译文】

整，整齐。由攴、由束、由正会意。正也表声。

【按语】

"整"是会意兼形声字。小篆从攴,从束,从正,会以手整理捆束使整齐之意,正兼表声。隶变以后楷书写成"整"。

"整"的原义为整理、整顿。例如《宋史·儒林传六·李道传》:"虽处暗室,整襟危坐。"延伸指有秩序、有条理。例如"整洁"。

由整齐延伸成完全无缺、齐备。例如"化整为零""整天"。

"整"也延伸指修理、美化。例如"整修""整形"。整理是一种纠治行为,故也延伸指使吃苦头。例如"整人""整蛊"。

敢

甲骨文　　金文　　小篆　　楷书

【原文】

无。

【按语】

"敢"是会意字。甲骨文似手持猎叉猛刺上边的野猪之形,会勇敢进取之意。金文中,猎叉只剩下一个干头。小篆中的猎叉变成了"古",豕则变成了"爪"。隶变以后楷书写成"敢"。

"敢"的原义为手持猎叉击刺野猪。泛指有勇气、有胆量。例如《史记·平原君虞卿列传》:"于是平原君从之,得敢死之士三千人。"又表示有把握作某种判断。例如"谁敢保证不出一点错"。

"敢"特指岂敢、哪敢。例如《古诗为焦仲卿妻作》:"奉事循公姥,进止敢自专?"

"敢"用作副词,表示一定、一准儿。如:"这么一弄,他敢怪我哩。"又等同于

"莫非""大概"。例如"敢是老师送来的吧?"

日 部

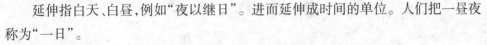

日

甲骨文　　金文　　小篆　　楷书

【原文】

日,实也。太阳之精不亏。从口、一。象形。凡日之属皆从日。

【译文】

日,(光明)盛实。太阳的精华不亏损。由口、一会意。象形。凡是日的部属全部从日。

【按语】

"日"是象形字。甲骨文、金文中的"日"字,全部是一个圆圈中间有一个小黑点。尔后为了便于书写,日的轮廓被改作方形,中间的一点改作了一横。

"日"的原义就是太阳。例如《诗经·卫风·伯兮》:"其雨其雨,杲杲出日。"

延伸指白天、白昼,例如"夜以继日"。进而延伸成时间的单位。人们把一昼夜称为"一日"。

"日"又指时节、为特殊目的而定的日子。例如"社日""交租日""结婚纪念日"。

"日"用作副词,表示每日、每天。例如《论语·学而》:"吾日三省吾身。"(我每天再三反省自己。)又例如"日亲日近"(常常接近自然亲热)。

"日"也泛指光阴、日子。例如《诗经·王风·采葛》:"一日不见,如三秋兮。"

旦

甲骨文　　金文　　小篆　　楷书

【原文】

旦，明也。从日见一上。一，地也。凡旦之属皆从旦。

【译文】

旦，天明。由"日"出现在"一"之上会意。一，表示地。凡是旦的部属全部从旦。

【按语】

"旦"是会意字。甲骨文上为日，下为地平面。金文似太阳刚跃出海面，正与水相连。小篆下部变成了地平线。隶变以后楷书写成"旦"。

"旦"的原义为日出天亮。例如《孟子·离娄下》："幸而得之，坐以待旦。"

"旦"延伸指早晨。例如《木兰诗》："旦辞爷娘去，暮宿黄河边。"

"旦"也延伸指一天。如柳宗元《捕蛇者说》："岂若吾乡邻之旦旦有是哉？"

昏

甲骨文　　小篆　　楷书

【原文】

昏，日冥也。从日，氏省。氏者，下也。一曰：民声。

【译文】

昏，太阳落土的时候。由日、由氏省会意。氏，是降下的意思。一说：(昏)从民声。

【按语】

"昏"是会意字。甲骨文上部为人,下部为日,会太阳降落到比人还低的位置之意。小篆将"人"讹变为"氏"。隶变以后楷书写成"昏"。

"昏"的原义为傍晚。黄昏时光线变暗,看东西会比较模糊,故也延伸成看不清楚、模糊。例如"老眼昏花"。也延伸指头脑糊涂。例如"昏庸""昏君"。

"昏"还可以作"婚"的通假字。例如《诗经·邶风·谷风》:"宴尔新昏,不我屑以。"大意是:你们新婚多快乐,却对我不理睬。

星

甲骨文　　金文　　小篆　　楷书(繁体)　　楷书

【原文】

曐,万物之精,上为列星。从晶,生声。一曰:象形。从口,古口复注中,故与日同。

【译文】

曐,万物的精华,在天上就成了众多的星。从晶,生声。另一义说:晶似众星之形。从口,古时候〇再加注一点在它的中间,所以与"日"字混同。

【按语】

"星"是形声字。甲骨文以五个口代表点点繁星。金文以三个日来指代天上的星星。小篆与金文形体相似。隶变以后楷书写成"曐"和"星"。现在规范化,以"星"为正体。

"星"原义指天上的星星。

星星的数量不可胜数,因此人们以"星"来形容多而分散的事物。例如"星罗棋布"。"星"高高在上,故延伸引喻那些有名的表演者。例如"歌星""影星"。

由流星飞快地划过天空,延伸指似流星一样疾速。例如"星流霆击""星飞电

国学经典文库

说文解字

《说文解字》原文释义

图文珍藏版

曇

曇 曇 昙

小篆　楷书（繁体）　楷书

【原文】

曇，云布也。从日、雲会意。

【译文】

曇，云气密布。由日、雲会意。

【按语】

"曇"是会意字。小篆从日，从雲，会云气密布遮住太阳之意。隶变以后楷书写成"曇"。汉字简化后写成"昙"。

"昙"的原义为云气密布。如陆云《愁霖赋》："云昙昙而叠结兮，雨淫淫而未散。"也指密布的云气。如杨慎《雨后见月》："雨气敛青霭，月华扬彩昙。"

"昙"用作译音，多见于佛经。例如"昙摩"，表示法、佛法。

"昙花"，是一种仙人掌科多年生直立状草本植物，夜间开放，花朵极美，但数小时后就会凋谢。故有"昙花一现"的说法，引喻美好的事物或者景象出现了一下，很快就消失了。

昶

昶 昶 昶

金文　小篆　楷书

【原文】

昶，日长也。从日、永会意。

国学经典文库

说文解字

《说文解字》原文释义

图文珍藏版

【译文】

昶,白天时间长。从日、永会意。

【按语】

"昶"是会意字。金文左是波涛汹涌的河流,右是太阳,会日长之意。小篆与金文相似。隶变后楷书写成"昶"。

"昶"的原义为日长,读作 chǎng。例如《双珠记·月下相逢》:"流离彼此如迷瘴,谁料阳乌仍昶。"

由日长延伸成通畅、通达,读作 chàng。如陆机《五等论》:"譬犹众目营方,则天纲自昶。""天纲"就是国法。"天纲自昶"是说国法自然通畅。

旸

旲 昜 暘 暘 旸

甲骨文　金文　小篆　楷书(繁体)　楷书

【原文】

暘,日出也。从日,易声。《虞书》曰:'暘谷。'

【译文】

暘,太阳出来。从日,易声。《虞书》说:"太暘出来的山谷。"

【按语】

"旸"是形声字。甲骨文从日,从乀(即勿,为阳光从云层射出之形),会云开日出之意。金文又加上几道太阳射出的光芒。隶变以后楷书写成"暘"。汉字简化后写成"旸"。

"旸"的原义为日出。例如《淮南子·地形训》:"暘谷搏桑在东方。"也指太阳。如蔡襄《自渔梁驿至衢州大雪有怀》:"薄吹消春冻,新暘破晓晴。"意思是,微风吹化春天的冰冻,太阳升起,天气晴朗。又例如"旸乌",指太阳。

由云层中射出阳光延伸指雨过天晴。例如《尚书·洪范》孔安国传:"雨以润物,旸以干物。"进而延伸指晴天暴晒。如徐光启《农政全书》："以故一遇恒旸,赤地千里,而莫之救也。"

晖

小篆　　楷书（繁体）　楷书

【原文】

暉,光也。从日,軍声。

【译文】

暉,日光。从日,軍声。

【按语】

"晖"是形声字。小篆从日,軍声。隶变以后楷书写成"暉"。汉字简化后写成"晖"。

"晖"的原义为日光,即太阳的光辉。如孟郊《游子吟》:"谁言寸草心,报得三春晖。"又如范仲淹《岳阳楼记》:"朝晖夕阴。"意思就是早晨日光照耀,夜晚阴气凝聚。

"晖"泛指光辉。例如《长歌行》:"阳春布德泽,万物生光晖。"意思是春天洒满恩惠,所有的生物全部散发着光辉。也延伸指明。例如《洛阳伽蓝记》:"及北海败散,国道重晖。"意思就是等到贼寇溃败,国家正道才又光明了。

晤

昭　晤

小篆　　　楷书

【原文】

晤,明也。从日,吾声。

【译文】

晤,明白。从日,吾声。

【按语】

"晤"是形声字。小篆从日,吾声。隶变以后楷书写成"晤"。

"晤"的原义为觉悟,受启发而明白。如孟郊《寿安西渡奉别郑相公》:"病深理方晤,悔至心自烧。"

"晤"延伸指聪明。例如《宋史·真宗纪》:"真宗英晤之主。"

现在常用义为会面、相见。例如"会晤"。

暑

  暑

小篆　　楷书

【原文】

暑,热也。从日,者声。

【译文】

暑,炎热。从日,者声。

【按语】

"暑"是形声兼会意字。小篆从日,者声,者(烧煮)兼表热之意。隶变以后楷书写成"暑"。

"暑"的原义是炎热。例如"酷暑难当"就是炎热得难以忍受之意。由此延伸指炎热的季节——夏季。例如"寒来暑往",其中的"寒"和"暑"指的就是冬天和夏天。

"暑"又用作节气名。例如"大暑"(每年的 7 月 23 日或者 24 日)、"小暑"(每年的 7 月 7 日或者 8 日)。

"暑"还用作中医学名词,是一种致病因素,属六淫(风、寒、暑、湿、燥、火)之一。

昭

昭　昭

小篆　　楷书

【原文】

昭,日明也。从日,召声。

【译文】

昭,太阳明亮。从日,召声。

【按语】

"昭"是形声字。小篆从日,召声。隶变以后楷书写成"昭"。

"昭"的原义为日光明亮。泛指光明、明亮。例如《诗经·大雅·抑》:"昊天孔昭,我生靡乐。"意思就是苍天通达明亮,我的一生没有快乐。

"昭"延伸表示彰明、显著。如成语"臭名昭著"。

"昭"用作动词,表示显扬、显示。如诸葛亮《出师表》:"宜付有司论其刑赏,以昭陛下平明之理。"意思是,应该交给有关部门来判定他们受赏或者受罚,以显示您公正严明的治理之道。

旷

曠　曠　旷

小篆　　楷书(繁体)　楷书

【原文】

曠,明也。从日,廣声。

【译文】

曠,明朗。从日,廣声。

【按语】

"旷"是会意兼形声字。小篆从日,从廣,会光明开朗之意,廣兼表声。隶变以后楷书写成"曠"。汉字简化后写成"旷"。

"旷"的原义为光明、明朗。例如《玉篇》:"旷,光明也。"延伸指广大、广阔、开阔。如"旷野",就是开阔的原野。还有"旷世奇缘"一词中的"旷"也是指广大、广阔。

"旷"延伸指心境开阔、开朗。如人们在形容别人时会用"旷澹"一词,意思是这个人心胸豁达,不重名利。

晷

小篆   楷书

【原文】

晷,日景也。从日,咎声。

【译文】

晷,日影。从日,咎声。

【按语】

"晷"是形声字。小篆从日,咎声。隶变以后楷书写成"晷"。

"晷"的原义是日影。"日晷"就是我国古时候利用日影来计时的计时器。通常由铜制的指针和石制的圆盘组成。铜制的指针叫作"晷针",垂直地穿过圆盘中心,起着圭表中立竿的作用,因此,晷针又叫"表"。石制的圆盘叫作"晷面",安放在石台上,晷面南高北低,平行于天赤道面。晷面的正反两面刻画出 12 个大格,每个大格代表两个小时。

"晷"延伸指日光、亮光。如成语"焚膏继晷",意思就是点上油灯,接续日光。形容勤奋地工作或者学习。

"晷"还延伸指光阴、时间。如成语"日无暇晷",就是形容没有一点空闲的时候。

景

景　景

小篆　　楷书

【原文】

景，光也。从日，京声。

【译文】

景，日光。从日，京声。

【按语】

"景"是会意兼形声字。小篆从日，从京（高），会日光高照之意，京兼表声。隶变以后楷书写成"景"。

"景"的原义是日光。如王维《鹿柴》："返景入深林，复照苍苔上。"泛指明亮、光亮。例如《艺文聚类》中有"高峰寻云，深谷无景"之句。

"景"也延伸指时光。如我们常说垂老之人"剩下的光景不多了"。也延伸指风光。例如"良辰美景""景色""景致"等。

进而延伸指情况、现象。例如"前景"。还延伸指仰慕、佩服。例如"景仰"。

暗

暗　暗

小篆　　楷书

【原文】

暗，日无光也。从日，音声。

【译文】

暗，太阳没有光亮。从日，音声。

【按语】

"暗"是形声字。小篆从日，音声。隶变以后楷书写成"暗"。

"暗"的原义是光线不足、不明亮。延伸指幽深。如陆游《游山西村》："山重水复疑无路，柳暗花明又一村。"

"暗"也延伸指不鲜艳、无光泽。如苏轼《浣溪沙·咏橘》："菊暗荷枯一夜霜，新苞绿叶照林光。"

幽深之处透着寂静的气息，所以还延伸指默不作声的、隐藏不露的、秘不公开的。例如"明人不做暗事""暗箭伤人""暗自"等。

小篆　　楷书

【原文】

昌，美言也。从日，从曰。一曰：日光也。《诗》曰：'东方昌矣。'

【译文】

昌，美善的言辞。由日、曰会意。另一义说：昌是太阳的光明。《诗经》说："东方明亮了。"

【按语】

"昌"是会意字。小篆从日，从曰（开口说话），会光明正大的善言之意。隶变以后楷书写成"昌"。

"昌"的原义为光明正大的美善之言。如杨炯《老人星赋》："献仙寿兮祝尧，奏昌言兮拜禹。"意思是，祝尧帝长寿，用美善之言拜大禹。

"昌"延伸指美好。例如《诗经·齐风·猗嗟》："猗嗟昌兮，颀而长兮。"意思是,多么俊美啊！身材高高的呀！

"昌"还延伸指兴盛。例如"昌盛""昌隆"。

旱

旱　旱

小篆　楷书

【原文】

旱,不雨也。从日,干声。

【译文】

旱,(久晴)不雨。从日,干声。

【按语】

"旱"是会意兼形声字。小篆从日,从干(抵挡),用太阳难抵挡会久晴不雨之意,干兼表声。隶变以后楷书写成"旱"。

"旱"的原义为久晴不雨、长时间缺少雨雪。例如"干旱""旱灾"。延伸指旱灾。例如"防旱抗旱"。

"旱"还指非水中的。例如"旱稻""旱田""旱鸭子"。陆地不在水中,且跟水无关,因此"旱"也延伸指陆地,以及路上交通。古人在询问走陆路还是水路时,常会提到"旱路"一词,其实就是指陆路。

旨

甲骨文　金文　小篆　楷书

【原文】

旨,美也。从甘,匕声。凡旨之属皆从旨。

【译文】

旨,味美。从甘,匕声。凡是旨的部属全部从旨。

【按语】

"旨"是会意兼形声字。甲骨文从匕(汤匙),从口,会盛汤入口觉得味美之意,匕兼表声。小篆中,"口"变成了"甘",更突出味美之意。隶变以后楷书写成"旨"。

"旨"的原义为味美。例如《礼记·学记》:"虽有嘉肴,弗食,不知其旨也。"意思是,虽然有好菜,不吃,就不知道其味道的鲜美。

由口中的味美延伸成思想中的要点、大意和用意。如成语"言近旨远",就表示语言浅显,含义却十分深远。

"旨"中之"日"指太阳,意为帝王的旨意具有无上的威严和智慧,故又特指皇帝的意见、命令或者是长官的命令。如古代皇帝的诏书称为"圣旨",官员接受命令时要"领旨""接旨"。

晨

晨　　晨

小篆　　楷书

【原文】

晨,房星;为民田时者,从晶,辰声。晨,晨或省。

【译文】

晨,房星;是农民下田耕种之时。从晶,辰声。晨,晨的或体,是晨的省略。

【按语】

"晨"是会意兼形声字。小篆从晶(表示天刚亮),从辰(大蚌壳,上古人用来做农具),辰兼表声。隶变以后楷书写成"晨",俗省作"晨"。现在规范化,以"晨"为正体。

许慎将"晨"字作为辰星的专用字,但"晨"的原义应为清晨劳作。

尔后延伸指早晨。例如"晨明",就是指黎明。还延伸指鸡啼报晓。例如《尚书·牧誓》中有"牝鸡无晨",意思就是母鸡不能报晓。又因雄鸡有司晨报晓的本领,母鸡则不能,所以古书中常用"晨牝"一词引喻干预朝政的后妃。

明

甲骨文　　金文　　小篆　　楷书（繁体）　　楷书

【原文】

朙,照也。从月,从囧。凡朙之属皆从朙。

【译文】

朙,照耀。由月、囧会意。凡是朙的部属全部从朙。

【按语】

"明"是会意字。甲骨文以日、月发光表示明亮。小篆从囧(窗牖明亮),从月。隶变以后楷书写成"朙"和"明"。现在规范化,以"明"为正体。

"明"的原义是光明、明亮。例如《诗经·齐风·鸡鸣》:"东方明矣,朝既昌矣。"

"明"延伸成明显。例如《荀子·正名》:"是非之形不明。"又表示懂得、了解,阐明。如柳宗元《柳河东集》:"文者以明道。"

"明"用作名词,指眼睛、视力。《孟子·梁惠王上》:"明足以察秋毫之末。"

昃

甲骨文　　金文　　小篆　　楷书

【原文】

昃,日在西方时。侧也。从日,仄声。《易》曰:'日厢之离。'

【译文】

昃,太阳在西方的时候。偏侧在一边了。从日,仄声。《易经》说:"太阳偏西时的山神兽。"

【按语】

"昃"是会意字。甲骨文从日,从(倾斜的)人,表示太阳西斜了。金文愈加形象地表现了"日"在"人"的右侧。小篆外部又增加"厂"。隶变以后楷书写成"昃"。

"昃"的原义为太阳西斜。例如《易·丰》:"日中则昃,月盈则食(蚀)。"

旧

甲骨文　金文　小篆　楷书(繁体)　楷书

【原文】

舊,雎旧,旧雷也。从萑,臼声。

【译文】

舊,雎旧,即旧留鸟。从萑,臼声。

【按语】

"旧"是象形字。甲骨文似头顶有毛角、瞪着两个大眼睛的猫头鹰之形;或者另加"臼"表声。金文大体相同。小篆整齐化。隶变以后楷书写成"舊"。汉字简化后写成"旧"。

"舊"的原义为猫头鹰。延伸表示原先的、已经有的。例如"喜新厌旧""旧病复发"。

"旧"也延伸指古老的,与"新"对应。例如《诗经·大雅·文王》:"周虽旧邦,其命维新。"

"旧"也延伸指曾经有过,而今已不用或者废弃的。例如"旧居""旧址"。

"旧"也延伸指惯例、常例。例如《淮南子·氾论训》:"苟周于事,不必循旧。"

易

甲骨文　金文　小篆　楷书

【原文】

易，蜥易，蝘蜓、守宫也，象形。《祕书》说：日月为易，象阴阳也。一曰：从勿。凡易之属皆从易。

【译文】

易，蜥蜴，又叫蝘蜓、守宫。象形。《祕书》说："日""月"二字会合成"易"字，象征着阴阳的变易。另一义说：（易）从勿。凡是易的部属全部从易。

【按语】

"易"是象形字。甲骨文似头朝上的一条蜥蜴。金文与甲骨文基本一样。小篆线条化。隶变后楷书写成"易"。

"易"的原义是蜥蜴，被假借为改变之后，当蜥蜴讲的"易"便写成"蜴"。

"易"又假借为交换。例如《列子·汤问》："寒暑易节。"延伸成改变。例如《荀子·乐论》："移风易俗。"

"易"还可以当容易讲。例如《史记·淮阴侯列传》："时者，难得而易失也。"

昔

甲骨文　金文　小篆　楷书

【原文】

昔,干肉也。从残肉,日以晞之。与俎同意。

【译文】

昔,干肉。(㐰表示)残余、零星的肉,(日表示)用太阳来晒干它。与"俎"字从"仌"的构形意义相同。

【按语】

"昔"是会意字。甲骨文从日,下部似洪水泛滥的样子,表示古代洪水泛滥的日子。小篆从金文演变而来。隶变以后楷书写成"昔"。

"昔"原义指洪水泛滥的古老日子。延伸成从前。例如《盐铁论·非鞅》:"昔商君相秦也。"

显

甲骨文　　小篆　　楷书(繁体)　　楷书

【原文】

顯,头明饰也。从頁,㬎聲。

【译文】

顯,头上光明的首饰。从頁,㬎声。

【按语】

"显"是会意字。金文右为人,左上为日,左下为丝,似人在日下曝丝的样子。小篆的字形线条化。隶变以后楷书写成"顯"。汉字简化后写成"显"。

"显"的原义为在太阳下晒丝。延伸指明显,显示得很清楚。如成语"显而易见"。

"显"作动词,表示显露、显扬。例如《史记·孙子吴起列传》:"孙膑以此名显天下。"

"显"有尊敬之意,所以旧时又用作对先人的敬称。对死去的父亲称"显考",对死去的母亲称"显妣"。

晋

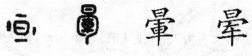

甲骨文　金文　小篆　楷书（繁体）楷书（繁体）楷书

【原文】

晉，进也。日出万物进。从日，从臸。《易》曰：'明出地上，晋。'

【译文】

晉，长进。太阳出来，万物前进滋长。由日、由臸会意。《易经》说："明亮的太阳从地上出来，（万物）长进。"

【按语】

"晋"是会意字。甲骨文似两只箭插入插箭器中之形，会箭插入之意。金文大体相同。隶变后楷书写成"晉"和"晉"。汉字简化后写成"晋"。

"晋"的原义为插进箭。延伸指插。例如《周礼·春官·典瑞》："王晋大圭。"

"晋"也延伸指晋升，提高地位、级别或者荣誉。例如《清史稿·桂中行传》："以功晋知府。"

晕

甲骨文　小篆　楷书（繁体）　楷书

【原文】

无。

【按语】

"晕"是形声字。甲骨文中日周围是光晕。小篆另加声符"軍"。隶变以后楷书写成"暈"。汉字简化后写成"晕"。

"晕"的原义是指日、月周围的光圈。《韩非子·备内》:"日月晕围于外。"

因"晕"有模糊不清之意,故延伸指人眼花、昏眩。如陆龟蒙《奉酬袭美先辈吴中苦雨一百韵》:"看花虽眼晕,见酒忘肺渴。"

曹

甲骨文　　金文　　小篆　　楷书

【原文】

𣍤,狱之两曹也。在廷东。从,治事者;从曰。

【译文】

𣍤,打官司的原告和被告。全部在法庭的东边。从㯥,(㯥)是管理打官司的人;从曰。

【按语】

"曹"是会意字。甲骨文从㯥(两个灯笼),从口,用门口悬置两个灯笼会双、偶之意。金文中,"口"讹变为"甘"。小篆中,"口"讹变为"曰"。隶变后楷书写成"曹"。

"曹"的原义为双、偶。如宋玉《招魂》:"分曹并进。"

"曹"延伸指等、辈、类。如杜甫《戏为六绝句》:"尔曹身与名俱灭,不废江河万古流。"

古时分科办事的官署也称为"曹"。例如"曹掾",泛指一般官员。

晶

甲骨文　　小篆　　楷书

【原文】

晶,精光也。从三日。凡晶之属皆从晶。

【译文】

晶,精华的光亮。由三个"日"字会意。凡是晶的部属全部从晶。

【按语】

"晶"是会意字。甲骨文表示三个太阳堆在一起,会光亮之意。小篆与甲骨文大体相同。隶变后楷书写成"晶"。

"晶"的原义为光亮、明亮。如宋之问《明河篇》:"八月凉风天气晶,万里无云河汉明。"

在古文中,"晶"还特指月亮。例如"晶轮""晶盘""晶蟾"等。

"晶"也作为水晶的简称。例如"茶晶"。

量

| 甲骨文 | 金文 | 小篆 | 楷书 |

【原文】

量,称轻重也。从重省,曏省声。

【译文】

量,称轻重。由重省彳表意,曏省鄉表声。

【按语】

"量"是会意字。甲骨文下部似量器之形,上有口,表示可以向里面装东西。金文口中加一点。小篆整齐化。隶变以后楷书写成"量"。

"量"的原义为量器,读作 liáng。延伸指用量器计算容积或者长度。例如《庄子·胠箧》:"为之斗斛以量之,则并与斗斛而窃之。"

也延伸指衡量。例如《左传·隐公十一

年》："度德而处之,量力而行之。"

"量"作名词时读 liàng,指数量、数目。例如"产量"。

"量"延伸指人的度量、器量。例如"量浅",指器量狭小。

"量"又指容量、容纳事物的限度。如人们称能喝酒的人为"海量"。

昆

昆　昆

小篆　楷书

【原文】

昆,同也。从日,从比。

【译文】

昆,同。由日、由比会意。

【按语】

"昆"是会意字。小篆从日,从比,表示二人在日光下并肩行走,会太阳为天下人共享之意。隶变以后楷书写成"昆"。

"昆"的原义为一起、共同。例如《太玄·玄摛》："天下之理得之谓德也,理生昆群兼爱之谓仁也。"

兄弟同生并长,故延伸指哥哥、胞兄。例如《诗经·王风·葛藟》："终远兄弟,谓他人昆。"

"昆"又指昆山,古代传说中的产玉之山。例如《尚书·胤征》："火炎昆冈,玉石俱焚。"

春

春　春　春　春

甲骨文　金文　小篆　楷书

【原文】

萅,推也。从艸,从日。艸(草),春时生也。屯声。

【译文】

春,推出万物。由艸、日会意。草,春天时生发。屯表声。

【按语】

"春"是会意兼形声字。甲骨文从日,从艸,从屯(似草木钻出地面之形),屯兼表声。小篆基本上同于金文,只是"屯"的曲笔朝右拐。隶变以后楷书写成"春"。

"春"的原义就是四季中的第一季,一般是农历的正月到三月,称为春季。

"春"又指春色、喜色。如陆凯《赠范晔》:"江南无所有,聊赠一枝春。"

是

是　是　昰　是

金文　　小篆　　楷书(繁体)　楷书

【原文】

昰,直也。从日、正。凡昰之属皆从昰。

【译文】

昰,正直。由日、正会意。凡是昰的部属全部从昰。

【按语】

"是"是会意字。金文从日,从正,其中短竖象征端直,会日中端直之意。小篆整齐化。隶变后楷书写成"昰"与"是"。现在规范化,以"是"为正体。

"是"的原义为正、不偏斜。例如《易·未济》:"濡其首,有孚失是。"

"是"延伸指对的、正确的。如陶渊明《归去来兮辞》:"实迷途其未远,觉今是而昨非。"

"是"作代词,表示此、这。例如《论语·八佾》:"是可忍也,孰不可忍也。"

"是"作关系词时,表示肯定判断。例如《古诗为焦仲卿妻作》:"汝是大家子,仕宦于台阁。"

暴

暴 小篆　暴 楷书

【原文】

暴，晞也。从日，从出，从廾，从米。

【译文】

暴，晒。由日、出、廾、米会意。

【按语】

"暴"是会意字。小篆从日，从出，从廾（双手），从米，会日出时手拨米而晒之意。隶变后楷书写成"暴"。

"暴"的原义为晒。例如《汉书·王吉传》中所说的"暴炙"，就是晒烤。到了后世，表示晒的意义时均写成"曝"，读作 pù。

凡是晒就必须露于外，故延伸成显露。如司马迁《报任安书》："功亦足以暴于天下矣。"

"暴"也延伸成凶狠、残酷。例如"暴虐无道"。猛烈而又紧急也可称"暴"。例如"暴风骤雨"。还延伸表示脾气过分急躁。如成语"暴跳如雷"。

"暴"也延伸指突然。例如《聊斋志异·狼三则》："屠暴起，以刀劈狼首，又数刀毙之。"

普

普 小篆　普 楷书

【原文】

普,日无色也。从日,从并。

【译文】

普,太阳没有光色。由日、由并会意。徐锴曰:"日无光则远近皆同,故从并。"

【按语】

"普"是会意兼形声字。小篆从日,从并,会日色到处相同之意,并兼表声。隶变以后楷书写作"普"。

"普"的原义为日色相同。延伸指遍及、全面。例如《诗经·小雅·北山》:"普天之下,莫非王土。"

"普"也延伸指广大。例如《墨子·尚贤中》:"圣人之德,若天之高,若地之普。"

昂

小篆　　楷书

【原文】

无。

【按语】

"昂"是会意兼形声字。小篆从日,从卬,会仰起头望日之意,卬兼表声。隶变以后楷书写成"昂"。

"昂"的原义为仰起、抬起。如魏学洢《核舟记》:"袒胸露乳,矫首昂视。"

仰起则高,故延伸指高、升高。例如《礼记·曲礼》:"横奉之,令左昂右低,如有首尾然。"

"昂"也延伸指昂扬、高傲。例如"慷慨激昂",引喻精神振奋,情绪激昂,充满正气。

映

映

映

小篆　楷书

【原文】

无。

【按语】

"映"是形声字。小篆从日,央声。隶变以后楷书写成"映"。

"映"的原义为照。杨万里《晓出净慈寺送林子方》:"映日荷花别样红。"延伸指反映,因光线照射而显出。如庾信《咏画屏风》:"狭石分花径,长桥映水门。"

"映"用于抽象意义时,指映衬。如杜牧《江南春绝句》:"千里莺啼绿映红,水村山郭酒旗风。"

相互交映则容易遮蔽,故也延伸指遮、隐藏。如吴均《与朱元思书》:"疏条交映,有时见日。"

暖

暖

暖

小篆　楷书

【原文】

无。

【按语】

"暖"是形声字。小篆从火,爰声。隶变以后楷书写成"暖"。

"暖"的原义为温度不冷也不热。如苏轼《惠崇春江晚景》:"竹外桃花三两枝,春江水暖鸭先知。"特指向阳的。如白居易《钱塘湖春行》:"谁家新燕啄春泥。"

"暖"用作动词,指使温暖。例如"暖手"。

昱

甲骨文　金文　小篆　楷书

【原文】

昱，明日也。从日，立声。

【译文】

昱，明天。从日，立声。

【按语】

"昱"是形声字。甲骨文从日，羽声。金文另加声符"立"。小篆简化为从日，立声。隶变后楷书写成"昱"。

"昱"的原义为明天。后其原义借用"翌"来表示，"昱"则延伸表示照耀。例如《太玄·告》："日以昱乎昼，月以昱乎夜。"

"昱"作形容词时，表示光辉灿烂的、明亮而闪闪发光的。例如《淮南子·本经训》："焜昱错眩，照耀辉煌。"

晃

小篆　楷书

【原文】

无。

【按语】

"晃"是会意兼形声字。小篆从日，从光，会光明闪耀之意，光兼表声。隶变以后楷书写成"晄"和"晃"。现在规范化,以"晃"为正体。

　　"晃"读作 huǎng 时,原义为明亮。如潘岳《秋兴赋》:"天晃朗以弥高兮。"

　　"晃"延伸指闪耀。如曹植《宜男花颂》:"光彩晃曜,配彼朝日。"

　　"晃"也延伸指一闪而过,闪电般地出现或者来回经过。例如"一晃三载""虚晃一枪"。

　　"晃"读作 huàng 时,表示摇动、摆动。例如"摇头晃脑"。

晌

晌　晌

小篆　　楷书

【原文】

无。

【按语】

　　"晌"是会意兼形声字。楷书写成"晌",从日,从向,会日向午时之意,向兼表声。

　　"晌"的原义为正午或者午时前后。例如"晌午""晌觉"。

　　"晌"也延伸指片刻、一会儿,泛指比较短的一段时间。例如"愣了半晌"。

晒

曬　曬　晒

小篆　楷书(繁体)　楷书

【原文】

曬,暴也。从日,麗声。

【译文】

曬,晒干。从日,麗声。

【按语】

"晒"是形声字。小篆从日,麗声。隶变以后楷书写成"曬";俗简作"晒",改为西声。如今规范化,以"晒"为正体。

"晒"的原义为在阳光下晒干或者取暖。例如"晒衣服"。延伸指阳光照射。例如"日晒雨淋"。

"晒"在方言中又表示置之不理、慢待。例如"那人被晒在一边,没人理他"。

旭

小篆　楷书

【原文】

旭,日旦出貌。从日,九声。读若勖。一曰:明也。

【译文】

旭,太阳刚出来的样子。从日,九声。音读似"勖"字。另一义说:旭是阳光明亮。

【按语】

"旭"是形声字。小篆从日,九声,表示太阳初出。隶变以后楷书写成"旭"。

"旭"的原义为太阳初升的样子。例如《诗经·邶风·匏有苦叶》:"雝雝鸣雁,旭日始旦。"

"旭"用作动词,指天亮。如陶渊明《归园田居》:"欢来苦夕短,已复至天旭。"

"旭"作名词,指初出的太阳、晨曦。例如"旭日"。

晴

小篆　楷书

【原文】

无。

【按语】

"晴"是会意兼形声字。小篆从夕,从生,会月亮出现天气晴朗之意,生兼表声。隶变以后楷书写成"晴"。

"晴"的原义为雨止无云、天气晴朗。如崔颢《黄鹤楼》:"晴川历历汉阳树,芳草萋萋鹦鹉洲。"又特指晴天。如古人所说的"祈晴",就是向上天祈求晴天之意。

晾

晾 晾

小篆　　楷书

【原文】

无。

【按语】

"晾"是形声兼会意字。楷书写成"晾",从日,京声,京兼表高之意。

"晾"的原义为曝晒。泛指晒。如"晾衣服"。延伸指把东西放在通风或者阴凉的地方使干燥。如"晾干菜"。

"晾"也延伸指撇在一边不理睬、冷落。如"把他晾在一边"。

"晾"还引喻暴露出来。如"把思想晾出来"。

昧

昧 昧 昧

金文　　小篆　　楷书

【原文】

昧,昧爽,旦明也。从日,未声。一曰:暗也。

【译文】

昧,昧爽,将明之际。从日,未声。另一义说:昧是昏暗。

【按语】

"昧"是形声兼会意字。金文从日,未声,未兼表繁茂蔽日之意。小篆整齐化。隶变以后楷书写成"昧"。

"昧"的原义为天接近明而尚未明。例如《尚书·牧誓》:"时甲子昧爽,王朝至于商郊牧野,乃誓。"延伸指心中不明、昏惑。如"愚昧""蒙昧"。也延伸指愚蠢、糊涂。如"愚昧"。

"昧"作动词时,表示违背。如"昧心"。

"昧"还表示冒着、冒犯。例如《史记·秦始皇本纪》:"丞相臣斯昧死言。"

暂

暫　暫　暂

小篆　　楷书（繁体）　楷书

【原文】

暂,不久也。从日,斩声。

【译文】

暂,短时间。从日,斩声。

【按语】

"暂"是形声字。小篆从日,斩声。隶变以后楷书写成"暫"。汉字简化后写成"暂"。

"暂"的原义为时间短、暂时。如"短暂"。

"暂"延伸指刚刚、方才。如何逊《七夕》:"逢观暂巧笑,还泪已啼妆。"

"暂"用作副词,表示暂时。如"暂停""暂且"。

替

替　替　替

金文　小篆　楷书

【原文】

无。

【按语】

"替"是会意兼形声字。金文上边表示屠宰后的二祭牲,下为容器,会容器中存放有祭牲之意,表示废置。小篆讹为从竝、白(自)声的形声字。隶变以后楷书写成"替"。

"替"的原义为废弃。延伸指衰败。例如《新唐书·魏徵传》:"以古为镜,可以知兴替。"延伸指代换。例如《木兰诗》:"愿为市鞍马,从此替爷征。"

"替"虚化为介词,等同于"为""对"。如"真替他高兴!"

时

時　時　時　時　时

甲骨文　金文　小篆　楷书(繁体)　楷书

【原文】

時,四时也。从日,寺声。

【译文】

時,四时。从日,寺声。

【按语】

"时"是会意兼形声字。甲骨文、金文皆从日,从之(前往),会日月运行成四时之意,之兼表声。小篆变为从日,寺声。隶变以后楷书写成"時"。汉字简化后写成"时"。

"时"的原义为节令、季节。如欧阳修《醉翁亭记》:"四时之景不同,而乐亦无穷也。"

"时"延伸指时辰,即一昼夜的十二分之一。如黄庭坚《思亲汝州作》:"一日思亲十二时。"泛指时间、光阴、岁月。如"时不待我"。

"时"又指时代、时尚。如朱庆馀《近试上张水部》:"妆罢低声问夫婿,画眉深浅入时无。"

"时"还表示常常、经常。例如《论语·学而》:"学而时习之,不亦乐乎?"

早

金文　　　　小篆　　　　楷书

【原文】

早,晨也。从日在甲上。

【译文】

早,早晨。由"日"在"甲"上会意。

【按语】

"早"是会意字。金文从日,从十,会天将破晓,太阳冲破黑暗涌出之意。小篆下部变为"甲"(最早表示皮开裂或者东西破裂)。隶变以后楷书写成"早"。

"早"的原义为早晨,指从天亮到早上七八点钟的一段时间。如韩愈《原毁》:"早夜以思。"泛指时间靠前的、比一定时间提前的。例如《左传·宣公二年》:"尚早,坐而假寐。"

"早"又指在平生的早期、在年轻时。如陆游《书愤》:"早岁那知世事艰,中原北望气如山。"

晓

曉　曉　晓

小篆　楷书（繁体）　楷书

【原文】

曉，明也。从日，堯声。

【译文】

曉，光明。从日，堯声。

【按语】

"晓"是形声字。小篆从日，堯声。隶变以后楷书写成"曉"。汉字简化后写成"晓"。

"晓"的原义是指天刚亮的时候。如孟浩然《春晓》："春眠不觉晓，处处闻啼鸟。"延伸指明亮。例如《淮南子·俶真训》："冥冥之中，独见晓焉。"进而延伸指明白、理解、通晓。如王谠《唐语林·雅量》："上晓音律。"

"晓"又表示使知道、使明白。如司马迁《报任安书》："是仆终已不得舒愤懑以晓左右。"

昊

杲　昦　昊

金文　小篆　楷书

【原文】

无。

【按语】

"昊"是会意兼形声字。金文从日从夰会意，夰兼表声。小篆整齐化。隶变以后楷书写成"昊"。

"昊"的原义为元气浩大。例如《诗经·小雅·蓼莪》:"欲报之德,昊天罔极。"泛指广漠的高天。如"苍昊"就是苍天。

还用作姓。

晏

晏

小篆　　楷书

【原文】

晏,天清也。从日,安声。

【译文】

晏,天空清朗。从日,安声。

【按语】

"晏"是会意兼形声字。小篆从日,从安,会天日晴朗、没有风云之意,安兼表声。隶变以后楷书写成"晏"。

"晏"的原义是晴朗。例如《汉书·扬雄传》:"于是天清日晏。"

"晏"延伸指柔和、温和。例如《诗经·卫风·氓》:"总角之宴,言笑晏晏。"又表示平静、安闲。如"河清海晏""晏然自得"。

昨

昨

小篆　　楷书

【原文】

昨,累日也。从日,乍声。

【译文】

昨,重累其日。从日,乍声。

【按语】

"昨"是形声字。小篆从日,乍声。隶变以后楷书写成"昨"。

"昨"的原义是指刚过去的一天。如朱庆馀《近试上张水部》:"洞房昨夜停红烛,待晓堂前拜舅姑。"泛指过往、往日。如陶渊明《归去来兮辞》:"实迷途其未远,觉今是而昨非。"

晰

晰 晰

小篆　　楷书

【原文】

无。

【按语】

"晰"是形声字。楷书写成"晰",从日,析声。

"晰"的原义为清楚、明白。如"清晰"。

"晰"延伸指明辨。如李渔《闲情偶寄·词曲·格局》:"圣叹之评《西厢》,可谓晰毛辩发矣。"

"晰"用作形容词,指光亮的。如谢灵运《庐山慧远法师诔》:"日月沈晖,三光寝晰。"

晚

晚 晚

小篆　　楷书

【原文】

晚,莫也。从日,免声。

说文解字

《说文解字》原文释义

图文珍藏版

【译文】

晚,日暮。从日,免声。

【按语】

"晚"是形声字。小篆从日,免声。隶变以后楷书写成"晚"。

"晚"的原义为日落时。如李商隐《乐游原》:"向晚意不适,驱车登古原。"又指夜晚。如庾信《对烛赋》:"晚星没,芳芜歇,还持照夜游,讵减西园月?"又指时间靠后。如"晚熟"。

旧时官场后辈对前辈、下级对上级称"晚生",简言曰"晚",多用于书信。

晦

晦   晦

小篆   楷书

【原文】

晦,月尽也。从日,每声。

【译文】

晦,月终的一天。从日,每声。

【按语】

"晦"是形声字。小篆从日,每声。隶变以后楷书写成"晦"。

"晦"的原义为农历每月的最后一天。例如《庄子·逍遥游》:"朝菌不知晦朔。"

"晦"延伸指昏暗不明。如欧阳修《醉翁亭记》:"晦明变化者,山间之朝暮也。"

"晦"进而延伸指义理深微、隐晦、含蓄。例如《左传·成公十四年》:"《春秋》之称,微而显,志而晦,婉而成章。"

暇

暇 暇

小篆　　　楷书

【原文】

暇，闲也。从日，叚声。

【译文】

暇，空闲。从日，叚声。

【按语】

"暇"是形声字。小篆从日（表示与时间有关），叚声。隶变以后楷书写成"暇"。

"暇"的原义为空闲、闲暇。如龚自珍《病梅馆记》："安得使予多暇日，又多闲田？"

"暇"用作形容词，指悠闲的。例如《聊斋志异·狼三则》："久之，目似瞑，意暇甚。"

"暇"也延伸指从容、不慌不忙、大方自如。例如《世说新语·任诞》："谢便起舞，神意甚暇。"

曰 部

曰

甲骨文　　　金文　　　小篆　　　楷书

【原文】

曰，词也。从口，乙声，乙像口气出也。凡曰之属皆从曰。

国学经典文库

说文解字

《说文解字》原文释义

图文珍藏版

1223

【译文】

曰，语助词。从口，乙声，乙像口上有气冒出。凡是曰的部属全部从曰。

【按语】

"曰"是指事字。甲骨文下部为口，上面一横表示说话时从口中出来的气。金文与甲骨文相似。小篆继承金文。隶变以后楷书写成"曰"。

"曰"的原义就是说。例如《孙子兵法·计篇》："孙子曰：'兵者国之大事'"。

"曰"延伸成叫作。如魏学洢《核舟记》："明有奇巧人曰王叔远。"

"曰"作语气助词时，用于句首。例如《诗经·秦风·渭阳》："我送舅氏，曰至渭阳。"也可用于句中。例如《诗经·豳风·东山》："我东曰归，我心西悲。"

<h1 style="text-align:center">曲</h1>

甲骨文　　金文　　小篆　　楷书

【原文】

曲，象器曲受物之形。或说：曲，蚕薄也。凡曲之属皆从曲。

【译文】

曲，似器物中间圆曲能够盛受物体的样子。有的说：曲，是似筛子一样的蚕箔。凡是曲的部属全部从曲。

【按语】

"曲"是象形字。甲骨文似一个弯曲的东西，中间有纹饰。金文与甲骨文类似。小篆似能装东西的器物之形。隶变以后楷书写成"曲"。

"曲"的原义是弯曲，与"直"相对，读作 qū。由弯延伸成偏邪、不正直。例如《韩非子·有度》："故今之时，能去私曲就公法者，民安而国治。"意思是，所以当今之时，能革除偏私不公而行公正之法的，就能使人民安定，使国家得到治理。

"曲"用作动词，表示使弯曲。事情的发展就似弯曲的小路，所以"曲"还延伸指是非曲直。

乐曲婉转动听，故而"曲"也特指乐曲、歌曲，读作 qǔ。

曾

| 甲骨文 | 金文 | 小篆 | 楷书 |

【原文】

曾,词之舒也。从八,从曰,囧声。

【译文】

曾,虚词中表示舒缓语气的助词。由八、由曰会意,囧表声。

【按语】

"曾"是象形字。甲骨文似古代蒸食的炊器。金文、小篆继承甲骨文而来。隶变以后楷书写成"曾"。

"曾"的原义是指一种蒸熟食物的器具,是"甑"的本字。

"曾"借作副词,表示乃、竟。例如《诗经·卫风·河广》:"谁谓河广?曾不容刀!"。

"曾"也指曾经。如白居易《忆江南》:"江南好,风景旧曾谙。"

冕

| 金文 | 小篆 | 楷书 |

【原文】

冕,大夫以上冠也。邃延、垂瑬、紞纩。从冃,免声。

【译文】

冕,大夫以上官员的礼帽。覆版长长,垂下玉璪,又悬着充塞两耳的瑱玉。从冃,免声。

【按语】

"冕"是会意字。金文下部是面朝左侧立的人,上部是一顶帽子。小篆繁复化,又在其上增加了一顶大帽子。隶变以后楷书写成"冕"。

"冕"原义是大夫以上的贵族所戴的礼帽。例如《左传·哀公十五年》:"服冕乘轩。"

尔后特指帝王的皇冠。如"加冕",意思就是把皇冠加在君主头上,是君主即位时所举行的仪式。

冒

金文　　　　小篆　　　楷书

【原文】

冒,冢(蒙)而前也。从冃,从目。

【译文】

冒,蒙覆着前进。由冃、由目会意。

【按语】

"冒"是会意字。金文似帽子之下有一只眼睛的样子。小篆的形体线条化。隶变以后楷书写成"冒"。

"冒"的原义是帽子。例如《陌上桑》:"少年见罗敷,脱帽著峭头。"帽子是顶在头上的,故延伸表示顶着。如"顶风暴雨"。

"冒"也延伸成冒失、冒昧。如王安石《上皇帝万言书》:"冒言天下之事。"

"冒"又可以延伸成冒充、假冒。如"冒名顶替"。

曼

甲骨文　　金文　　小篆　　楷书

【原文】

曼,引也。从又,冒声。

【译文】

曼,引长。从又,冒声。

【按语】

"曼"是会意字。甲骨文上下是两只手,中间是一只目,会用两手张目游观之意。金文另加声符"冃",小篆继承金文。隶变以后楷书写成"曼"。

"曼"的原义为引目流盼。如屈原《楚辞·九章·哀郢》:"曼余目以流观兮,冀一反之何时？鸟飞反故乡兮,狐死必首丘。"意思是,放眼四下望,希望什么时候能返回郢都一趟。鸟儿高飞终要返回旧巢啊,狐狸死时头一定向着狐穴所在的方向。

引则长,故延伸指拉长、延长。例如《列子·汤问》:"韩娥因曼声哀哭,一里老幼悲愁,垂涕相对,三日不食。"也延伸指时间长。

长则细柔,故也延伸指柔美、细润。如"轻歌曼舞"。

最

小篆　　楷书

【原文】

最,犯而取也。从冃,从取。

【译文】

最，冒犯而取之。由冃、由取会意。

【按语】

"最"是会意字。小篆从冃（冒犯），从取。隶变以后楷书写成"最"。

"最"的原义为冒犯夺取。如刘三吾《许国襄简王公神道碑铭》："公既诸将一禀睿筹，与贼遘，最，遂下之。"延伸指积聚、聚合。例如《管子·禁藏》："冬收五藏，最万物。"

古代考核政绩或者军功时划分的等级，以上等为最。例如《睡虎地秦墓竹简·厩苑律》："有里课之，最者，赐田典日旬。"

进而延伸指程度达到了顶点，等同于"极""尤"。如辛弃疾《清平乐·村居》："最喜小儿无赖，溪头卧剥莲蓬。"

止 部

止

| 甲骨文 | 金文 | 小篆 | 楷书 |

【原文】

止，下基也。象草木出有址，故以止为足。凡止之属皆从止。

【译文】

止，底下的基础。似草木长出来有根干基址之形，所以用"止"表示足。凡是止的部属全部从止。

【按语】

"止"是象形字。甲骨文似一只脚丫的形状。金文的形体愈加规整美观。小篆与金文大体相同。隶变以后楷书写成"止"。

"止"的原义就是脚。例如《汉书·刑法志》:"斩左止。"

由站立不走延伸指停止、停息。例如《诗经·秦风·黄鸟》:"交交黄鸟,止于桑。"

"止"用作副词,表示仅仅、只是。例如《聊斋志异·狼》:"禽兽之变诈几何哉? 止增笑耳。"

步

甲骨文　　　金文　　　小篆　　　楷书

【原文】

步,行也。从止、㐱相背。凡步之属皆从步。

【译文】

步,行走。由"止"""两字相背会意。凡是步的部属全部从步。

【按语】

"步"是会意字。甲骨文似左右脚向前走动的样子。金文的形体与甲骨文相似。小篆线条化、整齐化。隶变以后楷书写成"步"。

"步"的原义是行走。如屈原《涉江》:"步余马兮山皋,邸余车兮方林。"

"步"延伸成按照、跟着。如毛泽东《浣溪沙》:"柳亚子先生即席赋浣溪沙,因步其韵奉和。"

"步"用作名词,指行走时两足之间的距离。例如《荀子·劝学》:"不积跬步,无以至千里。"

此

甲骨文　　　金文　　　小篆　　　楷书

【原文】

此,止也。从止,从匕。匕,相比次也。凡此之属皆从此。

【译文】

此,止。由止、由匕会意。匕表示相并列。凡是此的部属全部从此。

【按语】

"此"是会意字。甲骨文左边为朝上的脚趾,右边站着一个面朝右的人,会人站的地方之意。金文和小篆全部由甲骨文而来。隶变以后楷书写成"此"。

"此"的原义指人站的地方。所以也延伸成指示代词"这",与"彼"或者"那"相对。如"此一时,彼一时"。也延伸指这儿、此处。如"此地无银三百两",其中的"此"就是此处。

"此"还延伸指如此、这般。我们说的"事已至此",就是事情已经这样了的意思。

歧

跂　跂　歧

小篆　楷书（繁体）　楷书

【原文】

跂,足多指也。从足,支声。

【译文】

跂,多出的脚趾。从足,支声。

【按语】

"歧"是形声字。小篆从足,支声。隶变以后楷书写成"跂",异体作"歧"。现在二字表意有分工。

"歧"原义指多余的脚趾。此义尔后写成"跂"。泛指叉开、分支。如笑花主人《今古奇观序》:"极摹人情世态之歧,备写悲欢离合之致。"

"歧"也延伸指由大路分出的岔道。如王勃《杜少府之任蜀州》:"无为在歧途,儿女共沾巾。"

歪

歪 歪

小篆　　　楷书

【原文】

无。

【按语】

"歪"是会意兼形声字。小篆从立,从鬲（锅）,会锅放得不正之意,鬲兼表声。隶变以后楷书写成"歪"。

"歪"的原义为不正、偏斜。如俗语有"上梁不正下梁歪"。

歪则不美观,故用以形容丑陋的人或者事物。如"歪瓜裂枣""斜头歪脑"。也形容那些不正当的门径或者坏主意、坏现象。如"邪门歪道"。

"歪"用作动词,指使倾斜、弄斜。如"歪着脑袋"。也指躺、侧卧或半躺下休息。如"歪一会儿",意思就是躺一会儿、睡一会儿。

贝部

贝

甲骨文　　金文　　小篆　　楷书（繁体）　楷书

【原文】

貝，海介虫也。居陆名猋，在水名蜬。象形。古者货贝而宝龟，周而有泉，至秦废贝行钱。凡贝之属皆从贝。

【译文】

貝是海中有甲壳的软骨动物。在陆上叫猋，在水中叫蜬。似贝壳之形。古时候，以贝壳为财富，以龟甲为珍宝。周朝有泉（而不废贝），到了秦朝，废除贝而通行钱。凡是贝的部属全部从贝。

【按语】

"贝"是象形字。甲骨文、金文好像一颗玛瑙贝的样子。小篆字形发生了变化。隶变以后楷书写作"貝"。汉字简化后写成"贝"。

"贝"的原义就是指海里的贝类生物，这些软体动物的壳就是贝壳。

"贝"是个部首字。凡由"贝"组成的字，大都与钱财或者贵重物品有关。如"财""货"。

贞

甲骨文	金文	小篆	楷书（繁体）	楷书

【原文】

贞，卜问也。从卜，贝以为贽。一曰：鼎省声。京房所说。

【译文】

贞，卜问。从卜，用贝作为占卜的礼品。一说：贞，从卜，鼎省声。是京房氏的说法。

【按语】

"贞"是会意字。甲骨文上为卜（表卜问吉祥正事），下为鼎（象征吉祥与庄重）。小篆中"鼎"讹变为"貝"。隶变以后楷书写成"貞"。汉字简化后写成"贞"。

"贞"的原义是占卜。例如《周礼·春官·天府》："以贞来岁之美恶。"意思就是以占卜明年的好坏。

"贞"延伸指端方正直。如"贞明"就是正大光明的意思。又指坚定不移或者有操守。如成语"坚贞不屈"。由操守也延伸特指古代妇女从一夫而终,不改嫁,即"贞节"。

贰

金文　　小篆　　楷书(繁体)　　楷书

【原文】

贰,副、益也。从贝,弍声。

【译文】

贰,居于次要地位,增益。从贝,弍声。

【按语】

"贰"是会意兼形声字。金文从鼎,从弍,会二鼎相匹配之意,弍兼表声。小篆把"鼎"讹为"贝"。隶变以后楷书写成"貳"。汉字简化后写成"贰"。

"贰"的原义为副,与"正"相对。如古文讲"谁为之贰?"意思是说,谁做副手?

"贰"延伸指重复。例如《论语·雍也》:"不迁怒,不贰过。"也延伸指不专一、有二心。例如《诗经·卫风·氓》:"女也不爽,士贰其行。"

"贰"还是数词"二"的大写,用于会计账中以防伪造账目。

贡

贡　　贡　　贡

小篆　　楷书(繁体)　　楷书

【原文】

貢,献功也。从贝,工声。

【译文】

貢，进献，努力做所从事的工作。从貝，工声。

【按语】

"贡"是会意兼形声字。小篆从貝，从工，会向天子奉献物品或者劳力之意，工兼表声。隶变后楷书写"貢"。汉字简化后写成"贡"。

"贡"的原义为古代臣民向君主，或属国向宗主国进献物品。后泛指进献。例如《左传·僖公四年》："系贡包茅不入，王祭不共，无以缩酒。"

"贡"用作名词，指进献的物品。如"进贡"。

贾

賈　賈　贾

小篆　楷书（繁体）　楷书

【原文】

賈，賈市也。从貝，襾声。一曰：坐卖售也。

【译文】

賈，做买卖。从貝，襾声。另一义：储货坐卖。

【按语】

"贾"是会意兼形声字。小篆从貝，从襾（yà，表蒙覆），会把货物蒙覆存放之意，襾兼表声。隶变以后楷书写成"賈"。汉字简化后写成"贾"。

"贾"的原义为做买卖，读作 gǔ。例如《韩非子·五蠹》："长袖善舞，多财善贾。"

"贾"用作名词，指商人。如唐诗中有"嫁得瞿塘贾"，其中的"贾人"指的就是商人。

"贾"又读作 jiǎ，经常用作姓。例如《红楼梦》"四大家族"中的贾家。

贤

金文　　　小篆　　楷书（繁体）　　楷书

【原文】

賢，多才也。从貝，臤声。

【译文】

賢，多钱财。从貝，臤声。

【按语】

"贤"是形声字。金文从貝，臤声，表示财物多。小篆的形体与金文相似。隶变以后楷书写成"賢"。汉字简化后写成"贤"。

"贤"的原义指多财，延伸指有德行、多才能。如诸葛亮《出师表》："亲贤臣，远小人。"

"贤"用作对人的敬称。如"贤弟""贤侄"。

"贤"又可以延伸成多、胜过。例如《战国策·赵策四》："老臣窃以为媪之爱燕后贤于长安君。"

贸

金文　　　小篆　　楷书（繁体）　　楷书

【原文】

貿，易财也。从貝，卯声。

【译文】

貿，交换财物。从貝，卯声。

【按语】

"贸"是形声字。金文从贝，卯声。小篆跟金文相似。隶变以后楷书写成"貿"。汉字简化后写成"贸"。

"贸"的原义是交易、交换财物。例如《诗经·卫风·氓》："氓之蚩蚩，抱布贸丝。"意思是，小伙子看起来憨厚朴实，怀抱布匹来换丝。

交换财物即是财物易主，所以"贸"也延伸指改变、变易。如晋代陆机在《辨亡论》中说："成败靡理，古今诡趣。"其中的"贸"指的就是改变、变易。

"贸"又假借为蒙昧不明、轻率行事。如"贸然"、表示轻率的样子。

贿

賄　賄　贿

小篆　楷书（繁体）　楷书

【原文】

贿，财也。从贝，有声。

【译文】

贿，财物。从贝，有声。

【按语】

"贿"是形声兼会意字。小篆从贝，有声，有兼表具有之意。隶变以后楷书写成"賄"。汉字简化后写成"贿"。

"贿"的原义为财物。例如《诗经·卫风·氓》："以尔车来，以我贿迁。"延伸指赠送财物。例如《左传·宣公九年》："孟献子聘于周，王以为有礼，厚贿之。"

"贿"也延伸特指以钱财收买。如司马光《训俭示康》："是以居官必贿，居乡必盗。"

赘

赘　赘　赘

小篆　　楷书（繁体）　　楷书

【原文】

赘，以物质钱。从敖、贝。敖者，犹放；贝，当复取之也。

【译文】

赘，用物抵押钱。由敖、贝会意。从敖，好似说发放诸物；从贝，是说应当用钱贝再赎取它回来。

【按语】

"赘"是会意字。小篆从敖，从贝（与财富有关）。隶变以后楷书写成"赘"。汉字简化后写作"赘"。

"赘"的原义为抵押。延伸指入赘，指男到女家成婚并定居。例如《史记·滑稽列传》："淳于髡者，齐之赘婿也。"也延伸指增添、附加。如"赘名"，就是附列其名。

"赘"用作名词，指一种病，即肉瘤。由此延伸指累赘。如"赘冗"。又指连缀。例如《诗经·大雅·桑柔》："哀恫中国，具赘卒荒。"

"赘"用作形容词，指多余、无用。如"赘人""赘叙"。

费

𧵋　費　費　费

金文　　小篆　　楷书（繁体）　　楷书

【原文】

费，散财用也。从贝，弗声。

【译文】

费,散去钱财。从贝,弗声。

【按语】

"费"是会意兼形声字。金文从人,从贝,从弗,弗兼表声。小篆省去人,改为从贝,弗声,表示花去钱财。隶变以后楷书写成"費"。汉字简化后写成"费"。

"费"的原义为花去钱财。例如《论语·尧曰》:"君子惠而不费,劳而不怨。"

"费"延伸指浪费。例如《管子·八观》:"国侈则用费,用费则民贫。"

"费"用作名词,指钱财、费用。如贾谊《过秦论》:"秦无亡矢遗镞之费,而天下已困矣。"

质

質　質　质

小篆　楷书〔繁体〕　楷书

【原文】

質,以物相贅。从贝,从所。

【译文】

質,用物相抵押。由贝、所会意。

【按语】

"质"是会意字。小篆从贝,从所,会以财物相抵之意。隶变以后楷书写成"質"。汉字简化后写成"质"。

"质"的原义为抵押。

"质"指本体、本质。如"天生丽质"。延伸指质朴。例如《论语·雍也》:"文质彬彬,然后君子。"意思是,质朴与文饰比例恰当,然后才可以成为君子。

"质"也延伸指物品的优劣、质量。如"保质保量""优质优良"。

"质"还表示问、诘问。如"质问"。

贺

小篆　　楷书（繁体）　　楷书

【原文】

贺，以礼物相奉庆也。从貝，加声。

【译文】

贺，把礼物奉献给人，向人庆祝。从貝，加声。

【按语】

"贺"是形声兼会意字。小篆从貝，加声，加兼表相加之意。隶变以后楷书写成"賀"，汉字简化后写成"贺"。

"贺"的原义为奉送礼物相庆祝。例如《诗经·大雅·下武》："受天之祜，四方来贺。"

"贺"延伸指庆祝、庆贺。如"祝贺""贺喜"。

货

小篆　　楷书（繁体）　　楷书

【原文】

货，财也。从貝，化声。

【译文】

货，财物。从貝，化声。

【按语】

"货"是形声兼会意字。小篆从貝，化声，化兼表变易之意。隶变以后楷书写成"貨"。汉字简化后写成"货"。

"货"的原义为财物,是金钱珠玉布帛的总称。例如《周礼·天官·大宰》:"以九职任万民……六曰商贾,阜通货贿。"注:"金玉曰货,布帛曰贿。"

"货"延伸指商品、货物。例如《易·系辞下》:"日中为市,致天下之民,聚天下之货。"

另外,"货"还用作对人的贬称(多为骂人的话或者玩笑语)。如"蠢货"。

责

甲骨文　金文　小篆　楷书(繁体)　楷书

【原文】

責,求也。从貝,朿声。

【译文】

責,索求。从貝,朿声。

【按语】

"责"是会意兼形声字。甲骨文从貝,从朿,会用尖木刺取贝中肉而食之意,朿兼表声。金文与甲骨文致相大同。小篆整齐化。隶变以后楷书写成"責",汉字简化后写成"责"。

"责"的原义为刺取贝中肉而食之。泛指求索、索取。例如《左传·桓公十三年》:"宋多责赂于郑,郑不堪命。"

"责"也延伸成要求、要求做成。例如《论语·卫灵公》:"躬自厚而薄责于人,则远怨矣。"

"责"也延伸指责备、责难。例如《尚书·泰誓》:"责人斯无难,惟受责俾如流,是惟艰哉!"

"责"作名词,指责任。如我们常说的"天下兴亡,匹夫有责"。

资

资 资 资

小篆　楷书（繁体）　楷书

【原文】

资,货也。从贝,次声。

【译文】

资,财物。从贝,次声。

【按语】

"资"是形声字。小篆从贝(财货),次声。隶变以后楷书写成"资"。汉字简化后写成"资"。

"资"的原义为钱财。钱财是人生活的材料,故"资"也延伸指材料。如"谈资"。

"资"也延伸指资本、凭借。例如《世说新语·文学》:"夫无者,诚万物之所资。"也延伸指资格、资历。如"论资排辈"。

"资"用作动词,延伸指救助、帮助。例如《三国志·蜀书·诸葛亮传》:"此殆天所以资将军,将军岂有意乎?"

账

账 账 账

小篆　楷书（繁体）　楷书

【原文】

无。

【按语】

"账"是形声字。楷书繁体写成"账",从贝(表示与钱财有关),长声。汉字简化后写成"账"。

"账"的原义为钱财、物出入的记载。例如《旧五代史》:"每年造僧账二本,其一本奏闻,一本申祠部。"

"账"延伸指债务,欠别人的东西(如金钱、货物等)。如"欠账"。

"账"用作名词,指账簿,即记载财物出入的本子。例如"一本账"。

贬

贝 贬 贬

小篆　　楷书(繁体)　　楷书

【原文】

贬,损也。从贝,从乏。

【译文】

贬,减损。由贝、乏会意。

【按语】

"贬"是会意兼形声字。小篆从贝从乏会意,乏兼表声。隶变以后楷书写成"贬"。汉字简化后写成"贬"。

"贬"的原义为减少、减损。例如《左传·僖公二十一年》:"修城郭,贬食省用,务穑劝分,此其务也。"

"贬"延伸指降级、降职。例如《三国志·蜀书·诸葛亮传》:"请自贬三等,以督厥咎。"

"贬"也延伸指给予低的评价,与"褒"相对。

赊

赊 赊 赊 赊

小篆　　楷书(繁体)楷书(繁体)　　楷书

【原文】

赊,贳买也。从貝,余声。

【译文】

赊,用亏欠的方式买物。从貝,余声。

【按语】

"赊"是形声字。小篆从貝,余声。隶变以后楷书写成"賒",俗改为"賖"。汉字简化后写作"赊"。

清代文字学家段玉裁注解说:"贳买者,在彼为贳,在我则为赊也。"

"赊"的原义为买货延期交款。例如"赊账"。延伸指卖物延期收款。例如《后汉书·刘盆子传》:"少年来酤者,皆赊与之。"

"赊"也延伸指借。如李白《陪族叔刑部侍郎晔及中书贾舍人至游洞庭》:"且就洞庭赊月色,将船买酒白云边。"

"赊"由延期也延伸出宽缓、迟缓之意。如韩翃《酬程延秋夜即事见赠》:"节候看应晚,心期卧亦赊。"

赎

小篆　楷书(繁体)　楷书

【原文】

赎,贸也。从貝,賣声。

【译文】

赎,用财物换回抵押品。从貝,賣声。

【按语】

"赎"是形声兼会意字。小篆从貝,賣声,賣兼表钱物交换之意。隶变以后楷书写成"贘"。汉字简化后写成"赎"。

"赎"的原义为用财物换回人或者抵押品。例如《诗经·秦风·黄鸟》:"如可赎兮,人百其身。"

"赎"延伸指用财物脱罪或者抵免过失。例如《汉书·张骞传》:"而骞后期,当斩,赎为庶人。"

赌

賭　賭　赌

小篆　楷书(繁体)　楷书

【原文】

赌,博簺也。从貝,者声。

【译文】

赌,赌博。从貝,者声。

【按语】

"赌"是形声兼会意字。小篆从貝,者声。隶变以后楷书写成"賭"。汉字简化后写成"赌"。

"赌"的原义为赌博。例如《世说新语·汰侈》:"我射不如卿,今指赌卿牛,以千万对之。"

泛指比胜负、争输赢。例如"赌气""赌咒""赌神发誓"。

赐

甲骨文　金文　小篆　楷书(繁体)　楷书

【原文】

赐,予也。从貝,易声。

【译文】

赐,给予。从贝,易声。

【按语】

"赐"是会意兼形声字。甲骨文同"易",是把一个容器里的水倒入另一个容器之形的省略。金文另加义符"贝"。小篆整齐化。隶变以后楷书写成"賜"。汉字简化后写成作"赐"。

"赐"的原义为赏给、给予。例如《列女传·赵将括母》:"大王及宗室所赐币帛,尽以与军吏、士大夫。"延伸指给予人的恩惠或者财物。例如《木兰诗》:"策勋十二转,赏赐百千强。"

"赐"用作敬辞,用于别人施于自己的行为。例如"不吝赐教"。

赋

贰　鼣　賦　赋

金文　　小篆　　楷书（繁体）　　楷书

【原文】

赋,敛也。从贝,武声。

【译文】

赋,征敛。从贝,武声。

【按语】

"赋"是形声字。金文从贝,武声。小篆字形整齐化。隶变以后楷书写成"賦"。汉字简化后写成"赋"。

"赋"的原义为征收。延伸指赋税。

"赋"又指给予、授予。例如"天赋""赋予"。

"赋"又指作诗。如陶渊明《五柳先生传》:"衔觞赋诗,以乐其志。"

"赋"还延伸指陈述、表达。如姜夔《扬州慢》:"纵豆蔻词工,青楼梦好,难赋深情。"

"赋"也是中国古典文学的一种重要文体。例如《子虚赋》《长门赋》。

赔

賠　赔

小篆　　楷书

【原文】

无。

【按语】

"赔"是后起字,为形声字。楷书繁体写成"賠",从貝,音声。汉字简化后写成"赔"。

"赔"的原义为补还损失。例如"赔款""赔偿"。偿还则自己有损失,故延伸指亏蚀、耗损。例如《三国演义》第五十五回:"周郎妙计安天下,赔了夫人又折兵。"

"赔"也延伸指向人道歉或者认错。例如《红楼梦》第三十二回:"那林姑娘见你赌气不理他,你得赔多少不是呢。"

贷

貸　貸　贷

小篆　楷书（繁体）　楷书

【原文】

贷,施也。从貝,代声。

【译文】

贷,施给。从貝,代声。

【按语】

"贷"是形声字。小篆从貝,代声。隶变以后楷书写成"貸"。汉字简化后写成

"贷"。

"贷"的原义为施予、给予。例如《左传·文公十六年》："宋饥,竭其粟而贷之。"延伸指借出。例如"贷款"。

"贷"用作名词,指贷款。例如"信贷""农贷"。

由施予延伸指饶恕、宽恕。例如"严惩不贷"。进而延伸指把责任推给他人。例如"责无旁贷"就是指自己应尽的责任,不能推卸给旁人。

贵

小篆　楷书(繁体)　楷书

【原文】

貴,物不贱也。从貝,臾声。

【译文】

貴,物价不低贱。从貝,臾声。

【按语】

"贵"是形声字。隶变以后楷书写成"貴"。汉字简化后写成"贵"。

"贵"的原义为价格高。延伸指价值高、贵重、重要。例如"贵重"。

"贵"也延伸指地位高的人。如李白《梦游天姥吟留别》："安能摧眉折腰事权贵。"

"贵"用作动词,指以某种情况为可贵。例如"人贵在有自知之明"。

"贵"用作敬辞,用于尊称与对方有关的事物。例如"贵地""贵姓""贵庚"。

贴

小篆　楷书(繁体)　楷书

【原文】

贴,以物为质也。从貝,占声。

【译文】

贴,以物品作抵押。从貝,占声。

【按语】

"贴"是形声字。小篆从貝,占声。隶变以后楷书写成"貼"。汉字简化后写成"贴"。

"贴"的原义为拿物品作抵押、典当。

"贴"延伸表示粘附、附着。如李贺《马诗》:"龙脊贴连钱,银蹄白踏烟。"也延伸指切近、挨近。如杜甫《燕子来舟中作》:"暂语船樯还起去,穿花贴水益沾巾。"

"贴"也延伸指妥帖、舒适。例如"伏贴""体贴"。

"贴"作量词,用于药膏。例如"一贴膏药"。

贱

贱　賤　贱

小篆　楷书(繁体)　楷书

【原文】

賤,贾少也。从貝,戋声。

【译文】

賤,价格低少。从貝,戋声。

【按语】

"贱"是形声字。小篆从貝,戋声。隶变以后楷书写成"賤"。汉字简化后写成"贱"。

"贱"的原义为击碎,延伸成价格低。例如《汉书·食货志》:"籴甚贵伤民,甚贱伤农。"

"贱"延伸指地位低下。例如"低贱"。

"贱"也延伸指人格或者行为卑鄙、下流。例如"贱骨头""下贱"。

"贱"用作谦辞。如杜甫《无家别》:"贱子因阵败,归来寻旧蹊。"

购

購 購 购

小篆　楷书(繁体)　楷书

【原文】

購,以财有所求也。从貝,冓声。

【译文】

購,用钱财有所征求。从貝,冓声。

【按语】

"购"为形声字。小篆从貝,冓声。隶变以后楷书写成"購"。汉字简化后写成"购"。

"购"的原义为悬赏征求、重金收买。例如《史记·项羽本纪》:"吾闻汉购我头千金,邑万户。"延伸泛指买。例如《旧唐书·褚遂良传》:"帝方博购王羲之故帖,天下争献。"

贩

販 販 贩

小篆　楷书(繁体)　楷书

【原文】

販,买贱卖贵者。从貝,反声。

【译文】

販,用低价买进来,用高价卖出去的商人。从貝,反声。

【按语】

"贩"是会意兼形声字。小篆从贝从乏会意,乏兼表声。隶变以后楷书写成"販"。汉字简化后写成"贩"。

"贩"的原义为贱买而贵卖的商人。延伸指买货出售。例如"贩药材""贩货"。

"贩"延伸指从事贩卖的人。例如"小贩""商贩"。

赢

甲骨文　　小篆　　楷书（繁体）　　楷书

【原文】

赢,有余、贾利也。从贝,羸声。

【译文】

赢,有余,做买卖获利。从贝,羸声。

【按语】

"赢"是会意兼形声字。金文从贝从羸会意,表示经商有盈利,羸兼表声。小篆整齐化。隶变以后楷书写成"贏"。汉字简化后写作"赢"。

"赢"的原义为经商有盈利。例如《左传·昭公元年》:"贾而欲赢,而恶嚣乎。"

"赢"延伸指获胜,与输相对。例如"赢家""输赢"。也延伸指博取、获得。如杜牧《遣怀》:"十年一觉扬州梦,赢得青楼薄幸名。"

赠

小篆　　楷书（繁体）　　楷书

【原文】

赠,玩好相送也。从贝,曾声。

【译文】

赠,用玩好之物相送。从貝,曾声。

【按语】

"赠"是形声字。小篆从貝,曾声。隶变以后楷书写成"赠"。汉字简化后写成"赠"。

"赠"的原义为赠送玩好之物。例如《诗经·郑风·女曰鸡鸣》:"知子之来之,杂佩以赠之。"

"赠"泛指赠送。如白居易《琵琶行(并序)》:"因为长句,歌以赠之,凡六百一十六言。"

"赠"也延伸指朝廷赐给死者官爵或者荣誉称号。例如《明史·海瑞传》:"赠太子太保,谥忠介。"

财

財　財　财

小篆　楷书(繁体)　楷书

【原文】

财,人所宝也。从貝,才声。

【译文】

财,人们所宝贵的东西。从貝,才声。

【按语】

"财"是形声字。小篆从貝(表示与财物有关),才声。隶变以后楷书写成"财"。汉字简化后写成"财"。

"财"的原义为金钱财物。人们常说的"劳民伤财"就是取的原义,还有"财大气粗""守财奴""财产"等也全部是这种用法。

"财"延伸指财富。例如"敛财",指聚敛财富。

"财"还延伸指财货,多指日常生活必需品,包括米粟在内。例如《韩非子·说难》:"暮而果大亡其财。"意思就是晚上真的丢了很多财物。

赞

小篆　　楷书（繁体）　　楷书

【原文】

赞,见也。从貝,从兟。

【译文】

赞,进见。由貝、由兟会意。

【按语】

"赞"为会意兼形声字。小篆从貝,从兟,会导宾之人接过客人的礼物捧着引见给主人之意,兟兼表声。隶变以后楷书写成"贊"。汉字简化后写成"赞"。

"赞"的原义为导引宾客进见主人。例如"赞谒"。延伸泛指导引、引见。例如《史记·平原君虞卿列传》:"门下有毛遂者,前。自赞于平原君。"也延伸指称颂、赞美。如宗臣《报刘一丈书》:"闻者亦心许交赞之。"

"赞"用作名词时,"赞"指一种抒情文体。如萧统《文选序》:"美终则诔发,图像则赞兴。"

赏

　甲骨文　　金文　　小篆　　楷书（繁体）　　楷书

【原文】

赏,赐有功也。从貝,尚声。

【译文】

赏,奖赐有功的人。从贝,尚声。

【按语】

"赏"是会意兼形声字。甲骨文似一个酒器的形状。金文另加义符"贝"。小篆继承金文并整齐化,会尊尚赏赐之意。隶变以后楷书写成"賞"。汉字简化后写成"赏"。

"赏"的原义为赏赐有功,奖励。例如"赏罚分明""有赏有罚"。

"赏"用作名词,表示赐予或者奖给的东西。例如"领赏""悬赏"。

赏是对人的一种称许,故也延伸指赞扬、称颂。例如《左传·襄公十四年》:"善则赏之。"

"赏"用作敬辞,表示请对方接受邀请或者要求。例如"请赏光""赏脸"。

赡

赡　赡　赡

小篆　　楷书(繁体)　　楷书

【原文】

赡,给也。从贝,詹声。

【译文】

赡,给予。从贝,詹声。

【按语】

"赡"是会意兼形声字。小篆从贝从詹(多)会意,詹兼表声。隶变以后楷书写成"贍"。汉字简化后写成"赡"。

"赡"的原义为供给人财物。后特指子女对父母在物质上和生活上进行资助。例如"赡养""赡养费"全部是这种用法。还延伸指周济,帮助。例如"赒赡亲故"。

"赡"也延伸指富足、充足。例如"丰赡",就是丰富充足。

"赡"也指文章富丽或者知识广博。例如"英儒赡闻之士"指的就是知识渊博的人。

赛

赛 赛 赛

小篆　楷书（繁体）　楷书

【原文】

无。

【按语】

“赛”是形声字。从貝，塞省声。隶变以后楷书写成“賽”。汉字简化后写成“赛”。

“赛”的原义为举行祭礼以酬神。如白居易《新乐府·黑潭龙》：“家家养豚漉清酒，朝祈暮赛依巫口。”

“赛”延伸指比试。例如《北史·魏任城王澄传》：“特命澄为七言连韵，与孝文往复赌赛。”

由比赛也延伸指胜过、如同。如俗语“三个臭皮匠，赛过诸葛亮”。

赖

赖 赖 赖

小篆　楷书（繁体）　楷书

【原文】

赖，赢也。从貝，剌声。

【译文】

赖，赢利。从貝，剌声。

【按语】

“赖”是形声字。小篆从貝，剌声。隶变以后楷书写成“賴”。汉字简化后写成“赖”。

"赖"的原义为赢利、利益。

"赖"延伸指依靠、凭恃。如刘基《卖柑者言》："吾业是有年矣,吾赖是以食吾躯。"把责任推给对方也是一种依赖,故也延伸指拒绝承认、拖延拖欠。例如"赖账"。

进而延伸指态度顽劣。例如"耍赖""死皮赖脸"。也延伸指责怪,应该受责。例如"这事全赖我"。

败

甲骨文　　金文　　小篆　　楷书（繁体）　　楷书

【原文】

败,毁也。从攴、贝。

【译文】

败,毁坏。由攴、贝会意。

【按语】

"败"是会意字。甲骨文左边是"贝",右边是手持棍,会以棍敲击使贝毁坏之意。金文叠为二"贝",小篆继承金文而来。隶变以后楷书写成"敗"。汉字简化后写成"败"。

"败"的原义是毁坏。例如《诗经·召南·甘棠》："蔽芾甘棠,勿翦勿败。"

"败"延伸成饮食之物变味变质。如仲长统《昌言·理乱》："清醇之酎,败而不可饮。"

"败"也延伸成衰落或者凋残。例如"衰败""残败"。

"败"也泛指失败。例如"不败之地"。

贫

小篆　　楷书（繁体）　　楷书

【原文】

贫，财分少也。从貝，从分，分亦声。

【译文】

贫，财物因分散而少。由貝、由分会意，分也表声。

【按语】

"贫"是会意兼形声字。小篆从貝（代表钱财）从分会意，财分则表示衣食财物缺乏，分兼表声。隶变以后楷书写成"貧"。汉字简化后写成"贫"。

"贫"的原义是贫穷。例如《论语·学而》："贫而无谄，富而无骄，何如？"

"贫"延伸成缺少。如刘勰《文心雕龙·练字》："富于万篇，而贫于一字。"

贯

| 金文 | 小篆 | 楷书（繁体） | 楷书 |

【原文】

貫，钱貝之貫。从毌、貝。

【译文】

貫，贯穿钱貝的绳索。由毌、貝会意。

【按语】

"贯"是会意兼形声字。金文从毌，从貝，会绳穿钱貝之意，毌兼表声。隶变以后楷书写成"貫"。汉字简化后写成"贯"。

"贯"的原义是穿钱所用的绳索。例如《史记·平准书》："京师之钱累巨万，贯朽而不可校。"

"贯"延伸成钱的数量，铜钱一千个为一贯。

国学经典文库

说文解字

《说文解字》原文释义

图文珍藏版

1256

"贯"由穿钱也延伸指穿连、贯通、贯穿。例如《论语·里仁》:"吾道一以贯之。"

"贯"也延伸指连续不断。例如"贯鱼承宠"指来来往往的宫中女官依次受到宠爱。

贼

金文　　　　小篆　　　楷书(繁体)　　楷书

【原文】

贼,败也。从戈,则声。

【译文】

贼,毁坏。从戈,则声。

【按语】

"贼"是会意字,金文从戈(武器),从刀,从贝,会刀戈毁坏财货之意。小篆把刀移到右边并整齐化。隶变以后楷书写成"賊"。简化后汉字写成"贼"。

"贼"的原义是残害、伤害。延伸指作乱叛国、危害人民的人。例如"卖国贼"。也延伸指偷东西的人。例如"盗贼"。

"贼"也延伸指不正派的、邪的。例如"有贼心没贼胆""贼眉鼠眼"。

"贼"用作副词,表示很、非常。例如"贼亮"。

殳 部

殳

金文　　　小篆　　　楷书

【原文】

殳,以杸殊人也。《礼》:'殳以积竹,八觚,长丈二尺,建于兵车,车旅贲以先驱。'从又,几声。凡殳之属皆从殳。

【译文】

殳,用杸隔离人。《周礼》说:'殳用积竹制成,八条棱,长一丈二尺,树立在兵车上,车上的先锋队拿着它在前面驰驱。'从又,几声。凡是殳的部属全部从殳。

【按语】

"殳"是会意字。金文上部是手持一支武器的形象。小篆的形体与金文大概相同。隶变以后楷书写成"殳"。

"殳"的原义为一种武器,主要是撞击时用的,用竹子制成,长一丈二尺,头是棱形的,非常尖锐。

"殳"是部首字。凡由"殳"组成的字往往与打、杀、撞击、打坏等意思有关。例如"殴""殺""毁"。

段

段　　肖　　段

金文　　小篆　　楷书

【原文】

段,椎物也。从殳,崮省声。

【译文】

段,用槌锤击物体。从殳,崮省声。

【按语】

"段"是会意字。金文从殳,从厂(山崖),从两点(敲下的石块),会手于山崖敲取石块之意。隶变以后楷书写成"段"。

"段"的原义为锤击。古时在石上用棒打干肉(并施加姜、桂皮等)。例如"段脩",意为经捶捣并加姜桂的干肉。

敲击就会断开,所以延伸成断开。断开之物是整体中的部分,故而也延伸成部分。例如"第三段"。由此也延伸指某些部门的基层机构。例如"工段"。尔后又特指女子的体态、动作。

"段"还可以作量词,指一截。例如"一段时间"。

殷

金文　　小篆　　楷书

【原文】

殷,作乐之盛称殷。从月,从殳。

【译文】

殷,举行盛大乐舞叫作殷。由月、由殳会意。

【按语】

"殷"是会意字。金文左为挺着肚子的人(实为"身"),右为手拿着针往人身上刺,会医治之意。隶变以后楷书写成"殷"。

"殷"的原义指盛大乐舞。

"殷"由此延伸成众多。例如"殷众"即指众多。也延伸指富裕,例如"殷实",就是指富裕,充实。又指情意浓重。例如"殷勤""殷挚"。

"殷"还读作 yān,指黑红色。现在人们常用"殷红"来形容血迹。

毅

金文　　小篆　　楷书

【原文】

毅,妄怒也。从殳,豙声。

【译文】

毅,盛怒。从殳,豙声。

【按语】

"毅"是形声字。小篆从殳,豙声。隶变以后楷书写成"毅"。

"毅"的原义为刚强、果断、坚韧。例如《论语·泰伯》:"士不可以不弘毅,任重而道远。"延伸指严酷、严厉。例如《韩非子·内储说上》:"弃灰之罪轻,断手之罚重,古人何太毅也?"

毁

小篆　　　楷书

【原文】

毁,缺也。从土,毇省声。

【译文】

毁,瓦器破缺。从土,毇省声。

【按语】

"毁"为会意兼形声字。小篆从土,从毇省,会击打踩坏之意,毇兼表声。隶变以后楷书写成"毁"。

"毁"的原义为破坏,损坏。延伸指亏缺,减损。例如"毁齿",其一指儿童乳齿脱落,更生恒齿;其二指换齿的儿童,借指童年或者少年时。

"毁"又借用表示诽谤、毁谤。例如"积毁销骨",指不断的毁谤能使人毁灭。

"毁"还特指古代居丧时因悲伤过度而损害健康。例如"毁疾",指守丧时因过分哀伤而生病;"毁颜",指面有忧色。又特指烧掉。例如"焚毁"。

殿

殿

【原文】

殿,击声也。从殳,屒声。

【译文】

殿,打击声。从殳,屒声。

【按语】

"殿"是形声字。小篆从殳(表示敲击),屒声。隶变以后楷书写作"殿"。

"殿"的原义为敲击的声音。延伸指高大的房屋,后专指供奉神佛或者帝王受朝理事的大厅。

由于高大的房屋给人以震慑之感。所以"殿"还延伸指镇抚、镇守。例如《诗经·小雅·采薇》:"殿天子之邦。"

古代科举中最高级别的考试称为"殿试"。

"殿"还延伸成停、停止。例如《元典章新集》:"须殿三年,殿期已满。"

此外,"殿"还延伸成指定、评定。

毆

毆　　毆　　毆　　殴

金文　　小篆　　楷书(繁体)　　楷书

【原文】

毆,捶击物也。从殳,區声。

【译文】

毆,用捶杖击打物体。从殳,區声。

【按语】

"毆"是形声字。金文从攴,區声。小篆改为从殳,也表示击打。隶变以后楷书写成"毆"和"敺",汉字简化后写成"殴"。

"殴"的原义是指古代的兵器。进而延伸成打击、捶击。例如"殴斗""打架斗殴"。

"殴"通"怄",怄气。例如《水浒传》第十六回:"这畜生不殴死俺,只是打便了。"

水 部

水

甲骨文　　金文　　小篆　　楷书

【原文】

水,准也。北方之行。似众水并流,中有微阳之气也。凡水之属皆从水。

【译文】

水,平。代表北方的一种物质。似许多水一同流去;中间的丨,表示有深隐在内的阳气。凡是水的部属全部从水。

【按语】

"水"是象形字。甲骨文、金文和小篆全部似弯弯曲曲的流水之形,其中几点表示激流中溅起的水花。隶变以后楷书写成"水"。

"水"的原义是河流。后泛指江、河、湖、海、洋等一切水域。

"水"又泛指汁、液。例如"汗水"。

"水"也可以作为形容词。例如"水酒",即淡酒。

永

甲骨文　　金文　　小篆　　楷书

【原文】

永,长也。像水𧖀(水脉)理(水纹)之长。

【译文】

永,水流长。像水的直流和波纹的漫长。

【按语】

"永"是象形字。甲骨文字形像人在水流中游泳之状。金文字形更似水流。小篆与甲骨文、金文的写法大概相同。隶变以后楷书写成"永"。

"永"的原义是在水流中游泳。由水流长又可以延伸指长(不短)。如阮籍《咏怀》十七:"独坐空堂上,谁可与欢者。出门临永路,不见行车马。""永路"指的就是遥远的路途。

"永"又可以延伸指时间长。如陶渊明《杂诗》八首其二:"风来入房户,夜中枕席冷。气变悟时易,不眠知夕永。"

求

甲骨文　　金文　　小篆　　楷书(繁体)　　楷书

【原文】

裘,皮衣也。象形。

【译文】

裘,皮衣。象形。

【按语】

"求"是象形字。甲骨文似一袭毛朝外翻的皮袄。小篆中加了义符"衣",突出了皮衣之意。"求"为"裘"的古文。

"求"的原义为皮衣。兽皮能为皮衣,是人寻求的,且《玉篇》中也说:"求,索也。"所以"求"也延伸成寻求、寻找、追求、谋求。例如《吕氏春秋》:"入水求之。"例如《史记·廉颇蔺相列传》:"求人可使报秦者。"意思是寻找能出使秦国的人。诸葛亮《出师表》:"不求闻达于诸侯。"意思是不在诸侯那里谋求富贵。人心贪婪,在求取某件事物的时候,常常会要求更多,因此,"求"也延伸成贪求、贪婪。例如《增韵》中说:"求,乞也。"因此"求"也延伸成请求、乞求。如我们常说的"求救""有求于人""求神拜佛""求援"等。也延伸成需求。例如"供不应求""供求平衡"。

"求"延伸成招徕。例如"同声相应,同气相求"。

泉

甲骨文　　金文　　小篆　　楷书

【原文】

泉,水原也。像水流出成川形。凡泉之属皆从泉。

【译文】

泉,水的源头。似水流出成为川流的样子。凡是泉的部属全部从泉。

【按语】

"泉"是象形字。甲骨文似水从泉眼里流出的样子。金文也似水从泉眼中流出的样子。小篆继承金文,其外为泉眼之形,其内的"丁"字表示"一线如注"的细流。隶变以后楷书写成"泉"。

"泉"的原义为泉水。泉水在地下,人死后也埋于地下,故又指人死后所埋的地方,即阴间。如白居易《思旧》:"零落归下泉。"

上古钱币称为"泉",取其流通不竭之义。在古代,泉与布并为货币,所以货币统称为"泉布"。

浆

甲骨文　　小篆　　楷书（繁体）　楷书

【原文】

漿,酢漿也。从水,将省声。

【译文】

漿,酢漿。从水,漿省声。

【按语】

"浆"是会意兼形声字。甲骨文从水,从肉(月),会肉汤之意,爿声。小篆改为从水,将省存表声。隶变以后楷书写成"漿"。汉字简化后写成"浆"。

"浆"的原义为古代一种带酸味的饮料。例如《诗经·小雅·大东》:"或以其酒,不以其浆。"意思是,喝他的酒,而不喝他的酸味饮料。

"浆"尔后特指酒、水等。又泛指较浓的液汁。如成语"琼浆玉液",意思是用美玉制成的浆液,古代传说饮了它便可以成仙,用以引喻美酒或者甘美的浆汁。

黎

小篆　　楷书

【原文】

无。

【按语】

"黎"是形声字。小篆从黍(一种黏米),称(利)省声。隶变后楷书写成"黎"。

"黎"的原义是粘鞋子的浆糊。借指众多、数目很多。例如"黎庶涂炭"。

"黎"又指颜色黑中带黄。例如"面目黎黑。"延伸指比及、等到、接近(天亮时分)。例如"黎明"。

"黎"又指我国少数民族之一,即黎族。主要分布在海南,其语言属汉藏语系壮侗族黎语支。

"黎"还可用作姓。例如"黎元洪""黎锦熙"。

见 部

见

甲骨文　金文　小篆　楷书(繁体)　楷书

【原文】

见,视也。从儿,从目。凡见之属皆从见。

【译文】

见,看见,由儿、由目会意。凡是见的部属全部从见。

【按语】

"见"是会意字。甲骨文似跪坐的人,眼睛非常突出,会看到之意。金文似一个人顶着一只大眼睛。小篆中大眼睛变成了"目"。隶变以后楷书写成"見"。汉字简化后写成"见"。

"见"的原义为看到、看见。由此延伸成会见。成语"一日不见,如隔三秋"中的"见"即指会见。也延伸成接见,用于上级对下级、长辈对晚辈。

看见某物,对于物体来说就有了被动之义,所以"见"又表示"被"。我们常说"见笑了",就是被别人笑话,作谦辞。

见得多了,就会有一定的见解,故也延伸指见解、见识。如成语"真知灼见"。

览

覽　覽　览

小篆　楷书(繁体)　楷书

【原文】

覽,观也。从見、監,監亦声。

【译文】

覽,观察。由見、監会意,監也表声。

【按语】

"览"是形声兼会意字。小篆从見,从監(照影),会观察之意,監兼表声。隶变以后楷书写作"覽"。汉字简化后写成"览"。

"览"的原义为观察、眺望。例如"一览无余"。因此"览"也延伸成观赏。如杜甫《望岳》:"会当凌绝顶,一览众山小。"

"览"用作名词,表示景致。例如《徐霞客游记》:"因念黄山当生平奇览。"意思是黄山是我一生所见的最为奇妙的景致。

"览"用作动词,表示阅读。似人们常说的"浏览",用的就是此义。

觅

覓　覓　覓　觅

金文　小篆　楷书(繁体)　楷书

【原文】

无。

【按语】

"觅"是会意字。金文从見,从爪,会寻找之意。隶变以后楷书写成"覓"。汉字简化后写成"觅"。

"觅"的原义为寻找。如辛弃疾《永遇乐·京口北固亭怀古》:"千古江山,英雄无觅,孙仲谋处。"

"觅"延伸指偷窃。例如《喻世明言·宋四公大闹禁魂张》:"我觅得禁魂张员外的一包儿细软,我将归客店里去,安在头边,枕着头。"

规

规 規 规

小篆　楷书(繁体)　楷书

【原文】

规,有法度也。从夫,从見。

【译文】

规,有法度。由夫、由見会意。

【按语】

"规"是会意字。小篆从夫(成人),从見。古人认为"女智莫如归,男智莫如夫,夫也者,以智帅人者也",故用成人之见会有法度之意。隶变以后楷书写成"規"。汉字简化后写成"规"。

"规"的原义为法度、法则、章程。例如"清规戒律""循规蹈矩""墨守成规"。

"规"由法度、章程延伸指典范。如王粲《咏史诗》:"生为百夫雄,死为壮士规。"意思是说,人活着就要做人中的豪杰,为国家建功立业;死也要为国捐躯,成为壮士、英雄好汉的楷模。

"规"也延伸指画圆的工具。例如"圆规"。

"规"用动词,指画圆,加工成圆形。例如《国语·周语下》:"吾稔成公之生也,其母梦神规其臀以墨。"

"规"延伸指谋划。例如"规划"。

"规"也延伸指规划而占有。例如《国语·周语中》:"昔我先王之有天下也,规方千里,以为甸服。"

"规"又指效法、模仿。例如"规抚",指仿效、依循;"规仿",指模拟仿效;"规法",指规摹效法。

"规"还可延伸指郑重地告诫、劝说,尤指温和地力劝。例如"规劝"。

车 部

车

甲骨文　　金文　　小篆　　楷书（繁体）　　楷书

【原文】

車,輿轮之总名。夏后时奚仲所造。象形。凡車之属皆从車。

【译文】

車,车箱、车轮等部件汇成一个整体,其总称叫车。是夏后时代一个名叫奚仲的人制造的。象形。凡是車的部属全部从車。

【按语】

"车"是象形字。甲骨文是一辆车子的俯视图,金文的形体基本上与甲骨文相同。小篆的形体仅保留了一个车轮。隶变以后楷书写成"車"。汉字简化后写成"车"。

"车"的原义是指陆上有轮子的交通工具。例如"马车"。尔后那些靠轮轴转动而工作的工具也称为"车"。例如"纺车"。

近代,人们发明了利用转动的轮子来切削物体的工具,称为"车床",由此,"车"又泛指机器。

军

甲[图]　　甲[图]　　軍　　军

金文　　小篆　　楷书（繁体）　　楷书

【原文】

軍,圜围也。四千人为军。从車,从包省。軍(車),兵车也。

【译文】

軍,包围。四千人为一军。由车、由包省会意。车,就是兵车。

【按语】

"军"是会意字。金文从车,从匀(环绕包围),会以车环绕包围之意。小篆继承金文而来,并线条化、整齐化。隶变以后楷书写成"軍"。汉字简化后写成"军"。

"军"的原义为以车自围扎营、驻扎。军队的编制单位亦可称"军",是古代军队最大的编制单位。

在古代,"军"也指充军,即发配到边远荒凉的地方服劳役。又特指宋代行政区划名,与府、州、监同属于路。

在今天,"军"又泛指有组织的群众集体。例如"劳动大军"。

輿

甲骨文	小篆	楷书(繁体)	楷书

【原文】

輿,车輿也。从车,舁声。

【译文】

輿,车箱。从车,舁声。

【按语】

"輿"是会意字。甲骨文似四只手共抬一件东西的样子。小篆整齐化,中间部分变为"車"。隶变以后楷书写成"輿"。汉字简化后写成"舆"。

"輿"的原义是举。如王符《潜夫论·相列》中说:"木材……曲者宜为轮,直者宜为輿。"大意是,木材弯曲的适合做车轮,顺直的适合做车厢。

"輿"泛指车辆或者轿子。进而延伸指

造车的人。例如《韩非子·备内》："非舆人人而匠人贼也。"意思是，并不是车匠仁慈而棺材匠狠毒。

"舆"为众人所抬，故也延伸指众人。所谓"舆论"，就是众人之议。

轨

轨 轨 轨

小篆　　楷书（繁体）　楷书

【原文】

軌，车辙也。从車，九声。

【译文】

軌，车迹。从車，九声。

【按语】

"軌"是形声兼会意字。小篆从車，九声。隶变以后楷书写成"軌"。汉字简化后写成"轨"。

"轨"的原义为车两轮间的距离。例如《礼记·中庸》："车同轨，书同文。"其中，"车同轨"即车两轮间的距离相同。也延伸指车轮碾过留下的辙迹。例如"轨迹"。进而延伸指轨道，即事物运行的一定路线。例如"有轨电车"。

轨道对车有约束力，故"轨"又引喻约束人们行动的法度、规矩。例如"越轨"。

辉

辉 輝 輝 辉

小篆　　楷书（繁体）楷书（繁体）　楷书

【原文】

无。

【按语】

"辉"是形声字。小篆从火，車声。隶变以后楷书写成"煇"。俗作"輝"，改为从光。汉字简化后写成"辉"。

"辉"的原义为光、光辉。例如"金碧辉煌""顾盼生辉"。

"辉"又指晨光。例如《三国志·魏书·管辂传》："（刘）邠问（管）辂：'《易》言刚健笃实，辉光日新，斯为同不也？'辂曰：'不同之名，朝旦为辉，日中为光。'"

"辉"用作动词，指产生光彩、照耀。例如"交相辉映"。

轩

軒　軒　轩

小篆　　楷书（繁体）　楷书

【原文】

軒，曲輈藩车。从車，干声。

【译文】

軒，有穹隆曲上的辀辕、而箱后有围蔽的车。从車，干声。

【按语】

"轩"是形声字。小篆从車，干声。隶变以后楷书写成"軒"。汉字简化后写成"轩"。

"轩"的原义为前顶较高、带有帷幕的车子。例如《墨子·公输篇》中"舍其文轩"的"文轩"指的是有纹彩的华车。后泛指车。

古代车子前高后低叫轩，前低后高叫轾，故延伸表示高（低）、重（轻）、优（劣）。例如"不分轩轾"指不分高下、轻重。引喻对二者的态度或者看法差不多。由高下、轻重也延伸指高、飞扬。例如"轩昂"。

此外，"轩"还指窗户或者门。也延伸指有窗的长廊或者小屋。

辑

辒 輯 辑

小篆　楷书（繁体）　楷书

【原文】

輯，车和辑也。从車，咠声。

【译文】

輯，车必须汇合众多材料、集中众多工匠方可造成。从車，咠声。

【按语】

"辑"是形声字。小篆从車，咠声。隶变以后楷书写成"輯"。汉字简化后写成"辑"。

"辑"的原义为组合众部件而成车厢。如戴侗《六书故》中记载："辑，合材为车，咸相得谓之辑。"泛指车子。

"辑"也延伸指整修、补合。例如"辑理"，指料理；"辑治"，指整顿治理；"辑褫"，指辑补修治。

"辑"由组合成车延伸用作"集"，指聚集，特指聚集材料编（书刊）。例如"辑佚书"，指已经亡佚的古书，由后人从其他各种书籍中把那些引用过的句子收集起来，然后尽量按原书整理成一个辑本。

"辑"又指整套书籍或者资料按内容或者写成、发表顺序分成各个部分。例如"丛书第九辑""共十辑"。

"逻辑"（logic），是个音译词，指在形象思维和直觉顿悟思维的基础上，对客观世界进一步的抽象。

辐

辐 辐 辐

小篆　　楷书（繁体）　楷书

【原文】

辐，轮轑也。从车，畐声。

【译文】

辐，车轮中连接车毂和车辋的直木条。从車，畐声。

【按语】

"辐"是形声字。小篆从車，畐声。隶变以后楷书写成"輻"。汉字简化后写成"辐"。

"辐"读作 fú，原义为连接车毂和车圈的直条。例如"轮辐""辐聚"。

"辐"延伸指聚集如辐。例如"辐裂"，指分崩离析；"辐解"，指分解。

"辐射"，指似车辐一样由中心向各个方向沿着直线伸展出去。

"辐"又指机械波、热、光、无线电波等由发射体（点）在空间或者介质中向各个方向传播。

转

轉 轉 轉 转

金文　　　小篆　　楷书（繁体）　　楷书

【原文】

轉，连也。从车，專声。

【译文】

轉，用车运轮。从車，專声。

【按语】

“转”是形声兼会意字。小篆从車，專声。隶变以后楷书写成“轉”。汉字简化后写成“转”。

“转”的原义是转运，读作 zhuǎn。例如“转饷”。也延伸指转移。例如“转让”。进而延伸指卖。例如《儒林外史》第二十回：“现今这房子转的出四十两银子，我拿几两添着进京。”

“转”再延伸指改变（方向、位置、形势、情况等）。例如“多云转晴”。又表示回环、旋动。例如“目不转睛”。

“转”还表示旋转、打转儿，读 zhuàn。例如“晕头转向”。也延伸指闲逛。例如“在街上闲转”。

“转”也可表示转折。例如“起承转合”。

轸

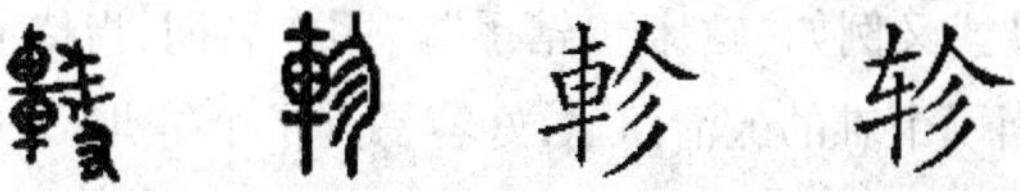

金文　　小篆　　楷书（繁体）　　楷书

【原文】

軫，车从横木也。从車，㐱声。

【译文】

軫，车从部的栏木。从車，㐱声。

【按语】

“轸”是形声字。金文从車，㐱声。小篆字形变化不大。隶变以后楷书写成“軫”。汉字简化后写成“轸”。

“轸”的原义是指车厢底部后面的横木。例如《考工记·舆人》：“六分其广，以一为之轸围。"泛指车。例如《国语·晋语》:"还轸(回车)诸侯,可谓穷困。"

"轸"还指二十八宿之一,是南方朱雀七宿的最末一宿,有星四颗,像轸之方形。

辖

辖　辖　辖

小篆　　楷书(繁体)　楷书

【原文】

辖,车声也。从車,害声。一曰:辖,键也。

【译文】

辖,车声。从車,害声。另一义:横穿车轴末端控制车毂的插栓。

【按语】

"辖"是形声字。小篆从車,害声。隶变以后楷书写成"辖"。汉字简化后写成"辖"。

"辖"的原义为插在车轴两端孔内,用来固定车轮与车轴使不脱落的销钉。辖是管制车轮的,故延伸指管理、统驭。例如"直辖""辖区"。

"辖"也延伸指卡住。例如《太平广记·虎三》:"虎怒搏之,棂拆,陷头于中,为左右所辖,进退不得。"又例如"辖床""辖手"。用作名词,指侍卫。例如《儿女英雄传》第三十七回:"当了个难的乾清门辖,好容易升了个等儿。"

斩

斬　斬　斩

小篆　　楷书(繁体)　楷书

【原文】

斩,戳也。从車,从斤。斩法车裂也。

【译文】

斩,斩杀。由車、由斤会意。斩杀效法车裂。

【按语】

"斩"是会意字。小篆从車,从斤(斧钺),会斩杀之意。隶变以后楷书写成"斬"。汉字简化后写成"斩"。

"斩"的原义为斩杀。我们熟知的"过五关,斩六将"就是用的原义。又泛指砍伐、砍断。成语"披荆斩棘""斩草除根"中的"斩"全部是指砍断。

砍断了就没了,所以"斩"也延伸指断绝。例如《诗经·小雅·节南山》:"国既卒斩,何用不监?"大意就是,国运已经快要断绝,你为什么不察及?

軶

金文　　小篆　　楷书(繁体)　　楷书

【原文】

軶,辕前也。从車,厄声。

【译文】

軶,车辕前端扼压在牛马脖子上的横木。从車,厄声。

【按语】

"轭"是象形兼会意兼形声字。金文似厄之形。小篆另加义符"車",厄为声旁,是形声字。隶变以后楷书写成"軶"。汉字简化后写成"轭"。

"轭"的原义为车辕前套在牲口脖子上的曲木。例如"车轭""牛轭"。

"轭"泛指控制、束缚。如谭嗣同《仁学界说二十七界说》:"君以名桎臣,官以名轭民,父以名压子。"又如梁启超《国家思想变迁异同论》:"意大利之大部被轭于奥

软

软 軟 輭 软

小篆　楷书（繁体）楷书（繁体）　楷书

【原文】

輭，丧车也。从車，而声。

【译文】

輭，丧车。从車，而声。

【按语】

"软"是会意兼形声字。小篆从車，从而（胡须），会柔软之意，而兼表声。隶变以后楷书写作"輭"，俗作"軟"。汉字简化后写成"软"。

"软"的原义为丧车。古代丧车用蒲草裹住车轮，使行车时不颠簸，故延伸指物体柔弱、不坚挺，受外力作用后容易变形。例如"软糖"。由此延伸形容没力气。例如"腿软""疲软"。

由柔软延伸指温和、不生硬。吴地方言被称为"吴侬软语"，就是针对当地的口音轻细绵软而言。

"软"也延伸指生性懦弱、不坚强。例如"心软""耳根子软"。进而延伸指不用强硬手段。例如"软磨硬泡""吃软不吃硬"。

轻

輕 輕 轻

小篆　楷书（繁体）　楷书

【原文】

輕，轻车也。从車，巠声。

国学经典文库

说文解字

《说文解字》原文释义

图文珍藏版

【译文】

輕,轻车。从车,巠声。

【按语】

"轻"是形声字。小篆从车,巠声。隶变以后楷书写成"輕"。汉字简化后写成"轻"。

"轻"的原义为古代军车名,为兵车中最轻便的。延伸指装备灵巧、便捷。例如"轻装上阵"。又泛指重量、密度小。例如"身轻如燕"。

"轻"还延伸指用力不猛、程度浅、数量小。例如"礼轻情意重"。

数量特别少时,可以忽略不计,因此也延伸成不重要、不贵重。例如"人微言轻"。

既然已经不重要了,那么便可以随意处置,因此,"轻"也延伸指随便、不慎重。例如"轻率"。

载

载　載　載　载

金文　　小篆　　楷书（繁体）　楷书

【原文】

載,乘也。从车,戈声。

【译文】

載,乘坐。从车,戈声。

【按语】

"载"是形声字。金文和小篆从车,戈声。小篆整齐化。隶变以后楷书写成"載"。汉字简化后写成"载"。

"载"的原义为乘坐。例如《陌上桑》中说:"使君谢罗敷,宁可共载不(否)?"说的是使君问罗敷能不能共乘一辆车。

"载"延伸指装运、承运。我们常说"载誉而归",就是这种用法。也延伸指承受、负担、担任。例如"厚德载物",意思是道德高尚者能承担重大任务。

"载"还延伸指充满。如成语"怨声载道",就是怨恨的声音充满道路。

轿

轎　轎　轿

小篆　楷书（繁体）　楷书

【原文】

无。

【按语】

"轿"形声兼会意字。小篆从車,喬声。隶变以后楷书写成"轎"。汉字简化后写成"轿"。

"轿"的原义为古代一种走山路用的小车。后泛指肩舆。例如"轿子",指旧时一种乘坐工具,方形有顶,三面套帷子,前面有帘,两边各有一根杆子,由人抬或者由骡马驮着走。

"轿车",古代指一种形如轿的木轮车,由骡马拉着走;现在指供人乘坐的有固定车厢、车顶的汽车。

较

較　較　較　较

小篆　楷书（繁体）楷书（繁体）　楷书

【原文】

较,车輢上曲钩也。从車,爻声。

【译文】

较,车厢两旁木板的横木上装饰的曲钩。从车,爻声。

【按语】

"较"是形声字。小篆从车,爻声。隶变以后楷书写成"較",俗作"較"。汉字简化后写成"较"。

"较"的原义为车厢两旁木板上的横木,上面装饰有曲铜钩。延伸指车厢。

"较"作动词,指较量。例如"较劲儿"。也延伸指计较、计量、算计。如成语"斤斤计较""锱铢必较"全部是这种用法。

"较"特指数学上用减法求得的余数,俗称"差"。我国古代有"相并为和,相减为较"的说法,就是取的此义。

"较"虚化为介词,等同于"比"。

"较"作副词,表示程度轻,等同于"略""稍"。

辅

说文解字

《说文解字》原文释义

图文珍藏版

辅 辅 辅 辅

金文　　小篆　　楷书（繁体）　楷书

【原文】

輔,人頰车也。从車,甫声。

【译文】

辅,牙床上的面颊。从车,甫声。

"辅"是形声字。金文从车,甫声。小篆的形体整齐化、符号化。隶变以后楷书写成"輔"。汉字简化后写成"辅"。

"辅"的原义是指为了增加车子辐条载重力而绑在车轮外、用来夹毂的两条直木。

"辅"由原义延伸指帮助,从旁协助。用作名词,特指佐助的人。

"辅"由辅助也延伸指京城附近的地方。例如"畿辅"就是指京都周围的地区。

"辅"也延伸指面颊、颊骨。谚语有"辅车相依"的说法,指颊骨与牙床彼此依靠在一起。引喻密不可分,互相依存。

輦

金文　　小篆　　楷书（繁体）　　楷书

【原文】

輦,挽车也。从车,从㚘在車前引之。

【译文】

輦,人挽的车。从車,由表示两人的"㚘"在"車"前牵引会意。

【按语】

"輦"是象形兼会意字。金文似二夫拉车前行的样子。小篆有所简化。隶变以后楷书写成"輦"。汉字简化后写成"辇"。

"辇"的原义为人拉车。延伸指人拉或者推的车。又特指用手抬的小车,类似尔后的轿子。唐代有幅名画叫"步辇图",其中的"辇"就是手抬的小车之义。秦汉后专指帝王、后妃乘坐的车。例如"龙车凤辇"。

"辇"泛指运载、搬运。例如《二十年目睹之怪现状》第四十五回:"搁不住这班人都做了守财奴……把天下的钱都辇到他家。"

輩

小篆　　楷书（繁体）　　楷书

【原文】

輩,若军发车百两为一輩。从車,非声。

【译文】

輩,军队发车一百辆叫作一輩。从車,非声。

【按语】

"辈"是会意兼形声字。小篆从車,非声。隶变以后楷书写成"輩"。汉字简化后写成"辈"。

"辈"的原义为分成行列的百辆战车。延伸指类别、等级。如古代时,马分上、中、下辈,"辈"就是指类。后只用于指人的类别。如常用的"非等闲之辈"。

"辈"延伸指家族世系相承的顺序、长幼尊卑的行次,等同于"代"。例如"英雄辈出""长辈""晚辈"。由一代人之义延伸指人的一生。例如"一辈子"。

输

輸　輸　输

小篆　　楷书(繁体)　　楷书

【原文】

輸,委輸也。从車,俞声。

【译文】

輸,用车转运。从車,俞声。

【按语】

"输"是形声字。小篆从车,俞声。隶变以后楷书写成"輸"。汉字简化后写成"输"。

"输"的原义为从一个地方运送到另一个地方。例如"运输""输出"。延伸指交出、缴纳。例如"输征",指缴纳赋税。交出则无,故也延伸指失败。

"输"也延伸指表达、传达。如杜甫《莫相疑行》:"当面输心背面笑。"其中的"输心"就是真心的意思。

"输"也延伸指泄露、报告。例如《战国策·秦策》:"常以国情输楚。"意思就是曾经把秦国的情况泄露给楚国。

轮

輪　輪　轮

小篆　　楷书（繁体）　　楷书

【原文】

輪,有辐曰轮,无辐曰辁。从車,侖声。

【译文】

輪,有车辐的叫轮,没有车辐的叫辁。从車,侖声。

【按语】

"轮"是形声兼会意字。小篆从車,侖声,侖兼表条理之意。隶变以后楷书写成"輪"。汉字简化后写成"轮"。

"轮"的原义为车轮。例如《诗经·魏风·伐檀》:"坎坎伐轮兮。"意思是砍伐车轮叮叮当当。泛指机械上转动的圆形部件。例如"滑轮"。

"轮"由车轮也延伸指形状似轮子的事物。如张若虚《春江花月夜》:"皎皎空中孤月轮。"又引申指周围、边缘。例如"轮廓"。

"轮"由轮子转动也延伸指转动、回转。进而延伸指依次更替、轮流。例如"轮番上阵"。

在佛教理论中有"轮回"一说,指有生命的东西永远似车轮运转一样在六道中循环转生。

"轮"用作量词,指形状如轮的事物或者动作。例如"一轮明月"。还用于年龄,十二岁为一轮。

辆

輛　輛　辆

小篆　　楷书（繁体）　　楷书

【原文】

无。

【按语】

"辆"是会意兼形声字。本作"两",后另加义符"車"写成"輛",从车从两会意,两兼表声。汉字简化后写成"辆"。

"辆"的原义为车。古代的车大都有两个轮子,故车一乘即称一两,尔后写成"辆",总称为"车辆"。

"辆"作量词,用于车。

"辆"也指鞋一双。如汤显祖《紫钗记》:"一辆小鞋儿。"又如周密《浩然斋视听抄》:"平生能著几辆屐,长日惟消一局棋。"

轧

軋 軋 轧

小篆　楷书(繁体)　楷书

【原文】

軋,輾也。从車,乙声。

【译文】

軋,车辗压。从車,乙声。

【按语】

"轧"是形声字。小篆从車,乙声。隶变以后楷书写成"軋"。汉字简化后写成"轧"。

"轧"的原义为用车轮碾压、滚压,读作yà。例如"轧平""轧伤"等。延伸指倾轧、排挤。例如《庄子·人间世》:"名也者,相轧也;知也者,争之器也。"意思是,名是相互倾轧的原因,智是相互斗争的手段。

"轧"用作象声词,读作 gá。表示一种挤压的嘈杂声,后多形容机器车轮里的轴承、齿轮等运转挤压时发出的连续声响。例如"轧轧",是形容车行的声音、摇桨的声音。

　　"轧"又读 zhá,专指轧钢,即把钢坯压成一定形状的钢材。例如"轧轨""轧钢机"。

辄

輒　輒　辄

小篆　　楷书（繁体）　　楷书

【原文】

辄,车两輢也。从車,耴声。

【译文】

辄,车箱左右可以凭倚的木板。从車,耴声。

【按语】

　　"辄"是形声兼会意字。小篆从車,耴声,耴兼表两旁之意。隶变以后楷书写成"輒"。汉字简化后写成"辄"。

　　"辄"的原义为车厢的左右两板,亦称车耳。辄是人所倚靠的,所以延伸指专擅、擅自。如《三国演义》第十六回:"他人非奉呼唤,不许辄入。"

　　"辄"用作副词,指总是、每次。如袁宏道《满井游记》:"每冒风驰行,未百步辄返。"

　　"辄"还等同于"立即""就"。如成语"浅尝辄止",指略微尝试一下就停止,引喻不肯下功夫深入钻研。

辕

辕 辕 辕

小篆　　楷书（繁体）　楷书

【原文】

辕，辀也。从车，袁声。

【译文】

辕，大车上成对的直辕。从车，袁声。

【按语】

"辕"是形声字。小篆从车，袁声。隶变以后楷书写成"轅"。汉字简化后写成"辕"。

"辕"的原义为车前驾御牲畜的部分。

"辕"泛指车。例如"辕辙"，指车迹；"辕议"，指车夫的议论，泛指街谈巷议。

古代帝王外出止宿时，用车围成屏藩，又把两辆车的辕竖起对峙成门形，称为"辕门"。后延伸指军营的门，或者高级衙署。如罗贯中《三国演义》第十六回："吕奉先射戟辕门，曹孟德败师淯水。"

"辕"又用作上古地名，故地在今山东省禹城县境内。

轰

轰 轟 轰

小篆　　楷书（繁体）　楷书

【原文】

轟，群车声也。从三车。

国学经典文库

说文解字

《说文解字》原文释义

图文珍藏版

【译文】

轟,成群的车辆行进的声音。由三个"車"字会成群之意。

【按语】

"轰"是会意字。小篆从三"車",会群车过处轰然作响之意。隶变以后楷书写成"轟"。汉字简化后写成"轰"。

"轰"的原义为群车行驶时发出的巨大响声。例如"火车轰隆隆地飞驰而过"。也泛指巨大的声响(如雷鸣、炮击、爆破等的隆隆声)。

"轰"延伸形容声势浩大。例如"轰动一时"。也延伸指大声喧哗、笑闹,狂放。例如"闹轰轰"。

"轰"用作动词,指雷电冲击、火药爆炸等。例如"五雷轰顶"。泛指猛烈攻击。例如"写文章轰他"。

此外,"轰"还指驱赶。例如"轰麻雀"。

毋 部

毋

金文　　小篆　　楷书

【原文】

毋,止之也。从女、一。女有奸之者,一禁止之,令毋奸也。凡毋之属皆从毋。

【译文】

毋,使之停止。由女、一会意。如果有男子想和女子发生奸情,一律禁止,让他不要这样做。凡是毋的部属全部从毋。

【按语】

"毋"是象形字。金文似一个站立的妇女,两点表示乳房,所以在金文中"母"与"毋"同。因借为禁止之词,小篆把两点变为一横,表示禁止。隶变以后楷书写成"毋"。

"毋"的原义为勿、不要。如成语"宁缺毋滥""毋妄言"等。延伸表示否定,等同于"不"。例如《韩非子·说林下》："君子安可毋敬也。"意思就是,君子怎么可以不去尊敬呢?

古籍中所说的"毋望",并非不要希望之意,而是指不期而至,表示出乎意外或者难以测度。

爿 部

爿

甲骨文　小篆　楷书

【原文】

无。

【按语】

"爿"是象形字。甲骨文似古代版筑土墙时所用的版和立柱的横断面之形。小篆整齐化。隶变后楷书写成"爿"。

"爿"的原义为墙。由于爿是版筑的一半,而且使用的是木板,故延伸指劈成片的竹木。如"木爿"。又泛指片状物或者成块的东西。例如"一块碎瓦爿"。

"爿"作量词时,用于商店、工厂等,等同于"家""座",一家叫一爿。例如"一爿水果店"。

"爿"用于田地,等同于"块"。还等同于"边""段儿"。

疒 部

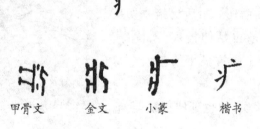

甲骨文　金文　小篆　楷书

【原文】

疒,倚也。人有疾病,像倚箸之形。凡疒之属皆从疒。

【译文】

疒,倚靠。人有疾病,像靠着、挨着的样子。凡是疒的部属全部从疒。

【按语】

"疒"是会意兼形声字。甲骨文从人,从爿(像床竖起之形),会人得了重病躺在床上之意,爿兼表声。隶变以后楷书写成"疒"。

"疒"的原义为重病。小病称"疾"。

"疒"是个部首字。凡由"疒"组成的字,全部与疾病有关。例如"疤""症""瘤"。

疾

甲骨文　　金文　　小篆　　楷书

【原文】

疾,病也。从疒,矢声。

【按语】

疾,疾病。从疒,矢声。

【按语】

"疾"是会意字。甲骨文似一个人中了一箭之形。金文的形体与甲骨文大概相同。小篆左边的"人"变成了"疒"。隶变以后楷书写成"疾"。

"疾"的原义为箭伤。尔后泛指一切疾病。有病则痛苦,故也延伸指疾苦、忧患。如郑板桥《潍县署中画竹呈年伯包大中丞括》:"疑是民间疾苦声。"

有忧患,则不完美,故也延伸指缺点、毛

病。例如《孟子·梁惠王下》:"寡人有疾。"缺点令人反感,故延伸成憎恨、痛恨。

另外,"疾"字由"矢"(箭)组成,箭矢的飞行速度非常快,所以"疾"可以表示快速、急速。如王维《观猎》:"草枯鹰眼疾。"也延伸指敏捷、轻快。如孟郊《登科后》:"春风得意马蹄疾"。

病

丙   病

小篆   楷书

【原文】

病,疾加也。从疒,丙声。

【译文】

病,轻病加重。从疒,丙声。

【按语】

"病"是形声字。小篆从疒,丙声。隶变以后楷书写成"病"。

"病"的原义为重病,病加重了。例如《韩非子·孤愤》:"与死人同病者。"尔后泛指疾病。如嵇康《与山巨源绝交书》中"若吾多病困"的"病困"就是指为疾病所困扰。

由疾病也延伸指缺点、毛病。如司马光《训俭示康》:"吾不以为病。"意思是我不把这作为缺点。也延伸指疾苦、贫困。如白居易《寄唐生》:"惟歌生民病。"

有了疾病,自然会担心,故也延伸指担心、忧虑。例如《论语·卫灵公》:"君子病无能焉,不病人之不己知也。"

瘠

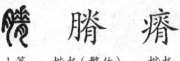

小篆   楷书(繁体)   楷书

【原文】

膌,瘦也。从肉,脊声。

【译文】

膌,就是瘦。从肉,脊声。

【按语】

"瘠"是会意兼形声字。从疒,从朿(木刺),会病得骨瘦如柴之意,朿兼表声。小篆改为从肉,从脊,脊兼表声。隶变以后楷书写成"膌"。汉字简化后写成"瘠"。

"瘠"的原义为身体瘦弱。例如《左传·襄公二十一》:"瘠则甚矣,而血气末动。"意思是,瘦是瘦到极点了,但是血气没有变。

由人瘦延伸成土质瘠薄、不肥沃。例如"贫瘠"。土质薄则不容易丰收,人民就会贫困,故又延伸指贫困。例如《三国志·吴书·陆逊传》:"夫民殷国弱,民瘠国强者,未之有也。"意思是,没有人民生活殷实而国家积弱的,也没有人民贫困而国家强盛的。

疚

肎 疚 疚

小篆　楷书(繁体)　楷书

【原文】

无。

【按语】

"疚"是形声字。小篆从宀从久会意,久兼表声。隶变以后楷书写成"疚";俗作"疚",改为从疒。如规范化,以"疚"为正体。

"疚"的原义为久病。延伸表示忧伤,内心痛苦。例如《诗经·小雅·大东》:"既往既来,使我心疚。"

"疚"也延伸指居丧。如潘岳《寡妇赋》:"自仲秋而在疚兮,逾履霜以践冰。"

"疚"还延伸指缺陷、缺点。如刘勰《文心雕龙·指瑕》:"虽有儁才,谬则多谢。斯言一玷,千载弗化;令章靡疚,亦善之亚。"

疼

瘝 疼

【原文】

无。

【按语】

"疼"是形声字。小篆从疒(表示与疾病有关),冬声。隶变以后楷书写成"疼"。

"疼"的原义为湿病。又表示由疾病或者创伤引起的疼痛。例如《灵枢经·刺节真邪》:"寒胜其热,则骨疼肉枯。"

对疼痛之人会加以照顾,故延伸指爱惜、疼爱。如孟称舜《桃花人面》:"满庭花落地,则有谁疼?"

疗

瘝 療 疗

小篆　楷书(繁体)　楷书

【原文】

療,治也。从疒,尞声。

【译文】

療,医治。从疒,尞声。

【按语】

"疗"是形声字。小篆从疒(表示与疾病有关),尞声。隶变以后楷书写成

"疗"。汉字简化后写成"疗"。

"疗"的原义为医治。例如"刮骨疗伤",讲的是关羽攻打樊城时,被毒箭射中右臂。名医华佗为他刮骨疗伤,悉悉有声。旁边的人全部掩面失色,关羽却饮酒食肉,谈笑弈棋,神色自若。此处的"疗"就是医治。

"疗"延伸指治愈、解除。如元好问《阎商卿还山中》:"半世虚名不疗贫,栖迟零落百酸辛。"

疤

瘢　瘢　疤

小篆　楷书(繁体)　楷书

【原文】

瘢,痍也。从疒,般声。

【译文】

瘢,创伤愈后的疤痕。从疒,般声。

【按语】

"疤"是形声字。小篆从疒(表示与疾病有关),般声。隶变以后楷书写成"瘢";俗作"疤",改为巴声。现在规范化,以"疤"为正体。

"疤"的原义为伤口或者疮平复以后留下的痕迹,即疮疤。例如"伤疤""刀疤"。例如"好了疮疤忘了痛",就是引喻情况好转后就忘了过去的困难或者失败的教训。

由疤痕延伸指器物上似疤的痕迹。例如"坛子磕了一个疤"。

疫

疫　疫

小篆　　楷书

【原文】

疫,民皆疾也。从疒,役省声。

【译文】

疫,人们全部传染成疾。从疒,役省彳表声。

【按语】

"疫"是会意兼形声字。小篆从疒(表示与疾病有关),役省声,役兼表流行之意。隶变以后楷书写成"疫"。

"疫"的原义为瘟疫,是流行性急性传染病的通称。例如《晋书·李矩传》:"时饥馑相仍,又多疫疠,矩垂心抚恤,百姓赖焉。"意思是,当时饥馑连续不断,又多发瘟疫,李矩加以关注抚恤,百姓多仰赖于他。还有我们现在常用的"检疫""免疫""防疫",也全部用的是"疫"的原义。

疲

疲　疲

小篆　　楷书

【原文】

疲,劳也。从疒,皮声。

【译文】

疲,劳累。从疒,皮声。

【按语】

"疲"是形声字。小篆从疒(表示与疾病有关),皮声。隶变以后楷书写成

"疲"。

"疲"的原义为劳累、困乏。如成语"精疲力竭",表示精神、力气已消耗尽。形容非常疲劳。由疲乏延伸出厌倦之意。例如"乐此不疲",意思就是因酷爱做某事而不感觉疲乏厌倦。形容对某事特别爱好而沉浸其中。

疲劳的人,精神上会比较倦怠,所以"疲"还延伸指精神不健旺、怠惰、松懈。如梅尧臣《希深惠书言游嵩》诗:"欧阳称壮龄,疲软屡颠踣。"也延伸指瘦弱、衰老。例如《管子·小筐》:"以疲马犬羊为币。"其中的"疲马"就是指瘦马。

疮

瘡	瘡	疮
小篆	楷书（繁体）	楷书

【原文】

无。

【按语】

"疮"是形声字。小篆从疒(表示与疾病有关),倉声。楷书繁体写成"瘡"。汉字简化后写成"疮"。

"疮"的原义是伤口、外伤,也作"创"。例如"金疮药"中的"疮"就是指外伤。也延伸指皮肤肿烂溃疡的疾病。如聂夷中《咏田家》:"医得眼前疮,剜却心头肉。"

不管是新伤口还是感染了的伤口,全部会很疼,故而"疮"又用来引喻痛苦。如杜甫《壮游》:"上感九庙焚,下悯万民疮。"

疙

疙	疙
小篆	楷书

【原文】

无。

【按语】

"疙"是后起字，为形声字。楷书写成"疙"，从疒，乞声。

"疙"的原义为痴呆的样子。也指头上突起的疮癣。例如《淮南子·齐俗训》："亲母为其子治疙秃，血流至耳，见者以为爱之至也。"其中的"疙秃"，便是指头上突起的疮疖。

"疙瘩"，指皮肤上突起或者肌肉上结成的小硬块。例如"鸡皮疙瘩"。又指小球形或者块状物。例如"疙瘩汤"。还引喻想不通的或者不易解决的问题、麻烦。例如"心里老是有个疙瘩"。

症

<table>
<tr><td>癥</td><td>癥</td><td>証</td><td>症</td></tr>
<tr><td>小篆</td><td>楷书（繁体）</td><td>楷书（繁体）</td><td>楷书</td></tr>
</table>

【原文】

无。

【按语】

"症"是形声字。小篆从疒（表示与疾病有关），徵声。楷书繁体写成"癥"。汉字简化后写成"症"。后又用作"證"的简化字。

"症"用作"癥"的简化字时，原义为腹内结块的病。例如《史记·扁鹊仓公列传》："以此视病，尽见五脏症结，特以诊脉为名耳。"尔后引喻事情疑难所在或者关键之处。如叶圣陶《倪焕之》："他已经知道民族困厄的症结。"

用作"證"的简化字时，表示病象，即疾病的表现情状。也指疾病。例如"对症下药""不治之症"。

痒

癢　癢　痒

小篆　楷书（繁体）　楷书

【原文】

癢，瘍也。从疒，羊声。

【译文】

癢，痈疮。从疒，羊声。

【按语】

"痒"是形声字。小篆从疒（表示与疾病有关），養声。隶变以后楷书写成"痒"和"癢"。现在规范化，以"痒"为正体。

"痒"的原义是指一种皮肤不适而令人想抓挠的感觉。如成语"隔靴搔痒"，意思是隔着靴子挠痒痒。引喻说话、作文不中肯、不贴切，没有抓住要害。亦引喻做事不切实际，徒劳无功。

"痒"也延伸指受到外界因素的吸引、刺激而产生难以抑制的强烈愿望。例如"心痒难耐""技痒"。

痕

痕　痕

小篆　楷书

【原文】

痕，胝瘢也。从疒，艮声。

【译文】

痕，瘢痕。从疒，艮声。

【按语】

"痕"是形声字。小篆从疒,艮声。隶变以后楷书写成"痕"。

"痕"的原义为疮伤痊愈后留下的痕迹。如白居易《过昭君村》:"至今村女面,烧灼成瘢痕。"

"痕"泛指痕迹。如刘禹锡《陋室铭》:"苔痕上阶绿,草色入帘青。"又如贾岛《江亭晚望》:"鸟归沙有迹,帆过浪无痕。"

痛

痛 痛

小篆　　楷书

【原文】

痛,病也。从疒,甬声。

【译文】

痛,病痛。从疒,甬声。

【按语】

"痛"是形声字。小篆从疒(表示与疾病有关),甬声。隶变以后楷书写成"痛"。

"痛"的原义为疼痛。由肉体的痛楚延伸指身体或者精神感到非常难受。例如"痛苦"。也延伸指叹惜、怜爱。如孟郊《古兴》:"痛玉不痛身,抱璞求所归。"

"痛"用作副词,表示程度深,等同于"极""尽情地"。如杜甫《赠李白》:"痛饮狂歌空度日,飞扬跋扈为谁雄。"

成语"痛定思痛",指创痛平复或者悲痛的心情平静以后,再追想当时所受的痛苦。出自韩愈《与李翱书》:"今而思之,如痛定之人,思当痛之时,不知何能自处也。"

瘦

小篆　　楷书

【原文】

瘦，臞也。从疒，叟声。

【译文】

瘦，肌肉不丰满。从疒，叟声。

【按语】

"瘦"是形声字。小篆从疒（表示与疾病有关），叟声。隶变以后楷书写成"瘦"。

"瘦"的原义为肌肉不丰满。由不丰满延伸指细小、不茁壮。如白居易《茅城驿》："地薄桑麻瘦，村贫屋舍低。"

"瘦"用作动词，表示消损、减少。如李清照《如梦令》："应是绿肥红瘦。"说的就是绿叶茂盛，红花逐渐凋谢，是暮春时节春残的景象。

由不丰满也延伸指字体细而有力。如宋徽宗赵佶创造的书法字体"瘦金体"，特点就是瘦直挺拔，横画收笔带钩，竖画收笔带点，撇如金枝，捺如玉叶，竖钩细长，潇洒有风神。

瘟

小篆　　楷书

【原文】

无。

【按语】

"瘟"是形声字。楷书写成"瘟",从疒,昷声。

"瘟"的原义为中医所说的人或者动物的流行性急性传染病,即瘟疫。如宗懔《荆楚岁时记》:"五月五日以五彩丝系臂者,避兵及鬼,令人不病瘟,亦因屈原。""瘟君",即瘟神,又叫瘟鬼、瘟神爷。

"瘟"又引喻呆滞得像得了瘟病似的,没有生气。如鲁迅《阿Q正传》:"从此王胡瘟头瘟脑的许多日。"

痘

痘   痘

小篆   楷书

【原文】

无。

【按语】

"痘"是形声兼会意字。楷书写成"痘",从疒,豆声,豆兼表像豆状之意。

"痘"的原义为痘疮,俗称"天花",是一种急性传染病。症状为先发高热,全身起红色丘疹,继而变成疱疹,最后变成脓疱。十天左右结痂,痂脱后留有疤痕,俗称"麻子"。

"痘"又特指牛痘苗,用于人体接种以获得天花免疫力的减毒活疫苗,是用病牛的痘浆所制成。

疯

惽　瘋　疯

小篆　　楷书（繁体）　楷书

【原文】

无。

【按语】

"疯"是形声字。楷书繁体写成"瘋"，从疒，風声。汉字简化后写成"疯"。

"疯"的原义为头风病、偏头疼。延伸指神经错乱、精神失常。例如"疯病""疯疯癫癫"。疯癫自然无拘束，故而"疯"又用来形容任性放荡，不受管束或者无节制地嬉笑哄闹。例如"疯闹"。

由疯癫而不自量延伸成言行狂妄。例如"疯言疯语"。

人神经错乱，做事便不合常理，故也延伸指植物生长过快但不长果实。